Aprendizagem dinâmica 2

Dados Internacionais de Catalogação na Publicação (CIP)
Câmara Brasileira do Livro, SP, Brasil

Dilts, Robert

Aprendizagem dinâmica 2 / Robert Dilts e Todd A. Epstein [tradução Denise Maria Bolanho]. - São Paulo : Summus, 1999.

Título original: Dynamic learning.
Obra em 2v.
Bibliografia.
ISBN 978-85-323-0634-0 (v. 1) - ISBN 978-85-323-0670-8 (v.2)

1. Aprendizagem 2. Aprendizagem - Metodologia 3. Capacidade de aprendizagem 4. Programação neurolingüística 5. Psicologia da aprendizagem I. Epstein, Todd A. II. Título.

99026 CDD-370.15

Índices para catálogo sistemático:

1. Aprendizagem dinâmica : Psicologia educacional 370.15

www.summus.com.br

Aprendizagem dinâmica 2

Robert B. Dilts
Todd A. Epstein

summus
editorial

Tradução: **Denise Maria Bolanho**
Capa: **Teresa Yamashita**
Revisão técnica: **Allan Ferraz Santos Jr.**
Editoração eletrônica e fotolitos: **JOIN Editoração Eletrônica**

Summus Editorial
Departamento editorial:
Rua Itapicuru, 613 - 7º andar
05006-000 - São Paulo - SP
Fone: (11) 3872-3322
Fax: (11) 3872-7476
http://www.summus.com.br
e-mail: summus@summus.com.br

Atendimento ao consumidor:
Summus Editorial
Fone: (11) 3865-9890

Vendas por atacado:
Fone: (11) 3873-8638
Fax: (11) 3873-7085
e-mail: vendas@summus.com.br

Impresso no Brasil

Sumário

Apresentação à edição brasileira

É imensa a satisfação que sinto ao apresentar a edição brasileira de *Aprendizagem Dinâmica.* Diferente dos demais livros sobre PNL que, em geral, descrevem aplicações dessa ciência, esse traz o cerne desse campo de estudo chamado Programação Neurolingüística, e nos remete à sua essência. Aos seus aficionados e estudiosos é uma oportunidade ímpar para viver a essência dessa disciplina. A partir de experiências simples como memorização, leitura, soletração, aprendizagem de idiomas e composição, entre outras, Robert e Todd nos conduzem com maestria à estrutura de como aprendemos, possibilitando assim aprender como aprendemos — a Aprendizagem Dinâmica.

A PNL surgiu como um instrumento de investigação e estudo da estrutura de funcionamento do ser humano — as informações recebidas por intermédio de nossos sentidos são registradas em nossa neurologia (Neuro), construindo assim, ao longo do tempo, uma base de dados que utilizamos como referência para pensar, sentir e agir em nossas vidas, nossas aprendizagens (Programação), e expressamos por meio de nossa linguagem verbal e não-verbal (Lingüística). O livro nos apresenta os modelos de exploração fundamentais para uma boa prática da PNL, sem o qual qualquer aplicação pode tornar-se superficial e inócua.

Na edição brasileira decidiu-se, em conjunto com Robert Dilts, dividir a obra em dois volumes, facilitando o manejo e a assimilação de todo o material, e evitando, também, apresentar um volume de dimensões pouco estimulantes. Os tópicos foram divididos de tal forma que cada volume mantivesse um conjunto congruente e uniforme entre seus tópicos.

Parabéns à Summus Editorial pela ousadia em trazer-nos mais uma obra importante para o universo do estudo do comportamento humano e para o mundo da PNL. Não poderia deixar de mencionar também o excelente e primoroso trabalho de tradução — perfeito!

Allan Ferraz Santos Jr.
Médico psiquiatra, *trainer* licenciado de
Programação Neurolingüística e
fundador da Synapsis.

Dedicatória

Este livro é dedicado com profundo amor e respeito a
Todd Epstein,
a personificação da *Aprendizagem Dinâmica.*

Agradecimentos

Gostaríamos de agradecer a:

Teresa Epstein, esposa de Todd e nossa colega no desenvolvimento e evolução do *Dynamic Learning Center*. Ela foi e continua sendo uma parte valiosa na realização da missão da Aprendizagem Dinâmica.

Christine Amato, que compartilhou nossa visão e nossa missão na área de educação e aprendizagem, e abriu as portas para a Aprendizagem Dinâmica no sistema escolar.

Escola do Distrito de Pajaro Valley, pelo patrocínio do projeto de Avaliação Dinâmica. E Richard Figuroa, do estado da Califórnia, pelo incentivo e pelo apoio ao projeto.

Jeannie Higano, criadora do termo Aprendizagem Dinâmica e patrocinadora do primeiro seminário.

John Grinder e Richard Bandler, que criaram a tecnologia na qual se baseia a Aprendizagem Dinâmica e nos ensinaram o verdadeiro significado da "aprendizagem dinâmica".

Ami Sattinger, pela ajuda na edição e na revisão dos manuscritos deste livro, pelo entusiasmo e apoio a este projeto.

Alunos e professores que participaram de nossos seminários de Aprendizagem Dinâmica e do projeto de Avaliação Dinâmica.

E muito obrigado às pessoas excepcionais que serviram de modelo para as estratégias de aprendizagem apresentadas neste livro.

Prefácio

Em junho de 1982 realizei o primeiro seminário de *Aprendizagem Dinâmica*, em Vancouver, Colúmbia Britânica. Foi um programa de cinco dias composto de estratégias de aprendizagem modeladas a partir dos meus estudos com pessoas que haviam demonstrado excelência acadêmica em assuntos como memorização, soletração, matemática, leitura, aprendizagem de idiomas e redação criativa. Mais da metade dos participantes do seminário era crianças em idade escolar. Organizei o programa porque recebi muitos pedidos para trabalhar com pessoas de diversas idades que estavam com problemas de aprendizagem nessa área. O seminário também incluiu o uso de programas interativos de computador que criei para ensinar soletração, matemática, digitação, composição e desenvolvimento de determinadas habilidades perceptivas.

O objetivo desse seminário era proporcionar um conjunto de habilidades básicas de aprendizagem num ambiente experimental, interativo, que ajudasse as pessoas a melhorar em todas as áreas de desempenho acadêmico. Em outras palavras, foi um seminário sobre "aprender a aprender". O período da manhã era reservado a explicações e demonstrações das várias estratégias e exercícios de aprendizagem. À tarde, os participantes praticavam essas atividades enquanto eu trabalhava individualmente com os que apresentavam problemas específicos. O programa foi muito bem-sucedido e me pareceu uma forma inovadora de ensino e aprendizagem. Repeti-o outras vezes, na Colúmbia Britânica, melhorando as estratégias e a estrutura.

Em outubro de 1982, juntamente com Todd Epstein, apresentei um seminário de Aprendizagem Dinâmica em Palo Alto, Califórnia — e esse foi o início de uma parceria que perduraria pelos treze anos seguintes. Antes disso, Todd fora meu colega durante alguns anos e já havíamos realizado diversos treinamentos em PNL. Todd fora guitarrista profissional, compositor e líder de um conjunto antes de se envolver com a PNL e, assim, tinha um entusiasmo natural pela criatividade e pelo desempenho; mas também sentia uma intensa paixão pela aprendizagem. Quando lhe expliquei o que estava fazendo em Vancouver, ele ficou bastante excitado com o conceito de Aprendizagem Dinâmica, pois ela atraía a sua curiosidade inata, o seu amor pela aprendizagem experimental e o seu forte senso de missão com relação às crianças e à educação.

Adaptamos a estrutura inicial do seminário de Aprendizagem Dinâmica, transformando-a num *workshop* um pouco mais tradicional, porém mantivemos a ênfase nos exercícios interativos, experimentais e nas "estratégias para aprender a aprender". O compromisso em seguirmos esse caminho era tão forte que fundamos o The Dynamic Learning Center para incentivar ainda mais essa forma de ensino e aprendizagem. Como resultado, o seminário de Aprendizagem Dinâmica foi apenas um dos muitos programas que realizaríamos juntos no decorrer dos anos. Também organizamos programas sobre criatividade (a base de nosso livro *Tools for Dreamers*), liderança, habilidades de apresentação e treinamento, como lidar com vícios e muitos outros. Essa evolução culminou com a criação da *NLP University*; uma organização que oferece treinamento para uma ampla variedade de aplicações da PNL, incluindo saúde, negócios e organização, criatividade e aprendizagem.

Outro importante desenvolvimento na evolução da Aprendizagem Dinâmica foi o projeto de *Avaliação Dinâmica*, realizado na escola do distrito de Pajaro Valley. No final da década de 1980, Christine Amato, uma professora de educação especial, que havia participado do primeiro seminário de Aprendizagem Dinâmica que Todd e eu realizamos, havia-se tornado chefe do departamento de recursos especiais de seu distrito. Ela sugeriu que criássemos um programa baseado nos princípios da Aprendizagem Dinâmica (descritos no Capítulo 5 do vol. II desse livro) para alunos com dificuldade de aprendizagem. O sucesso desse projeto foi uma de nossas experiências mais gratificantes.

Em 1992, Todd e eu começamos a trabalhar no livro Aprendizagem Dinâmica, que teria como base as transcrições do nosso primeiro seminário de Aprendizagem Dinâmica, bem como dos mais recentes. Como tínhamos muitos outros projetos em andamento, individuais e em conjunto, o trabalho foi lento. Infelizmente, Todd faleceu de forma inesperada, antes de terminarmos o livro. Mas eu sei que ele o teria apreciado e sentido orgulho. Nessas transcrições, tentei preservar a sua curiosidade, o seu humor e o seu fascínio pelas pessoas e pelo processo de aprendizagem.

Espero que você goste do livro, assim como nós gostamos de realizar esses seminários.

Robert B. Dilts
Santa Cruz, Califórnia,
junho, 1995

Introdução

Ao contrário do que muitas pessoas poderiam acreditar, a maior parte de nossa aprendizagem mais fundamental não ocorre por meio do estudo e do esforço, mas porque aprendemos naturalmente pela experiência. Por exemplo, quantos de vocês, leitores, aprenderam a andar, a falar a língua materna ou a andar de bicicleta estudando com afinco num livro? Provavelmente, nenhum. Para aprender a andar de bicicleta você deve ter subido em sua bicicleta e deve ter tentado ir a algum lugar. Depois de ter caído algumas vezes, você começou a melhorar cada vez mais, até dominar as habilidades básicas necessárias para manter o equilíbrio, ir para a frente e parar. A sua habilidade natural de aprendizagem foi exigida pelo processo de experiência e *feedback*. Você desenvolveu uma "competência inconsciente", sem saber, conscientemente, de que maneira o seu sistema nervoso resolveu o problema.

Para a maioria das pessoas, a experiência de aprender a andar de bicicleta foi diferente daquela de aprender a soletrar, ler ou resolver problemas de matemática. Em lugar de aprender num ambiente interativo, com nossos pais, familiares ou amigos nos orientando e estimulando, aprendemos sentados numa sala de aula, olhando para um livro ou um quadro-negro. Interagir ou encorajar os nossos amigos era considerado um comportamento inadequado ou até mesmo "desonesto". Uma das questões que desejamos levantar nesse livro de Aprendizagem Dinâmica é: "Aprender alguma coisa como soletrar ou ler é realmente tão diferente de aprender a andar de bicicleta, a ponto de exigir métodos de aprendizagem tão distintos?"

A *Aprendizagem Dinâmica* trata do processo de aprendizagem pela experiência. As técnicas e os exercícios envolvem a aprendizagem pela prática e pela exploração de diferentes métodos de pensamento. Em essência, a aprendizagem dinâmica enfatiza o como, em lugar do conteúdo, ou *o que* da aprendizagem. Também reconhece que o relacionamento entre as pessoas é um fator importante na aprendizagem e enfatiza as habilidades da aprendizagem cooperativa, da co-supervisão e da orientação. Assim, os seus métodos não têm nada a ver com sentar-se na carteira, cruzar os braços e olhar para uma lousa.

A Aprendizagem Dinâmica utiliza os princípios de modelagem e as ferramentas da Programação Neurolingüística (PNL) para liberar as capacidades naturais de aprendizagem por meio da conscientização, da exploração e da descoberta. Uma pressuposição essencial da PNL é a de que quando estamos "aprendendo" estamos usando o cérebro e as outras partes do sistema nervoso — o que, de certo modo, é mais difícil do que parece.

Na verdade, algumas pessoas têm tanta dificuldade para usar o próprio sistema nervoso que começam a imaginar se ele realmente lhes pertence. Você até poderia perguntar: "Se o meu cérebro é realmente meu, por que ele me mostra imagens de sobremesas quando estou tentando fazer regime?" ou "Por que ele continua me dizendo que vou estragar tudo, quando estou tentando fazer alguma coisa que exige concentração?". Por que o seu próprio cérebro o faria ficar ansioso quando você precisa fazer um teste? Ele está infeliz lá dentro e quer sair? Ou, talvez, você esteja com o cérebro de outra pessoa. Richard Bandler, um dos co-fundadores da PNL, propõe, com humor, a seguinte explicação: como a Terra está ligeiramente inclinada em seu eixo, na verdade você está com o cérebro da pessoa ao seu lado; ele está infeliz por estar na pessoa errada, por isso, sempre está atormentando-o. De que outra forma você poderia explicar o fato de ser tão competente fazendo uma coisa e, quando começa a fazer outra, de repente sente-se tão incompetente e estúpido? Como você pode fazer tão bem uma coisa e tão mal outra, ao mesmo tempo? Será que é realmente possível aprender a usar o cérebro, da maneira que você quer, e quando quer? Essas são algumas das questões que a Aprendizagem Dinâmica tenta considerar.

Por exemplo, qual é exatamente a diferença entre aprender a soletrar e a andar de bicicleta? A maioria das pessoas diria que a diferença está nos processos: um é essencialmente "físico" enquanto o outro é "mental". Porém, dizer ou escrever uma palavra é algo tão "físico" quanto empurrar os pedais de uma bicicleta. E a atividade mental exigida para controlar e equilibrar uma bicicleta é pelo menos tão complexa quanto a exigida para se lembrar da seqüência de letras de uma palavra. Certamente, os dois casos envolvem a coordenação da atividade do sistema nervoso para atingir um objetivo.

Assim, exatamente em que atividade você *está* se envolvendo ao soletrar uma palavra? Alguém lhe pede para soletrar uma palavra. A palavra chega aos seus ouvidos como um som. O cérebro faz alguma coisa com ela e, finalmente, em resposta, você pronuncia ou escreve algumas letras. Em algum lugar, entre o momento em que alguém lhe pede para soletrar e a sua resposta, o sistema nervoso fez alguma coisa com aquele conjunto de sons. O território da Aprendizagem Dinâmica é o que acontece no intervalo de tempo entre a entrada do som e a saída das letras.

De acordo com a PNL, as pessoas pensam, ouvem, soletram etc. ativando algumas combinações dos seus sistemas representacionais sensoriais — isto é, até certo ponto estão vendo, ouvindo, sentindo, cheirando ou provando. Nosso sistema nervoso está conectado para receber, processar e armazenar naturalmente as imagens, as sensações, os sons, os odores e os sabores aos quais somos expostos durante nossas atividades diárias. Também podemos imaginar coisas. Por exemplo, você pode imaginar como seria flutuar no espaço, olhando para baixo e vendo a si mesmo enquanto lê esse livro. Além de armazenar várias representações sensoriais, o sistema nervoso pode criar imagens, sons e sensações. Um dos princípios básicos da PNL e da Aprendizagem Dinâmica é o de que quando as pessoas estão aprendendo ou pensando estão juntando os componentes dessas imagens, sons, sensações, odores ou sabores. Na PNL, a estrutura habitual utilizada por uma pessoa para organizar e combinar as suas experiências sensoriais é conhecida como "estratégia".

Nesse livro, exploraremos algumas estratégias fundamentais para a aprendizagem. Isto é, os processos pelos quais as pessoas "aprendem a aprender". A nossa abordagem será um tanto diferente daquela que você normalmente esperaria encontrar assistindo a uma aula ou lendo um livro. Normalmente, ao assistir a uma aula ou ao ler um livro, a matéria que você supostamente deve aprender apenas lhe é apresentada e, em geral, você precisa descobrir sozinho *como* aprendê-la. Em outras palavras, você é exposto à informação ou à matéria a ser estudada, mas não lhe dizem "como especificamente" aprendê-la. Esse livro é sobre "como as pessoas aprendem".

Aplicaremos essas estratégias de "aprender a aprender" em áreas como: memorização, leitura, soletração, aprendizagem de idiomas, composição, e assim por diante. Embora elas possam ser o foco temporário da nossa exploração, a essência desse livro é o processo subjacente a *como as pessoas aprendem.*

Para nós, toda aprendizagem compartilha os mesmos tipos de estrutura e de princípios. A questão é saber se determinada estratégia que alguém está usando para aplicá-los é adequada para completar a tarefa na qual está envolvida. Uma criança que pode aprender a não entregar a lição de casa todos os dias, aprendeu a fazer alguma coisa. Isso requer uma estratégia. As pessoas tendem a pensar nos processos mentais que produzem resultados negativos, como se eles não estivessem relacionados à boa aprendizagem. Mas isso não é verdade, pois mesmo que você não seja capaz de fazer bem alguma coisa, precisa aprender *como* NÃO fazer isso. Especialmente quando há o envolvimento de coisas repetitivas, como em muitas tarefas exigidas das crianças na escola. Por exemplo, sempre que soletrar uma palavra, tente soletrá-la da maneira errada. Algumas pessoas realmente soletram uma palavra da mesma maneira errada todas as vezes — elas se lembram corretamente da seqüência errada das letras.

Certamente, alguém que aprendeu como chegar à oitava série ou mesmo ao segundo grau sem conseguir soletrar, escrever e ler, também aprendeu alguma coisa. Talvez ele não tenha aprendido a soletrar, escrever ou ler, mas aprendeu alguma coisa. A pessoa que não consegue ler um livro, mas conserta o motor de um carro mais rápido do que se consegue plantar bananeira, aprendeu alguma coisa. E, para nós, a "educação" trata realmente do processo de aprendizagem. Depois de reconhecer que alguém pode aprender e de que maneira, você pode começar a enriquecer e direcionar esse processo para além da sua atual manifestação.

Portanto, apesar de focalizarmos algumas áreas específicas e de ensinarmos algumas estratégias que consideramos efetivas nessas áreas, o nosso principal objetivo é oferecer ferramentas para que você aprenda como aprender qualquer coisa mais efetivamente, e ajude os outros a aprender como aprender mais efetivamente.

Acreditamos que o desenvolvimento das suas habilidades de aprendizagem e a ajuda para que outros possam desenvolvê-las andam de mãos dadas. Nós o encorajamos, primeiramente, a aplicar o que você aprendeu nesse livro ao seu próprio processo de aprendizagem e, depois, compartilhá-lo com outras pessoas. Essa abordagem não é necessariamente única, mas, de muitas maneiras, é única no que se refere à educação. Por exemplo, muitos professores não aprendem realmente como fazer aquilo que esperam das crianças que estão ensinando. Quantos professores de gramática precisam mostrar competência na aprendizagem ou na aquisição de determinada habilidade em matemática? Se um professor é bom em biologia, alguém o ensina a ensinar as crianças "como serem" boas em biologia também? Normalmente, um professor ensina o que precisa, em aula, para que os alunos saibam o suficiente sobre biologia para passarem de ano.

Em outras palavras, eles enfatizam *o que* aprender em vez de *como*, especificamente, aprender de maneira mais fácil e eficaz.

Ao ler esse livro, você estará se envolvendo na atividade da aprendizagem; aprendendo a aprender. Acreditamos que as estratégias de aprendizagem que o ajudarão a aprender melhor serão aquelas nas quais você será mais congruente ao compartilhá-las com os outros. Como você verá, a maioria dos exercícios é planejada para ser executada com outras pessoas num ambiente de "aprendizagem cooperativa"; mas você também pode praticar sozinho algumas das suas versões. Na maioria dos casos, apresentamos descrições das técnicas e dos exercícios que você pode fazer sozinho. Também apresentamos exemplos de exercícios em grupo, na forma de transcrições de demonstrações, para que você possa compreender como os processos funcionam num grupo.

Os exercícios e métodos da Aprendizagem Dinâmica foram planejados para serem feitos por pessoas de todas as idades. Muitos dos nossos seminários incluíam tanto crianças e jovens quanto adultos.

Nós a chamamos de "Aprendizagem Dinâmica" porque pediremos que você se envolva em atividades que ativam a sua neurologia — que lhe dão vida. Algumas podem parecer não ter nada a ver com assuntos acadêmicos tradicionais. Uma das coisas mais importantes na PNL é a ênfase que ela dá ao fato de as pessoas aprenderem pela ativação dos processos neurológicos. E, quanto mais você puder usar a sua neurologia, mais será capaz de aprender a aprender melhor. Alguns dos exercícios desse livro podem ser considerados como uma espécie de calistenia mental — calistenia para o cérebro.

De muitas maneiras, o cérebro é como um músculo. Quando você usa um músculo que não foi muito exercitado, de início ele pode ficar dolorido por algum tempo. Mas se você continuar fazendo os seus exercícios isométricos irá acostumar-se. Então, descobrirá que as suas habilidades, em áreas que nem mesmo está praticando, começam a melhorar. A calistenia mental pode produzir o mesmo tipo de resultados. Ao desenvolver as suas habilidades mentais, você começa a descobrir que mesmo sem estudar tende a aprender novas coisas de maneira mais eficaz. Se prepararmos o solo antes de plantar as sementes, as raízes crescerão muito mais profundas e firmes.

A Aprendizagem Dinâmica inclui o envolvimento em atividades e exercícios que estarão lidando com os múltiplos níveis e dimensões de aprendizagem. As técnicas de aprendizagem dinâmica incluem questões relacionadas ao PORQUE e também ao COMO, O QUE e o ONDE da aprendizagem. As estratégias da Aprendizagem Dinâmica também incluem a função do *relacionamento* no processo de aprendizagem. Dentro dessa estrutura, a ênfase está no nível do COMO. A PNL é provavelmente o modelo psicológico que realmente criou uma tecnologia própria em torno do processo do COMO: COMO comunicar, estabelecer e desenvolver *rapport* e lidar com as crenças e valores das outras pessoas, COMO motivá-las, COMO aprender e agir efetivamente, e assim por diante.

Acreditamos que a interação é um aspecto integral da aprendizagem. Em nossos seminários de Aprendizagem Dinâmica, informamos as pessoas que elas podem levantar as mãos e fazer perguntas. Na verdade, essas atitudes são encorajadas, pois assim percebemos melhor quem elas são e como estão pensando. Os participantes dos seminários também podem levantar-se e andar, especialmente se forem pessoas que não conseguem ficar sentadas o tempo todo. Aliás, podem deitar-se no chão ou plantar bananeira, se quiserem, desde que não interfiram na experiência das pessoas sentadas a seu lado.

Para preservar a qualidade experimental e interativa da Aprendizagem Dinâmica, grande parte desse livro foi extraída das transcrições do nosso Seminário de Aprendizagem Dinâmica. (Para manter o senso de diversidade e interação dinâmica, indicamos o nome de cada autor relacionando-o à sua contribuição pessoal.) Decidimos manter a linguagem usada no seminário, mesmo sob o risco de sacrificar a fluência literária. Sentimos que ela é adequada num livro sobre Aprendizagem Dinâmica para preservar a espontaneidade, o humor e a atmosfera de um seminário ao vivo. Como referência, também apresentamos resumos dos princípios, exercícios e estratégias da Aprendizagem Dinâmica nos apêndices desse livro, caso você queira deixar de lado as explicações e os exemplos e ir diretamente para as estratégias.

Capítulo 1

Soletrando

Resumo do capítulo 1

- Modelando estratégias para soletrar
- Padrões da soletração eficaz
- Estratégias para aprender novas palavras
- A estratégia para soletrar
- Aplicando a estratégia para soletrar
- Usando a estratégia para soletrar com crianças que têm problemas de aprendizagem
- Ensinando a estratégia para soletrar na sala de aula.

Soletrando

Soletrar é uma habilidade de linguagem importante e fundamental, que não ocorre "naturalmente" para todos. Na verdade, pessoas inteligentes que se sobressaem na sala de aula, mesmo em habilidades de linguagem, podem ter muita dificuldade para soletrar. De acordo com a PNL, a habilidade para soletrar não é resultado de algum tipo de "gene de soletração", mas, sim, da estrutura da estratégia cognitiva interna que usamos ao soletrar. Assim, se as pessoas têm dificuldade para soletrar, não é porque são *"estúpidas"*, *"preguiçosas"* ou *"incapazes de aprender"*, mas porque estão tentando usar um programa mental ineficaz.

RD (Robert Dilts)**:** Eu mesmo senti dificuldade para soletrar quando estava na escola, embora não tivesse problemas em outras matérias. Usando as ferramentas da PNL, finalmente descobri uma estratégia eficaz que, não somente melhorou minha habilidade para soletrar, mas, também, apresentou resultados extremamente eficazes com pessoas de todas as idades que tinham dificuldade para soletrar.

TE (Todd Epstein)**:** Acredito que é importante enfatizar que a estratégia de Robert para soletrar não é apenas uma estratégia. Quando empregada com diferentes alunos, não pode ser utilizada da mesma maneira com todas as pessoas. É preciso variá-la e adaptá-la para atender às necessidades de diversos indivíduos.

RD: O que Todd está dizendo é importante, porque as pessoas aprenderão a estratégia para soletrar e a ensinarão como se ela fosse um processo padronizado. Se fizerem isso, vão obter resultados variáveis. A estratégia para soletrar não foi planejada para ser usada como uma abordagem rígida, inflexível. Como todas as técnicas da PNL, a estratégia em si é apenas um esqueleto. A vida e a matéria que a fazem funcionar vêm de nós, da nossa criatividade, do nosso *rapport* com as pessoas, e do tipo de empatia e contato que temos com os outros.

TE: Há componentes básicos que precisam estar lá; mas a maneira de organizar esses componentes precisa combinar com o processo de aprendizagem do aluno. Se definirmos "soletrar" como a obtenção de determinado resultado comportamental, então que capacidade a criança precisa para atingir esse resultado comportamental? É daí que vem a estrutura fundamental da estratégia. Uma estrutura fundamental subjacente precisa estar lá para torná-la eficaz e adequada. Mas como cada pessoa é diferente, a estratégia precisa ser suficientemente flexível para lidar com as muitas diferenças entre as pessoas.

RD: Nessa questão, a abordagem da Aprendizagem Dinâmica é uma interessante combinação de aprendizagem cooperativa, adaptação aos estilos individuais de aprendizagem e modelagem. A "*Modelagem*" é um dos processos essenciais da Aprendizagem Dinâmica (e de todas as aplicações da PNL). Uma das formas fundamentais de modelagem envolve a identificação dos processos mentais de pessoas que se destacam em determinada tarefa e da sua comparação com os processos mentais daquelas que têm dificuldade nessa mesma tarefa. O ideal é escolher pessoas da mesma idade, com a mesma formação educacional, com uma herança cultural semelhante etc., mas cujo desempenho em determinada tarefa é diferente (como soletrar).

A seguir, um exemplo de como incorporamos o processo de modelagem em nossos seminários de Aprendizagem Dinâmica.

Modelando estratégias para soletrar

RD: Alguém aqui tem dificuldade para soletrar? Vocês, Kate e Patty? Então, subam e sentem-se aqui. Temos alguém que soletra bem? Lisa e Jean? OK, venham e sentem-se nessas cadeiras. Vamos começar examinando e comparando a estrutura das suas estratégias atuais para soletrar. Por exemplo, Patty, você pode soletrar "adaptar"?

Patty: *(Olha para baixo e para a esquerda).* Sim, mas não como todo mundo faz. *(Risos).*

RD: OK, o que Patty fez foi olhar para baixo e para a esquerda e dizer "Sim, posso soletrá-la, mas não como todo mundo faz". O que é uma crença interessante.

Patty: Eu poderia, mas não tenho a maneira adequada para soletrar a palavra.

RD: Observem que palavras como "adequada" indicam julgamento, o que está mais relacionado a crenças e valores do que a capacidades. Acho que este — mais do que qualquer outra coisa — pode ser um importante fator que influencia a maneira de Patty soletrar. O que você faria se eu lhe pedisse para continuar e soletrá-la para nós?

Patty: Gostaria de verificar a pronúncia. "Adaptar", foi isso o que você disse? Posso tentar soletrá-la.

RD: Patty disse: "Posso tentar". Isso é realmente interessante. O estado inicial de Patty é: "Posso tentar soletrá-la, mas não sei se será da maneira tradicionalmente aceitável". Isso acontece antes de ela usar a sua estratégia ou qualquer outra coisa. Vamos comparar o seu estado inicial com o daqueles que soletram bem. Você pode soletrar "adaptar", Lisa?

Lisa: Uh, huh.

RD: Ela disse apenas: "Uh, huh". Você pode soletrá-la Jean?

Jean: Sim.

RD: Ela disse: "Sim, OK". E tudo isso antes de começar a soletrar. Isso tem a ver com as suas crenças relacionadas à sua habilidade para soletrar. E você, Kate? Você pode soletrar "adaptar"?

Kate: Bem, tenho um processo pelo qual poderia soletrar. Você quer que eu escreva?

RD: Apenas soletre em voz alta.

Kate: *(Os olhos movem-se para baixo e para a esquerda, e mudam para uma posição lateral, à esquerda. A boca move-se como se ela estivesse falando consigo mesma)* AD-API-TAR.

RD: Está certo?

Kate: Não sei. *(Risos).*

RD: Em primeiro lugar, vamos rever por um instante o que Kate fez. Ela disse: "Tenho um processo", uma estratégia. Vocês puderam ver que a sua estratégia consistia em pronunciá-la, segmentando-a em letras. Ela chegou ao fim do processo, produzindo um grupo de letras e, então, perguntei: "Isso está certo?" Sua resposta foi: "Eu não sei". Em outras palavras, na linguagem do modelo TOTS, ela possuía uma operação padronizada, sem nenhuma evidência clara de sucesso. Ao realizar a operação, acabou com alguma coisa, mas essa é a maneira certa de soletrar? "Eu não sei." O resultado pode variar a cada vez.

TE: Estamos felizes por informar que a operação foi um sucesso, apesar de o paciente ter morrido. (*Risos*).

RD: Vamos comparar a estratégia de Kate com a dos bons soletradores. Lisa, você poderia soletrar adaptar?

Lisa: *(Olha para cima e para a esquerda)* A-D-A-P-T-A-R.

RD: OK, isso está certo?

Lisa: Eu precisaria escrever para verificar. Mas tenho a sensação de que está certo.

RD: Lisa disse: "Tenho a sensação de que está certo, mas eu precisaria escrever para verificar". Observem que ela apenas descreveu dois procedimentos de evidência — uma sensação interna e o processo físico de escrevê-la. O que eu entendo é que Lisa está dizendo: "Tenho uma evidência interna e uma maneira de obter uma evidência externa. Minha sensação interna indica que está certo, mas quando obtiver a evidência externa, saberei com certeza".

E observem que a "operação" mental de Lisa, como demonstrada pelo movimento dos olhos, foi diferente da de Kate. Lisa também acabou com um grupo de letras, mas não acho que ela usou o mesmo processo para Kate. Os olhos de Kate moviam-se para baixo, à esquerda, durante todo o tempo em que ela esteve soletrando e a sua boca também estava se movendo. Lisa olhou para cima e para a esquerda, mantendo os olhos grudados naquele ponto e disse as letras como se as estivesse lendo no teto.

Kate, quando você estava soletrando, que estratégia mental estava usando? Você estava consciente de estar usando uma estratégia?

Kate: A única coisa da qual tenho consciência quando estou soletrando é de que digo a palavra para mim mesma e, então, tento compreender os sons.

RD: Portanto, você tem o som e tenta encontrar letras que representem aquele som.

Como você faz isso, Lisa?

Lisa: Eu vejo a palavra.

RD: Você a vê. Onde você a vê? *(Lisa gesticula à sua frente e ligeiramente para a esquerda).* Mais ou menos ali? O que, naturalmente, é muito diferente daquilo que Kate estava fazendo.

Vamos examinar a estratégia de Patty. Patty, você poderia soletrar "consciência"?

Patty: Sim, mas...

RD: Eu sei: "Sim, mas não como todos fazem". Por que você não soletra "consciência" assim mesmo?

Patty: CO-NC-IÊN-CI-A.

RD: OK, isso está certo?

Patty: Você me diz.

RD: Ela disse: "Você me diz. Poderia estar". Tudo bem. Como você estava soletrando essa palavra? O que você estava fazendo em sua mente?

Patty: Eu estava tentando pronunciá-la.

RD: OK. Portanto, assim como Kate, você busca o som e tenta representar as letras que combinam com ele.

Patty: Que poderiam combinar com aquele som.

RD: Que *poderiam* combinar com o som. Novamente, acredito que estamos vendo uma coisa em comum no TOTS (ou devo dizer ausência de TOTS) de nossos "não-tão-bons" soletradores. Temos uma única operação fixa, mas nenhuma evidência clara de que o objetivo foi ou não alcançado.

Vamos comparar isso com os nossos outros "bons soletradores". Jean, você pode soletrar "consciência"?

Jean: Não tenho certeza. *(Olha para baixo e para a esquerda e, então, para cima, para a direita e para a esquerda)* C-ONS-CIÊ-N-CIA?

RD: Isso está certo?

Jean: Ah, soa correto.

RD: Isso é interessante. Porque Jean inicialmente disse: "Não tenho certeza de saber como soletrar essa palavra". E, na verdade, o que ela fez com os olhos parecia-se mais com a estratégia que Kate e Patty estavam usando.

Vamos tentar com Lisa. Lisa, você pode soletrá-la?

Lisa: Tenho quase certeza que sim. *(Move os olhos para cima e para a esquerda)* CONS *(Os olhos desviam um instante para baixo e, então, voltam a olhar para cima e para a esquerda)* CIÊNCIA.

RD: Isso está certo?

Lisa: Não tenho certeza, eu precisaria escrever.

RD: Você não tem certeza.

Lisa: Tenho 99% de certeza.

RD: Você tem 99% de certeza. Aposto que sei qual é o 1%. Alguém a observou? Eu sei qual é a letra sobre a qual ela não tem certeza, porque os seus olhos desviaram ligeiramente para baixo quando ela chegou a essa letra.

Lisa: Há um "s" nela?

RD: Correto, há um "s" nela. Mas há uma coisa interessante nessas palavras; o som não lhes dará a resposta. Uma outra coisa interessante é que Lisa teria de escrevê-la para ter certeza. O que isso significa para Lisa? Até aqui, os nossos soletradores falaram sobre pronunciar as palavras como elas soam ou como as vêem, mas o aspecto cinestésico de escrevê-las pode ser um outro importante procedimento de evidência. Portanto, quando há uma justaposição de som, imagem e sentimento, se todos se encaixarem, aquela deve ser a maneira correta de soletrar. Enquanto, se apenas soar correto, mas se eu não souber se parece certo ou se sinto que está certo, como posso ter certeza de que realmente está correto? Além disso, se eu verificar a minha resposta visualmente, ficará mais difícil se estiver mantendo uma imagem mental na memória de curto prazo e tentando compará-la com outra imagem da memória de longo prazo. Se eu escrever as imagens das letras que estou guardando na memória de curto prazo, o meu sistema representacional visual fica livre para se concentrar apenas na memória de longo prazo que tenho da grafia correta da palavra.

Durante anos, usei a grafia correta como exemplo de uma estratégia mental simples e de fácil verificação. Levei muitos bons e maus soletradores para a frente da classe para observar e demonstrar as diferenças em suas estratégias mentais. Logo, tornou-se bastante óbvio que os bons soletradores têm uma estratégia muito consistente, acompanhada de um conjunto de pistas de acesso. A grande maioria tende a olhar para cima e para a esquerda enquanto procura soletrar. De acordo com a PNL, isso indica uma estratégia de acesso às imagens visuais lembradas (em PNL, representadas como VI). Ao perguntarmos como eles sabiam que estavam soletrando corretamente, muitos deles, como esperado, conscientemente não sabiam como faziam, mas diziam alguma coisa assim: "*Eu apenas **sinto** que está certo*". Isso indica uma relação entre os sistemas representacionais visual e cinestésico. Além disso, quando lhes mostram uma página com algumas palavras escritas de forma incorreta, os bons soletradores geralmente dizem: "*Sinto-me desconfortável vendo todos esses erros de ortografia*", novamente indicando uma justaposição visual e cinestésica. O fato de mencionarem que o erro de ortografia os faz sentir-se desconfortáveis, sugere que a imagem provoca o sentimento e, portanto, vem em primeiro lugar na seqüência (representada como $\mathbf{V} \rightarrow \mathbf{C}^{i}$).

Como os bons soletradores realmente tornam-se mais conscientes de sua estratégia interna, afirmam que vêem uma imagem mental da palavra acompanhada do sentimento de familiaridade. A disponibilidade e a clareza da imagem, juntamente com a força do sentimento, determinam o seu grau de confiança relacionado à correção da grafia.

A estratégia total típica dos bons soletradores é: 1) repetem a palavra como um todo, não em sílabas; 2) olham para cima e visualizam; 3) sabem se é a imagem correta quando ela lhes parece familiar. Em outras palavras, como vemos palavras impressas e escritas o tempo todo, aquela que vemos com mais freqüência é a mais familiar; e é de se esperar que seja a correta. Portanto, fazem uma comparação mais ou menos assim: "Essa palavra me parece mais familiar do que as outras?".

Por outro lado, as pessoas que não soletram bem têm uma série de estratégias — embora nenhuma seja igual à dos bons soletradores. Na verdade, algumas vezes os maus soletradores mudam essas estratégias enquanto estão tentando soletrar uma palavra. Geralmente, isso leva à inconsistência, ao esforço extra e à frustração. Além disso, como descobri quando era criança, a ortografia criativa não é recompensada como a composição criativa.

A estratégia particular que os nossos "não-tão-bons" soletradores, Kate e Patty, estavam usando era a de tentar pronunciar a seqüência das letras de acordo com o som, segmentando o som para baixo, em partes suficientemente pequenas para cada uma soar como letras (isso seria representado como $\mathbf{A}_{d}^{l} \rightarrow \mathbf{A}_{d}^{c}$). Isso é chamado de fonética (*phonics*, no original em inglês). Embora a fonética tenha uma série de importantes características (por exemplo, adivinhar a seqüência correta de uma palavra que nunca vimos antes), ela não é a melhor estratégia para soletrar palavras em inglês, uma vez que muitas palavras não são escritas como soam e as exceções não seguem regras verbais constantes.

Na verdade, essa foi a estratégia que fixei quando estava no primário. Ensinaram-me a soletrar pronunciando as palavras. Tenho de admitir que fiquei um pouco preocupado quando descobri que não era possível soletrar corretamente o nome do método usando o método (a minha primeira tentativa saiu *"fonix"*) Entretanto, fiquei ainda mais preocupado quando comecei a aprender o básico (como os nomes dos primeiros dez números. Em lugar de *"wun"*, o primeiro número era escrito "one" (e parece que deveria ser pronunciado *"oh-nee"*). Não havia nenhum "W" e um "E mudo" extra. O segundo número, em vez de ser soletrado *"tu"* como soava, era soletrado "two". (Como disse o comediante Gallagher, talvez fosse para lá que tivesse ido o "W" faltando no "one".) Depois "three" (*"tuhree*), "four" (*"fow-er"*) e "five" (*fi-vee"*). Eu sabia que alguma coisa estava errada, mas, sendo jovem, achava que provavelmente houvesse alguma coisa errada comigo. Na verdade, quando vieram o "six" e o "seven" comecei a ter alguma esperança. Mas, então, eles atacaram com o "eight" (*"ee-yi-guh-hut"*) e me senti como se o próximo número soasse — "nine" (um *"ninny"*)[1] (bobo).

Anos mais tarde, quando descobri que os bons soletradores simplesmente lembram como a palavra é escrita, realmente achei que isso era trapaça, pois não envolvia nenhum esforço, você não precisava começar do nada sempre que soletrava — parecia fácil demais.

O que quero demonstrar é que a excelência para soletrar não é resultado de "genes de soletração".

TE: Não era Frank Lloyd Wright que tinha genes de *designer*? Ou era Calvin Klein?

RD: Acreditamos que soletrar bem é o resultado de uma estratégia tão óbvia, que podemos observá-la acontecendo à nossa frente, continuamente, como em nossa demonstração. Pudemos ver facilmente a diferença entre o padrão ocular de Lisa e o de Patty e Kate. Pudemos, até mesmo, ver a diferença entre os movimentos oculares de Lisa e Jean quando elas não tinham certeza. Por exemplo, em vez de olhar para cima e para a esquerda, os olhos de Jean voltaram-se para baixo e para a esquerda e, então, moveram-se para cima e para a direita.

Jean: Eu estava escrevendo a palavra lá em cima.

RD: Você estava escrevendo a palavra lá em cima — o que é um tipo de estratégia visual, mas você ainda não tinha certeza. No final, você

1. Para melhor compreensão, optamos por manter as palavras no original em inglês. (N. do T.)

disse: "Soa correto. Não posso afirmar que esteja correto, tudo o que posso dizer é que soa correto". Na verdade, uma estratégia muito comum é pronunciar a palavra como ela soa, construindo uma imagem mental baseada no som e, então, comparar a pronúncia obtida na leitura da construção mental com a maneira como a palavra supostamente deve soar (representada por $A_d^l \rightarrow V^c \rightarrow A_d^c$). Assim, a pessoa está visualizando, mas os olhos estão voltados para cima e para a direita (a área para imagens visuais construídas em vez de lembradas). Vemos a pessoa procurando uma imagem mental, mas ela está construindo a imagem a partir do som e comparando-a com um som, em vez de relembrar uma memória visual das letras.

Acho que você, Jean, usa uma estratégia diferente quando sabe que realmente conhece uma palavra. Por exemplo, você pode soletrar "fachada"?

Jean: Claro. (*Olha para cima e para a esquerda*). FA-CHADA.

RD: Está correto?

Jean: Sim.

RD: Como você sabe?

Jean: (*Gesticula para cima e para a esquerda.*) Posso vê-la facilmente. Eu a escrevi muitas vezes.

RD: Vocês ouviram isso? Ela disse: "Eu a escrevi muitas vezes. Posso vê-la e ela combina com uma coisa com a qual estou familiarizada". Essencialmente, ela está dizendo: "Eu tinha um procedimento de evidência. Eu tinha um objetivo e um procedimento de evidência. Posso vê-la". Jean não disse nada sobre pronunciá-la e sobre as letras combinarem com os sons. Jean, quando você sabe que conhece uma palavra, o que lhe dá certeza?

Jean: Eu a vejo. Quando você disse "consciência", eu não tinha uma imagem nítida da palavra, apenas de partes dela.

RD: Jean disse com a palavra "consciência": "Eu não via a palavra toda, apenas partes dela". Portanto, mesmo as pessoas que soletram bem usam diferentes estratégias para palavras com as quais não estão muito familiarizadas.

Agora, tenho uma pergunta para os soletradores "não-tão-bons". Tenho certeza de que existem palavras que vocês *realmente* sabem soletrar. Por exemplo, você sabe soletrar "bonito", Patty? Você pode soletrá-la para mim — do jeito como todos a soletram?

Patty: Bem, eu poderia.

RD: Ah, você poderia. Você faria isso agora? Patty, por favor, soletre-a.

Patty: (*Os olhos movem-se rapidamente para cima e para a esquerda*). B-O-N-I-T-O.

RD: Muito bem. Isso está certo?

Patty: Sim.

RD: Bom, isso é novidade. Como você sabe que está certo? Como você tem certeza de que essa é a maneira de soletrá-la?

Patty: Ah, lembro-me de tê-la visto antes. (*Risos*)

RD: Agora, observem, aqui está uma pessoa que supostamente não sabe soletrar bem. Contudo, a sua maneira de conhecer uma palavra que ela pode soletrar corretamente tem a mesma estrutura daquela dos nossos bons soletradores. Kate, e você? Você poderia soletrar dosagem?

Kate: Sim. Você quer que eu a soletre? (*Olha para baixo e para a esquerda*) D-O-Z. Espere um minuto. (*Os olhos de Kate movem-se para cima e para a esquerda*) S-A-G-E-M. (*Risos, aplausos*).

RD: Puxa, agora vimos uma estratégia diferente. Até você se surpreendeu. Foi como: "Ei, você aí!". O que você fez em sua mente? Como você soube que devia mudar de direção?

Kate: Sei que não devo soletrá-la com "z".

RD: Agora ouçam isso. Isso ressalta um ponto muito importante a respeito de processos mentais e comunicação. Se eu lhes disser: "Não pensem em soletrar 'dosagem' com 'z'", o que acontece? As negações são engraçadas; geralmente, elas fixam a idéia que estão tentando evitar. Se eu disser: "Não fique nervosa, Kate. Não repare em todas essas pessoas que a estão observando agora", o que acontece? Você começa a reparar que elas a estão observando. Essencialmente, Kate disse: "Disseram-me tantas vezes para não soletrar 'dosagem' com 'z', que a primeira coisa que vem à minha mente é o 'z'". Portanto, embora Kate esteja tentando responder de maneira adequada, sem querer ela está caminhando para o erro. Esse é um dos problemas com o *feedback* negativo.

Agora, como você percebeu, Kate? Mesmo tendo escutado essas vozes dizendo o que não fazer, como você sabia de que maneira soletrá-la?

Kate: Lembro-me de que ela é escrita com "s".

RD: Observem como essa estratégia começa a lembrar a dos "bons soletradores"; escrever a palavra como um procedimento de evidência. Ela disse: "Sei que devia escrevê-la com 's', mas eu ouvia: 'Não soletre essa palavra com 'z'". Minha suposição é a de que Kate associa "soletrar" com "dizer em voz alta". "Escrever" é algo diferente. Como ela estava soletrando em voz alta, a questão da letra "z" surgiu como uma interferência. Acredito que se ela a escrevesse, a questão relacionada ao "z" provavelmente nunca teria surgido.[2]

Mulher: Os meus alunos desenvolveram uma estratégia chamada "o-a". Quando eles não conseguem pronunciá-la, escrevem-na de tal modo que ela possa parecer um "o" ou um "a".

RD: Sim, eu conheço essa estratégia. Eu a chamo de caligrafia de "médico", porque lembra a maneira como um médico escreve uma receita. Você faz umas garatujas e ninguém consegue realmente saber quais são as letras. Só pelo contexto é que se pode saber qual poderia ser aquela palavra.

TE: É quando elas mudam de uma estratégia voltada para o relacionamento para aquela voltada para a tarefa. Quando lhes perguntamos: "Isso é um 'o' ou um 'a'?". Elas observam a nossa resposta não-verbal para dizer qual é a letra.

Padrões da soletração eficaz

Vamos começar a resumir algumas das coisas que descobrimos até agora. Para criar uma estratégia eficaz, é preciso estabilizar algumas coisas; porque o objetivo da soletração é produzir uma versão padronizada de uma palavra. Há um resultado que pode ser julgado "correto" ou "incorreto", de acordo com um padrão socialmente aceito. Para obter um resultado consistente, precisamos manter algumas coisas estáveis e permitir que outras variem. Se eu mantiver a operação constante (isto é, uma estratégia de "pronunciar") provavelmente produzirei diversas maneiras de soletrar. Quando criança, podia soletrar "consciência" de, pelo menos, três maneiras diferentes; contudo, todas as vezes, eu usava exatamente o mesmo processo para "pro-

2. Para melhor compreensão, optamos por trocar as palavras em vez de traduzi-las. (N. do T.)

nunciar a palavra". Acho que foi o presidente americano Andrew Jackson quem disse: "Não posso confiar numa pessoa que só sabe soletrar uma palavra de um jeito".

Naturalmente, no meu caso, eu não estava tentando soletrar intencionalmente aquelas palavras cada vez de maneira diferente. Eu nem mesmo sabia que escrevia as palavras de maneiras diferentes até olhar as minhas provas. Eu conseguia alguma coisa que "soava" correto e escrevia. No que me dizia respeito, estava fazendo corretamente a operação que me ensinaram. Achava que se pudesse descobrir o som da palavra, estava suficientemente bom para comunicar as idéias. Até mesmo ficava zangado com as pessoas que se queixavam da ortografia das outras e não valorizavam suas idéias.

Lembro-me de que quando fui pela primeira vez ao Museu Britânico, em Londres, senti uma espécie de satisfação presunçosa ao ver a escritura de uma propriedade do pai de William Shakespeare — eles escreviam o nome de quatro maneiras diferentes. Eles incluíam as quatro maneiras de escrever para que todos tivessem a certeza de quem se tratava. Portanto, o pai da pessoa considerada o "mestre da língua inglesa" não era um defensor obstinado da ortografia. Naturalmente, isso foi antes de as pessoas comuns terem livros, jornais e aprenderem a ler. Shakespeare escreveu peças, não livros. A constância na ortografia não era uma prioridade. É por isso que gosto de brincar dizendo que a ortografia inglesa foi criada pelas "grandes mentes do século XIII. Precisamos lembrar-nos de que essas eram pessoas que achavam que o mundo era plano. Embora tenhamos mudado algumas coisas desde aquela época, ainda estamos usando o mesmo sistema de linguagem e de regras de ortografia.

TE: Quando eu era garoto e não conseguia soletrar alguma coisa e perguntava como soletrá-la, sempre me diziam: "Pesquise!". Mas como pesquisar alguma coisa que você não sabe como? Eles diziam: "Pronuncie a palavra". Sim, eu tentava pronunciá-la. O problema é que eu nunca conseguia encontrar "charada" na letra "c'.

Na verdade, quando Robert estava falando sobre Shakespeare, lembrei-me de algo que li recentemente a respeito de como os índices eram inicialmente feitos pelo primeiro som e não pela primeira letra. Em italiano e em latim, conforme articulado pelas pessoas que falam italiano, a letra H não é pronunciada. Portanto, por exemplo, em obras em latim, publicadas em Roma, em 1506, qualquer palavra começando com a letra H e seguida da letra A estaria relacionada a palavras começando com A.

RD: Isso mudou com a difusão da grande inovação tecnológica daquela época: o livro pessoal. Antes da máquina impressora, as pessoas não tinham seus próprios livros. A ênfase estava sempre voltada para a linguagem falada. A seqüência correta de letras de uma palavra não era uma preocupação no que se referia à comunicação, como é atualmente.

Na verdade, a responsável por eu ter desenvolvido a estratégia para soletrar foi uma inovação tecnológica da nossa época. Só depois de ter o meu primeiro computador e começar a programar foi que finalmente comecei a me interessar pelas pessoas que eram boas soletradoras. Porque percebi que se digitasse um comando errado no meu computador, ele literalmente não entendia. O meu computador não era um idiota convencido e pouco criativo tentando me impor o seu sistema de crenças. Ele realmente não sabia o que eu estava dizendo. Percebi que precisava ser constante na minha maneira de me comunicar com ele.

Para tornar-me constante, precisava encontrar a resposta para algumas perguntas importantes: 1) Como saberei se alcancei o objetivo de escrever corretamente uma palavra? 2) Que tipo de estratégia de aprendizagem me proporcionará os resultados mais consistentes? 3) O que posso fazer para obter a ortografia correta se não tiver certeza, ou se jamais tiver visto essa palavra antes? Para mim, isso tudo é essencial para uma boa ortografia. Por exemplo, se eu não tivesse certeza de como soletrar a palavra consciência, como deveria proceder para ter sucesso? E, então, que processo deveria realizar para guardá-la na memória para ter certeza na próxima vez? Como observamos em nossa demonstração, algumas estratégias funcionam melhor do que outras. Por exemplo, apesar de Jean não ter certeza de como soletrar "consciência", ela realizou um processo diferente daquele de Patty. Patty permaneceu exclusivamente no sistema auditivo. Jean tentou construir uma imagem mental dos sons.

TE: Prestem atenção, não que sejamos contra o sistema representacional auditivo. Por exemplo, certamente é importante ter o som da palavra associado às imagens das letras, de maneira que, se for chamado para soletrar uma palavra, eu saiba quais são as letras que acompanham a palavra que ouvi. Em geral, o professor diz a palavra e você a soletra. Não é como os problemas de matemática que podemos fazer de maneira totalmente visual. Assim, eu teria o som da palavra "gato" associado às letras G-A-T-O, as quais eu associaria a um sentimento de que essas são as letras certas.

RD: Pessoalmente, acho que a fonética é uma estratégia de apoio eficaz para uma ortografia efetiva, especialmente se você nunca viu uma palavra antes. O principal problema é quando a fonética é usada como a principal estratégia para soletrar e é levada a extremos, como fizeram Patty e Kate; uma estratégia na qual você sempre tenta partir do som da palavra para o som das letras individuais. É um problema porque a) é ineficaz e b) conduz ao erro. Sei disso por experiência própria. Quando pronunciar a palavra é a sua única estratégia, você fica confuso porque, com uma palavra como "charada", por exemplo, a maneira como ela soa e como é escrita são diferentes. Então, você precisa decidir qual delas vai adotar; a maneira como deve ser ou a maneira como deve soar.

A propósito, uma estratégia visual é mais fácil e mais efetiva porque a visão funciona muito mais rapidamente com um material visual. Na verdade, entrevistei alguns editores-de-texto — pessoas que são soletradores profissionais — e jamais encontrei um que afirmasse começar a pronunciar todas as palavras para saber se elas estão corretas. Ao contrário, todos afirmaram que simplesmente olham a página e os erros "*saltam*". Nós não programamos nossos computadores para verificar a ortografia foneticamente.

Até onde eu sei, os principais argumentos a favor da fonética como uma estratégia principal para soletrar, são que: a) algumas pessoas não conseguem aprender a visualizar palavras com facilidade, ou b) é mais fácil ensinar as pessoas foneticamente pois elas aprendem o idioma falando. Gostaria de tratar dessas questões nas próximas demonstrações.

O que eu gostaria de fazer é encontrar uma palavra que ninguém em nosso grupo saiba soletrar. Então, vamos ver como Jean e Lisa a aprenderiam. Nós modelaremos a sua estratégia e veremos se podemos transferir alguns dos elementos para Kate e Patty.

Estratégias para aprender novas palavras

RD: Algum de vocês sabe soletrar a palavra "pteridófitos"? Não? Naturalmente, Patty dirá: "Posso soletrá-la. Não sei se do jeito que todos a soletram, mas eu posso". (*Risos.*) OK, eu vou escrevê-la. Vamos modelar como Jean e Lisa aprendem. E faremos um pouco de aprendizagem cooperativa. Lisa supervisionará Kate e Jean pode supervisionar Patty.

Kate: O que é isso?

Lisa: Alguma coisa de biologia ou de botânica. Não sei como soletrar, mas sei que vem do grego.

RD: Agora, escutem, porque vocês já poderão ouvir as suas estratégias pipocando. Kate começa perguntando: "O que é isso?". Por que eu deveria aprender a soletrá-la, para começar? Quando Lisa diz: "É alguma coisa de biologia ou de botânica e vem do grego", ela já está começando a pensar em elementos comuns de linguagem. Se vocês prestarem atenção, saberão como as pessoas codificam informações, como as tornam importantes, qual o segmento que consideram em primeiro lugar, e como ela é guardada na memória. Com uma palavra como "pteridófito", ela é guardada no arquivo de palavras gregas? Em biologia? Ou pelo som? Essas questões são realmente importantes no que se refere a estratégias. E se vocês prestarem atenção, vão ouvi-las acontecendo o tempo todo. (A propósito, respondendo à sua pergunta Kate, "pteridófitos" são plantas que não têm sementes.)

TE: Só quero ressaltar que vocês não precisam saber o que é ou como pronunciá-la para aprender a soletrá-la. Soletrar é uma habilidade separada da compreensão (que exploraremos mais tarde) ou da pronúncia.

RD: Está certo. Na verdade, Lisa, gostaríamos de lhe pedir para fazer o que for necessário para aprender essa palavra e nos dizer quando já souber.

Lisa: *(Olha para o início da palavra, para o fim da palavra e, então, para o meio.)* OK. Já aprendi.

RD: Já conseguiu? Muito bem. Agora, alguém viu ou percebeu o que ela fez? Baseado naquilo que eu a observei fazendo, acho que ela já tinha uma suposição de como a palavra era soletrada e apenas olhou para ela para confirmar a sua suposição. Está correto, Lisa?

Lisa: Correto.

RD: Vejam, quando já sabemos alguma coisa sobre pistas de acesso e observação, é como se pudéssemos observar os pensamentos. É tão bom quanto leitura mental. Lisa, o seu palpite estava completamente correto ou você precisou fazer ajustes em sua mente para qualquer uma das letras que você viu lá?

Lisa: Eu supus que a primeira parte começava com P-T. E ela soava como uma palavra científica; assim, tinha uma idéia da última parte a partir do meu conhecimento de outras palavras científicas.

RD: Portanto, você acertou tudo?

Lisa: Não fiz nenhuma suposição com relação à parte do meio. Eu ainda não havia pensado nela.

RD: Observem como é muito mais fácil se vocês já tiverem feito uma suposição e tiverem uma imagem da palavra em sua mente. Então, tudo o que vocês precisam fazer é aperfeiçoá-la um pouco. É muito diferente de dizer: "Oh, Deus, preciso começar do nada — e essa é uma palavra grande". Ao contrário, Lisa faz uma boa suposição e apenas a atualiza. Ela não está precisando aprender alguma coisa nova. Ela já tinha a maior parte e só a modifica um pouco.

Lisa: Essa palavra é um sufixo e um prefixo, com uma pequena parte no meio.

RD: Escutem isso. Ela já segmentou a palavra. A única parte nova é aquela que está no meio.

TE: Lisa, quando você vê a palavra, você usa o seu sistema auditivo?

RD: Por falar nisso, observem que Lisa está semicerrando os olhos enquanto pensa na resposta. Não tenho certeza de que ela está vendo o que você está dizendo. (*Risos.*)

Lisa: Não digo as letras, digo a palavra.

RD: Lisa disse: "Digo a palavra". O auditivo entra no nível da palavra inteira, portanto, ela pode identificá-la.

Lisa: Há algumas palavras que eu sempre falo errado. Como "friends", eu sempre digo "fry-ends", para não esquecer como soletrá-la corretamente. Ou "Wednesday",[3] pronuncio "Wed-ness-day".

RD: Você diz a palavra de maneira a lembrar como soletrá-la, quer ela tenha ou não sentido no mundo. Portanto, você muda a pronúncia de acordo com a ortografia. Isso é muito interessante porque é o

---

3. Optamos por manter as palavras no original (N. do T.)

oposto da estratégia de "pronunciar", na qual você muda a escrita de acordo com o som.

Jean, mostre-nos como você aprenderia a soletrar a palavra "pteridófitos". Aprenda-a e faça um sinal quando já souber.

Jean: *(Examina a palavra movendo os olhos de um lado para o outro diversas vezes.)* OK. Consegui.

RD: Bom. Quando você apenas olhou para a palavra, o que você fez? Percebi que Jean olhou um pouco mais do que Lisa. Vi seus olhos indo de um lado para o outro, como se ela estivesse pensando: "Será que devo dividi-la em duas partes ou segmentá-la de alguma outra maneira?".

Jean: Acabei dividindo "pterid' num segmento e "fitos" em outro. Então, precisei lembrar-me de juntá-los com o "o".

RD: Portanto, Lisa já tinha uma idéia do começo e do final da palavra. Ela apenas fez uma verificação e só precisou olhar para a pequena parte no meio e levá-la para dentro. Jean precisou elaborar a sua segmentação enquanto estava olhando para a palavra.

Agora, a pergunta é: "Lisa e Jean, vocês seriam capazes de soletrar essa palavra sem olhá-la?".

Lisa: Claro.

RD: Como você sabe? Como você sabe que conhece aquela palavra em sua mente agora?

Lisa: Posso vê-la.

Jean: Eu também.

RD: Você pode vê-la agora, Lisa? E Jean, você também pode vê-la. E quanto aos sentimentos?

Lisa: Sinto alguma coisa mas é difícil descrever.

RD: Lisa disse: "Sinto alguma coisa, mas não são sentimentos que eu possa descrever". Como eles são?

Lisa: É quase como se eu sentisse o cheiro da palavra.

RD: Interessante. Lisa diz que é quase como sentir um cheiro. E você, Jean?

Jean: Talvez apenas o sentimento de que agora posso soletrá-la. Uma espécie de sentimento de confiança.

RD: O sentimento de Jean está relacionado à confiança de que agora ela pode soletrá-la. O que considero muito importante também. Não é como se fosse apenas alguma "palavra estúpida soletrada", mas algo que desenvolve a sua auto-estima para aprender uma nova palavra. Kate e Patty, o que acontece quando vocês tentam aprender uma nova palavra? Vocês se sentem bem a respeito de si mesmas quando terminam?

Kate: Para ser honesta, acho que é uma perda de tempo.

RD: Portanto, Kate começa com a crença de que é uma perda de tempo.

TE: E se é uma perda de tempo, por que fazer? Por que se incomodar em soletrar corretamente? Você pode procurar no dicionário ou usar um "verificador de ortografia".

Kate: Minha resposta é a seguinte: "Não me incomodo em aprendê-la corretamente se, no final, conseguir uma excelente nota. Mas, se for apenas para uso pessoal e não obtiver nenhum benefício na sala de aula, então, não faz nenhuma diferença".

RD: Se você decidir que vale a pena, como você aprende?

Kate: Se eu realmente quiser ter a certeza de que aprendi? Eu a escrevo cinqüenta vezes.

RD: E você, Patty? O que acontece quando você está aprendendo uma palavra nova, o que você normalmente faz?

Patty: Normalmente?

RD: Patty perguntou: "Normalmente?". "Não há nada de 'normal' na minha maneira de soletrar". *(Risos.)* Quero dizer, se você fosse aprender essa palavra, o que faria?

Patty: Bem, você sabe, eu não tenho ouvido para música e isso me foi dito muitas vezes quando eu era criança. Como sou boa para seguir instruções, passei a acreditar que havia algo errado comigo e tornei-me uma má soletradora. Fazendo o que me mandavam.

RD: Essencialmente, o que Patty está dizendo é: "Não que eu tenha aprendido a soletrar mal, mas, sim, que aprendi a ser uma má soletradora". Isso é algo no nível de identidade, não no de capacidade. Portanto, a propósito, se Patty soletrasse essa palavra corretamente, agora, quase posso garantir que ela diria: "OK, posso soletrar essa palavra, mas isso não muda nada. Isso não me torna uma boa soletradora. Porque eu sou uma má soletradora e mesmo os maus soletradores podem soletrar corretamente algumas palavras. Poderia ser uma exceção à regra". Ouvi esse tipo de observação com muita freqüência: "Eu aprendi essa palavra, mas isso não me torna um bom soletrador, assim como dar algumas braçadas não me torna um bom nadador". Porque a identidade é um nível diferente da capacidade. E, naturalmente, para Kate "soletrar corretamente essa palavra não faz com que isso deixe de ser uma perda de tempo". Portanto, observem que temos a capacidade embutida em questões relacionadas a crenças, valores e identidade.

Na verdade, há uma outra questão importante sobre crenças que desejo explorar. Lisa e Jean, quanto esforço foi preciso para vocês aprenderem a palavra "pteridófitos"?

Lisa: Quase nenhum.

Jean: Insignificante.

RD: Vocês estavam preocupadas com relação a conseguir soletrar bem?

Jean: Não.

Lisa: Eu realmente não penso nisso.

TE: Isso não tirou o seu sono, certo? Vocês não ficam o tempo todo pensando em ser boas soletradoras. Então, como vocês são tão boas nisso? Se vocês não passam todo o tempo se preocupando com isso, como conseguiram tornar-se tão boas?

Jean: Sempre gostei de soletrar.

TE: Você sempre gostou de soletrar. Como isso aconteceu? Como se consegue gostar de soletrar? Não seria ótimo se todas as crianças gostassem de soletrar?

RD: E você Lisa?

Lisa: Bem, nunca gostei de soletrar, mas gostava de ler. Leio desde os quatro anos de idade. Sempre estava com o nariz enfiado num livro e acho que é por isso que sei soletrar bem.

RD: Você gosta de ler, Kate?

Kate: Gosto de ler.

RD: Você gosta de ler. Mas soletrar é uma coisa diferente, uma perda de tempo. Essa é outra daquelas crenças interessantes. Lisa parece estar sugerindo: "Como eu lia bastante, não pude deixar de aprender a soletrar as palavras, porque as vejo o tempo todo. É impossível não aprendê-las". Contudo, para Kate soletrar e ler são duas coisas diferentes. Mas se Kate pudesse aprender a soletrar enquanto lê, sem investir nenhum tempo nisso, seria uma coisa bastante diferente, não seria? Não seria uma perda de tempo tão grande.

TE: As diferenças nas suas estratégias é que permitem que uma seja capaz de olhar para as palavras enquanto lê, aprendendo a soletrar porque o seu "nariz está enfiado num livro", enquanto a outra lê um livro e não enxerga nada na página. Por exemplo, tenho uma pergunta: vocês recebem a informação enquanto estão lendo? Olhando para as palavras ou dizendo as palavras para si mesmas? De onde vem o significado do romance quando vocês o estão lendo? Vocês olham para as palavras e percebem o significado ou precisam dizer as palavras? Lisa?

Lisa: Olhando as palavras e ouvindo-as.

TE: E você, Kate?

Kate: Digo as palavras. Meu pai fica maluco porque eu falo tudo em voz alta.

TE: A resposta de Kate foi quase previsível, considerando a sua maneira de soletrar. Para ela, seria muito difícil soletrar auditivamente e ler visualmente. Ela soletra da mesma maneira como lê — auditivamente. Para Kate, o significado da palavra não vem da maneira como ela é soletrada visualmente, mas, sim, da maneira como soa. Portanto, você pode ler muitas palavras erradas, mas se elas soarem como uma palavra que você possa reconhecer, você acaba compreendendo o significado.

Há uma outra coisa que eu gostaria de verificar. Lisa, você disse que olha para as palavras e, então, as ouve. Isso significa que você pronuncia em voz alta cada palavra, assim como Kate?

Lisa: Não. Eu não as pronuncio, eu apenas as ouço — como se alguém estivesse me contando a história.

TE: E você, Kate?

Kate: É a minha voz, mas o meu pai diz: "Então, leia com a boca fechada".

RD: Portanto, seria interessante se Kate aprendesse a ouvir uma voz dizendo as palavras, como Lisa faz, sem precisar pronunciá-las. É por isso que a aprendizagem cooperativa pode ser tão poderosa. As pessoas podem comparar e partilhar estratégias. E essas estratégias estão vindo de colegas, não de um professor que nos punirá se fizermos "errado". Por exemplo, se Kate tivesse a estratégia de Lisa, ela estaria praticando soletrar as palavras o tempo todo, sem nem mesmo saber. E pode haver outros aspectos da estratégia de Lisa que poderiam beneficiá-la.

Lisa: Eu estava pensando na sua pergunta, se eu gostava ou não de soletrar. Lembrei-me de que eu não gostava de soletrar, mas sempre adorei palavras. Quando você disse "pteridófito", eu disse para mim mesma: "Ahá! Como pterodáctilo, deve ser grego".

TE: Portanto, você se divertiu com ela.

Lisa: Sim, adoro procurar relações.

RD: Lisa disse: "Adoro procurar relações". Essa é outra coisa que ela poderia ajudar Kate a fazer.

Vamos voltar para Patty e ver que tipo de treinamento seria valioso para ela. Patty, o que você precisaria para poder acreditar que é uma boa soletradora? Seria preciso alguém lhe dizer?

Patty: Não, em geral não acredito naquilo que as pessoas me dizem.

RD: Se você realmente tem a estratégia de não acreditar naquilo que as pessoas lhe dizem, então por que você acreditou quando as pessoas disseram que o fato de não ter ouvido para música tornou-a uma má soletradora?

Patty: Porque quando eu era criança não sabia que podia acreditar em outra coisa.

TE: Mas agora você sabe?

Patty: Sim.

RD: E se você voltasse em sua mente para aquela menininha que não sabia que podia acreditar em alguma coisa diferente e lhe dissesse que ela poderia acreditar em outra coisa?

Patty: *(Fica muito quieta.)*

TE: Tudo bem; está certo acreditar que pode ser diferente.

RD: O que a menininha faria? Se por um instante você voltasse no tempo, para aquele lugar e fosse como uma irmã mais velha para ela, e lhe dissesse que ela podia acreditar em outra coisa? Ela confiaria em você?

Patty: Acho que sim.

RD: Patty estava lidando com uma coisa que chamamos de "imprint". Os *imprints* estão relacionados a eventos ocorridos numa época em que a pessoa estava aprendendo alguma coisa pela primeira vez; eventos que preparam o terreno para crenças posteriores. Geralmente, criamos uma crença a respeito da aprendizagem numa época em que não conhecemos muitas coisas. Algumas vezes é importante ter consciência daquelas primeiras experiências de formação e, então, revisitá-las e atualizá-las, como Patty acabou de fazer.

Agora, Patty, há outra coisa que eu gostaria de lhe perguntar. Você acha perigoso ter certeza das coisas? Por exemplo, você está preocupada que: a) se você ficar muito segura de si mesma ou de uma resposta, poderia estragar alguma coisa; ou b) ter confiança irá transformá-la num tipo de pessoa que você não gosta? Estou verificando isso porque parece que sempre que perguntamos alguma coisa a Patty, é realmente importante para ela não ter muita certeza. É como se ela sempre precisasse acrescentar "Acho" no final. Isso poderia se tornar uma espécie de interferência se você sentir que ao soletrar uma palavra perderá a escolha de não ter certeza. Talvez você queira pensar nisso Patty. Você reluta em ter certeza?

Patty: Sim. Não sou o tipo de pessoa que pensa que as coisas são apenas de um jeito. Gosto de ver as coisas a partir de diversas perspectivas.

RD: Isso é importante. Naturalmente, a pergunta é: o ato de soletrar vai contra esse tipo de pessoa?

TE: Patty pode ter a crença de que: "Se eu aprender a soletrar bem, as coisas serão sempre do mesmo jeito. Não posso torná-las diferentes. Então, onde conseguirei minha criatividade? Será preciso fazer as coisas do mesmo jeito, sempre? Legal, parece muito divertido, cara".

Patty: Sinto-me como se pudesse perder algumas escolhas.

RD: Portanto, Patty, você talvez queira verificar se existe qualquer coisa da qual possa ter certeza e que não a afaste dessa escolha realmente importante que é ver as coisas a partir de diferentes perspectivas. Também podemos perguntar a Jean como ela consegue não deixar de ter escolhas mesmo sendo capaz de soletrar bem uma palavra.

Jean: Bem, para mim não é tanto uma questão de "ter certeza" quanto de sentir "confiança". Não me preocupo em ter certeza de ter acertado a palavra, mas em sentir confiança em minha habilidade para aprender. Quando estou confiante, tenho mais escolhas, não menos.

RD: Portanto, Patty, essa poderia ser uma perspectiva que você gostaria de poder escolher. Poderia ser bom tentar a perspectiva de que o objetivo não é ter certeza de ter soletrado corretamente, mas, sim, o de ter confiança na sua habilidade para aprender.

Patty: Soa interessante.

RD: Novamente, o propósito da aprendizagem cooperativa é acrescentar perspectivas para ajudar a criar escolhas e ampliar os nossos mapas a respeito de determinada tarefa. Vocês podem se surpreender com aquilo que podem aprender com um colega que tem uma boa estratégia para alguma coisa.

Acho que vocês também descobrirão que, paradoxalmente, para soletrar bem uma palavra é preciso muita criatividade. Na verdade, eu gostaria de guiar Kate e Patty para a versão básica da estratégia para soletrar. Como vocês verão, ela incorpora os princípios da soletração, que Lisa e Jean estavam usando, num ciclo de *feedback* ou TOTS, não num procedimento rígido.

A estratégia para soletrar

RD: De acordo com a *Estratégia para Soletrar*, para aprender uma nova palavra, ou uma palavra com a qual estão tendo problemas, vocês basicamente olham para a ortografia correta, movem os olhos para cima e para a esquerda e visualizam-na em sua mente. Para associar a ortografia ao sentimento de familiaridade, é útil pensar primeiramente em alguma coisa sobre a qual vocês já estejam confiantes e com a qual estejam familiarizados, permitindo o acesso a um estado positivo. Então, ao olharem para a palavra, ela será ancorada ao sentimento positivo e não ao sentimento de esforço ou de frustração (geralmente associado à ortografia). As pessoas tendem a lembrar-se automaticamente das coisas que lhes proporcionam bem-estar.

Naturalmente, nem sempre esse processo básico é suficiente. Na realidade, os adultos, em geral, têm muito o que "desaprender". Com freqüência, tentam inconscientemente usar a velha estratégia de "pronunciar" a palavra, o que pode gerar confusão e conflito na hora de soletrá-la. Para combater essa tendência e proporcionar uma evidência convincente de que a imagem da palavra está realmente em sua mente, também faço as pessoas soletrarem a palavra **de trás para a frente**. É muito difícil pronunciar palavras de trás para a frente (por exemplo, tente imaginar como a palavra *"Albuquerque"* soa de trás para a frente). O sistema representacional auditivo depende muito do tempo para perceber as coisas e o som tende a se propagar numa determinada seqüência. Por outro lado, o sistema visual é mais simultâneo.

Por exemplo, qual a letra que está três letras depois do "**P**" no alfabeto? Agora, qual a letra que vem três letras antes do "**P**" no alfabeto? Se você se lembra das letras do alfabeto utilizando a canção do "a-bê-cê" que aprendeu quando era criança, provavelmente terá muito mais dificuldade para identificar o "**M**" como a letra que vem três letras antes do "**P**". As pessoas que usam uma estratégia auditiva como essa, algumas vezes precisam começar do início do alfabeto para descobrir a resposta. As coisas visuais mantêm a sua aparência, quer sejam lidas *da esquerda para a direita* ou *da direita para a esquerda.* Assim, se alguém pode ler as letras de uma palavra de trás para a frente (isto é, da direita para a esquerda), podemos ter quase certeza de que já tinha uma imagem razoavelmente clara em sua mente.

A estratégia para soletrar é essencialmente um TOTS com três operações. A fase do Teste do TOTS envolve a verificação de nossas representações visuais e cinestésicas ($V^{l} \Rightarrow C^{l}$) associadas à palavra. Esse teste inclui a verificação da *clareza* da imagem e da *intensidade* de um sentimento de familiaridade. A seqüência fundamental das operações nesse TOTS inclui:

1) pensar em alguma coisa positiva e fácil de lembrar e ancorar esse sentimento à ortografia correta, simplesmente olhando para ela;
2) olhar para cima e para a esquerda e visualizar a ortografia correta em sua mente; e

3) olhar para cima e para a esquerda e ler as letras de trás para a frente e de frente para trás.

Com palavras longas, as pessoas geralmente sentem dificuldade para visualizar a palavra inteira (em especial pessoas que não estão acostumadas ao processo de visualização). Freqüentemente, o que acontece é que algumas letras estão claras, mas o resto fica fora de foco. Nessa situação precisamos de algumas operações para destacar as letras que não estão claras. Nesse caso, há diversas suboperações que podem ser usadas, incluindo:

a) dividir a palavra em grupos de letras (geralmente grupos de três). Esses grupos ou "segmentos" não precisam ser na forma de sílabas, unidades fonológicas ou relações lógicas. O objetivo desses segmentos é simplesmente ajudar a criar a imagem de partes menores;
b) mudar algumas das qualidades da submodalidade das letras difíceis de visualizar, de tal modo que elas fiquem destacadas. Por exemplo, torná-las mais brilhantes, pintá-las na nossa cor predileta, colocá-las num cenário familiar, aumentá-las etc.; e
c) traçar as letras com o dedo. Isso ajuda a ancorar a imagem lembrada das letras que não estão claras, criando uma justaposição ao sistema cinestésico.

O diagrama do TOTS a seguir, resume os elementos básicos da estratégia.

Essas funções podem ser resumidas passo a passo como segue.

Estratégia básica para soletrar

1) Coloque a palavra correta a ser aprendida:
   a) diretamente à sua frente, mais ou menos no nível dos olhos; ou
   b) acima do nível dos olhos e para cima, à esquerda (ou à direita, se você for canhoto)

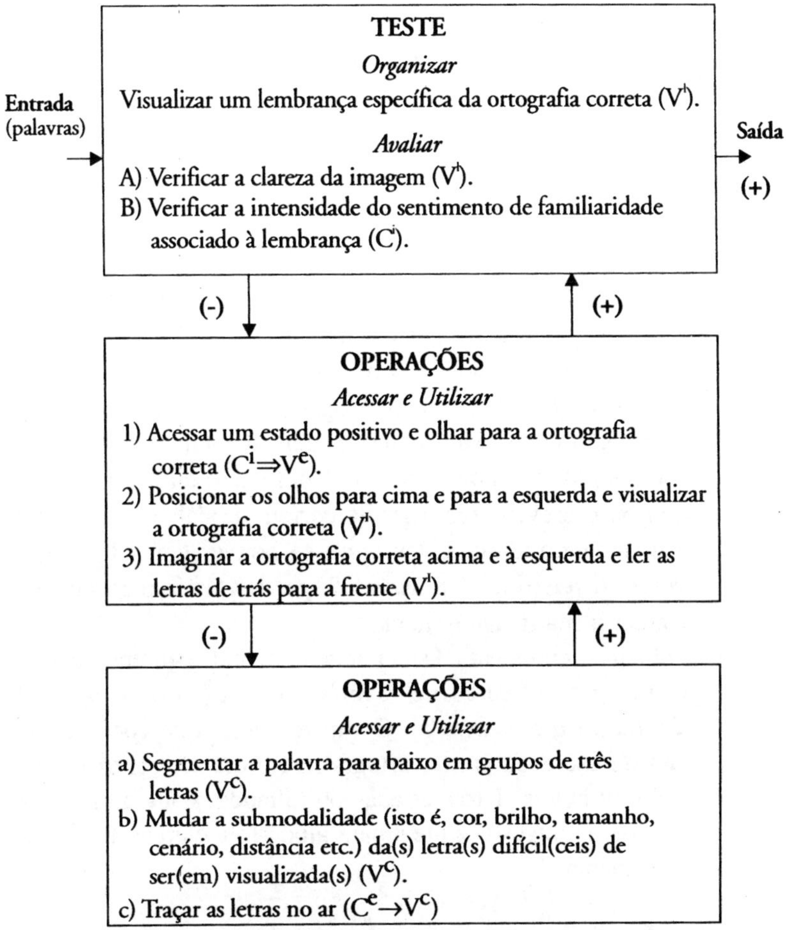

TOTS para a soletração eficaz

2. Feche os olhos e pense em alguma coisa que lhe proporcione o sentimento de *confiança, familiaridade e relaxamento.* Quando o sentimento estiver forte, abra os olhos e olhe para a grafia correta da palavra.

a) Se você colocou a palavra correta à sua frente, mova os olhos para cima e para a esquerda (ou direita) e veja a palavra correta em sua mente.

b) Se você colocou a palavra correta acima e à esquerda retire-a de lá, mas mantenha os olhos para cima e para a esquerda e continue vendo a palavra correta em sua mente. *(Se você sentir dificuldade, use as* "Sugestões úteis" *a seguir.)*

3. Olhe para cima, para a sua imagem mental e verbalize (ou escreva) as letras que você vê. Compare o que você verbalizou ou escreveu com a grafia correta da palavra. Se estiverem faltando algumas letras ou se houver letras incorretas, volte ao *passo nº 1* e use as Sugestões úteis para ajudar a clarear a sua imagem mental.
4. Olhe para cima, para a sua imagem mental e soletre a palavra de trás para a frente (*isto é, verbalize ou escreva as letras da direita para a esquerda*). Compare aquilo que você verbalizou ou escreveu com a ortografia correta. Se sentir dificuldade ou houver letras erradas ou faltando, volte ao *passo nº 2* e use as Sugestões úteis para ajudá-lo a clarear a sua imagem mental.

Sugestões úteis

A. Imagine a palavra na sua *cor predileta.*
B. *Ressalte as letras pouco claras* tornando-as diferentes das outras — por exemplo, *maiores, mais brilhantes, mais próximas, de cor diferente.*
C. Divida a palavra em *grupos de três letras* e crie a sua imagem usando três letras de cada vez.
D. Coloque as letras num *cenário familiar.* Imagine alguma coisa, como um objeto familiar ou a cena de um filme, e, então, coloque nele as letras de que você deseja lembrar-se.

E. Se for uma palavra longa, diminua as letras para que você possa *ver facilmente a palavra inteira.*
F. *Trace as letras no ar* com o dedo e veja em sua mente as letras que está escrevendo.

É importante lembrar que há uma diferença entre uma estratégia e uma técnica mnemônica. Uma estratégia envolve o estabelecimento de um resultado fixo com diversos recursos para alcançá-lo (como as "Sugestões úteis"). Continuamos variando essas operações mentais até que a imagem seja fixada em nossa mente. As técnicas de memorização tendem a usar recursos ou processos fixos, que produzem resultados variáveis. As pessoas acabam se concentrando mais naquilo que devem fazer para lembrar-se da informação do que na própria informação. A estratégia da PNL envolve a variação de processos sensoriais fundamentais, que não exigem nenhum treinamento para serem aprendidos. Geralmente, as pessoas precisam aprender a *lembrar-se das técnicas de memorização* antes de poder utilizá-las para se lembrarem daquilo que as levou a aprendê-las.

Aplicando a estratégia para soletrar

RD: Vamos demonstrar como ensinar essa estratégia a alguém, usando a palavra "pteridófitos". Vou escrevê-la para Patty e Kate. Cada uma de vocês deve escolher onde deseja colocar a palavra, seja à sua frente ou segurando-a para cima, à esquerda. Assim, de acordo com a estratégia para soletrar, vocês querem ficar num estado positivo, num estado de confiança. Nesse sentido, soletrar é como atirar; passamos pelos três estágios "preparar, apontar, fogo". Em vez de apenas "atirar" ou "apontar e atirar", entramos primeiramente num estado de prontidão. Acredito que tanto Lisa quanto Jean já estão preparadas. Por exemplo, Lisa já tinha uma suposição.

É semelhante à maneira como Todd executou o primeiro exercício de memorização (Vol. I). Ele disse: "Quero ficar nesse estado enquanto estou aprendendo. E continuarei mudando o meu processo até conseguir permanecer nesse estado e fazer as letras surgirem na minha mente".

TE: Começar a partir de um estado de conforto e de confiança é muito diferente de começar a partir de um estado de medo ou de tensão.

RD: Agora, com Patty e Kate, realmente descobrimos que elas já estavam confiantes a respeito do seu conhecimento sobre algumas palavras. Talvez vocês queiram pensar no sentimento de confiança com relação às palavras com as quais já estavam familiarizadas. Encontrem esse estado de confiança, familiaridade e relaxamento. Então, fechem os olhos e realmente experimentem esse sentimento. E em sua mente, arranjem um lugar para a palavra. Lembrem-se: Como Todd arrumou um lugar para os seus caracteres? Quando tiverem esse lugar, abram os olhos devagar e olhem para as letras escritas no papel que estão segurando à sua frente. Vocês não precisam demorar muito. Apenas abram os olhos rapidamente e, então, fechem-os de novo. Olhem em sua mente. O que ficou fixado nela?

TE: O que permaneceu lá naturalmente? Que partes da palavra estão lá? Observem o que vocês conseguiram.

RD: Verifiquem o que continua lá com mais clareza. Vocês também podem observar se há quaisquer partes indistintas. Preparem-se, de modo que quando abrirem os olhos novamente, possam confirmar aquilo que já viram, tornando-o ainda mais claro. Então, vocês podem olhar para as partes que ainda não conseguem ver com tanta clareza. Se quiserem, podem ressaltar essas partes de algum modo. Por exemplo, podem pintar as letras de uma cor diferente, talvez na sua cor predileta.

Novamente, abram os olhos, olhem para a palavra e comparem o que vêem à sua frente com aquilo que se fixou em sua mente. É o que vocês achavam que fosse? Identifiquem quaisquer letras que não se fixaram naturalmente na sua imagem ou que não estejam claras. Olhem para essas letras e imaginem que elas são de cor diferente, sublinhem-nas ou façam-nas maiores. Façam alguma coisa que as destaque, para que pareçam especiais. Vocês escolhem como fazê-las sobressair. Essa é uma função da sua própria criatividade.

Agora, fechem os olhos. Observem que há mais letras que parecem naturalmente permanecer em sua mente. Observem como isso fortalece o seu sentimento de confiança. Vocês podem relaxar ainda mais, porque as letras estão se tornando cada vez mais claras e mais fáceis de lembrar. Se houver necessidade de ajustar a cor das letras, aumentá-las ou diminuí-las para fortalecer esse sentimento bom, façam-no.

Novamente, abram os olhos e olhem para a palavra. Se houver alguma parte que vocês queiram traçar com o dedo, podem fazê-lo. Agora, apenas continuem abrindo e fechando os olhos, até que, ao fecharem os olhos, vejam a palavra tão nitidamente quanto se estivessem realmente olhando para ela.

Conseguiu Patty?

Patty: Uh, huh.

RD: OK. E você, Kate?

Kate: Não tenho certeza. Eu não a *vejo* realmente.

RD: Apenas feche os olhos e observe o que está lá. Relaxe a testa. Vocês está se esforçando demais. O que você vê em sua mente?

Kate: Não consigo ver o F-I-, mas sei que está lá.

RD: A propósito, observei que você se inclinou para a frente, apontou para determinado lugar e disse: "Sei que o F-I está lá". Mesmo com os olhos fechados, você disse que sabia que está lá.

Kate: Bem, eu sei que a palavra no papel não desaparece só porque fechei os olhos.

RD: E mesmo não conseguindo "vê-la" com os olhos fechados, você "lembra" onde ela está no papel.

Kate: Bem, sim.

RD: Com os olhos fechados, você pode me dizer qual é o começo da palavra?

Kate: P-T.

RD: Uh, huh. E o que vem a seguir?

Kate: E-R

RD: OK. Muito bem. Agora, em vez de "vê-las", tudo o que você precisa fazer é lembrar-se do que vem a seguir no papel. Como você saberia que conseguiu lembrar-se de onde estão todas as palavras no papel?

Kate: (*Faz uma pausa com os olhos fechados)* OK, posso soletrá-la agora.

RD: Isso é interessante. Como você sabe que agora pode soletrá-la?

Kate: Porque posso repetir a seqüência em minha cabeça, dizendo P-T-E-R-I-D-Ó-F-I-T-O-S.

RD: Portanto, você precisa ser capaz de dizê-la para si mesma para confirmar que já sabe. Bem, deixe-me perguntar: "Você pode começar com o S e repetir a seqüência de trás para a frente? Tente".

Kate: S - O - T — I — F - Ó — D — I — R — E — T - P *(Aplausos)*

RD: Muito bem! Bravo. E você nem precisou escrevê-la cinqüenta vezes. Você nem mesmo a escreveu três vezes. Agora é a sua vez Patty. Feche os olhos. Você pode ver as letras em sua mente?

Patty: Sim, facilmente.

RD: Então, talvez você queira começar soletrando-a de trás para a frente.

Patty: SOTIF-O-D-I-RETP *(Aplausos)*

RD: Certo. Vocês observaram como ela foi rápida? Acho que ela realmente tem uma imagem clara dessa palavra. Para mim, o interessante é que alguém como Patty obviamente poderia fazer isso num piscar de olhos. Ela era capaz durante todos esses anos. É apenas uma questão de se permitir fazê-lo. Acho que com você, Kate, é uma questão de aprender a confiar em alguns dos seus outros sentidos. Por exemplo, quando você estava soletrando a palavra, precisou pronunciá-la?

Kate: Não tenho certeza.

TE: Você a pronunciou de trás para a frente?

Kate: Na verdade, acho que estava como que escrevendo a palavra.

RD: E isso é algo que eu gostaria que você percebesse, Kate; você pode saber como escrever alguma coisa, sem precisar escrevê-la cinqüenta vezes. Você já tem essa associação. E quando faz o tipo de associação, faz algo ainda mais importante do que aprender uma palavra — você aprendeu como aprender.

Para demonstrar o que quero dizer, vamos usar outra palavra. Uma das minhas favoritas é "Albuquerque" (é uma das primeiras palavras que aprendi a soletrar de trás para a frente). Vou escrevê-la na lousa. (*Kate começa a se inclinar para a frente e tensionar o rosto.)*

TE: Agora, Kate e Patty, não se incomodem ainda com o que está na lousa. Fechem os olhos por um segundo e relaxem. Pensem em alguma coisa agradável; alguma coisa divertida, que proporciona uma sensação de bem-estar, que é fácil e está relacionada a olhar para coisas. Em outras palavras, uma parte importante dessa experiência boa é que vocês abrem os olhos e olham para coisas. Não me importo se são carros passando, meninos entrando na escola, isso não me importa. Só precisa ser alguma coisa que vocês usem os olhos para receber informação e seja divertida. Não precisa ter nada a ver com aprendizagem ou escola. Pode até mesmo não ser alguma coisa da qual vocês se lembram visualmente. Apenas prestem atenção ao sentimento que acompanha essa experiência de olhar para alguma coisa e apreciá-la. Observem onde está a imagem para a qual vocês estão olhando.

RD: Mesmo que não a veja perfeitamente, Kate, você sabe que ela está lá. Você sabe que a viu. E quando entrarem nesse estado, abram os olhos e olhem para a palavra na lousa. Fechem os olhos e coloquem-na no mesmo lugar daquela experiência que vocês realmente apreciaram. O lugar que está bem à sua frente.

TE: Vocês não estão realmente tentando lembrar-se de quais são todas as letras; apenas imaginem que estão colocando essas letras no mesmo lugar daquela agradável experiência visual.

RD: Agora, Kate, se você fosse escrever as quatro primeiras letras daquela palavra, o que você escreveria?

Kate: A-L-B-U?

RD: OK, está correto. E você nem precisou escrevê-la diversas vezes na sua perna.

Kate: Não, mas elas parecem corretas.

RD: Bem, feche os olhos. E mantendo os olhos fechados, você consegue soletrar essa palavra de trás para a frente?

Kate: Você quer que eu a soletre de trás para a frente? E-U-Q-R-E-U-Q-U-B-L-A *(Aplausos)*

RD: Está certo. Bravo. E o surpreendente, Kate, é que se você fizer isso com mais algumas palavras, provavelmente ficará mais rápida, até que se torne uma segunda natureza para você, como é para Lisa. Então, você seria capaz de olhar para palavras, enquanto as lê, e aprender a soletrá-las sem precisar despender nenhuma energia.

TE: Achei interessante Kate ter dito que as letras "pareciam corretas", considerando o estado inicial que nós escolhemos. Quando Robert começou a escrever a palavra na lousa, percebi que a primeira coisa que Kate fez foi enrugar a testa e entrar nesse estado de "concentração". Assim, pedi-lhe para encontrar um estado em que as coisas fossem divertidas, sem nenhuma relação com escola, mas em que ela usou os olhos. Posteriormente, quando Kate abriu os olhos para ver a palavra, todo o seu rosto estava completamente diferente, bem como o seu tônus muscular, a sua respiração e mesmo a localização da imagem. Na verdade, ela havia-se movido um pouco mais para cima. A questão é que você deseja começar com um estado que associe a visão com a diversão. Você começa desse estado — mesmo que seja necessário voltar a ele quando estiver se preparando para aprender uma nova palavra.

RD: E acho que outra coisa importante para você perceber, Kate, é que você já tem esse sentimento positivo quando está lendo. Tudo o que você precisa fazer é deixar o seu cérebro saber que você pode, automaticamente, escrever coisas que vê, sem conscientemente precisar escrevê-las diversas vezes. (*Para o grupo*) Observem como determinada experiência também pode ser uma confirmação para uma nova crença, bem como exemplo de uma estratégia.

Agora, Patty, vamos ver você. Você sabe soletrar Albuquerque?

Patty: Com certeza.

RD: OK, feche os olhos. Você pode soletrá-la de trás para a frente?

Patty: E-U-Q-R-E-U-Q-U-B-L-A (*Aplausos*)

RD: Patty, acho que seria importante você considerar que, como não foi necessário tanto tempo nem esforço, o que aconteceria se continuasse a soletrar tão bem como acabou de fazer?

Patty: As pessoas poderiam começar a achar que sou uma boa soletradora.

TE: E o que as pessoas pensam de quem sabe soletrar bem? Algumas pessoas não pensam nada. Elas não chegam e dizem: "Puxa, eu estava pensando se gostaria ou não de marcar um encontro com você. Você sabe soletrar?". (*Risos*) Apesar de existirem aquelas que poderiam dizer: "Se você não sabe soletrar eu sairei com você. Mas se você pode soletrar, esqueça; porque é bem capaz de você descobrir que eu não sei do que estou falando".

Usando a estratégia para soletrar com crianças que têm problemas de aprendizagem

RD: Como vocês podem ver, a estratégia para soletrar, realizada dentro de uma estrutura de aprendizagem cooperativa, foi bastante eficaz para Kate (uma aluna do segundo grau) e Patty (uma jovem de vinte e poucos anos). Contudo, algumas pessoas poderiam perguntar se a estratégia também é capaz de ajudar crianças com deficiência de aprendizagem a melhorar sua habilidade para soletrar. Na verdade, descobrimos que essa estratégia (e toda a abordagem da PNL) é extremamente eficaz com pessoas consideradas incapazes de aprender. O nosso trabalho inicial com a escola do distrito de *Pajaro Valley* focalizou inteiramente a educação especial para crianças em que foram diagnosticados alguns tipos de problemas de aprendizagem. O programa foi tão eficaz que a abordagem passou a abranger as classes comuns.

A seguir, uma transcrição de um de nossos primeiros seminários de Aprendizagem Dinâmica que ilustra como a estratégia para soletrar pode ser eficaz com crianças que têm problemas de aprendizagem. Christopher, um menino de dez anos de idade, foi levado ao seminário por seu pai, Hans. O diagnóstico apontara que Christopher era disléxico e ele estava tendo muitas dificuldades de aprendizagem na escola.

RD: Agora Christopher, você está aprendendo a soletrar ou já aprendeu a soletrar?

Christopher: Sim.

RD: Você sabe soletrar bem?

Christopher: Não. Eu sou péssimo.

RD: Bem, quando você soletra, o que você faz no seu cérebro?

Christopher: Eu penso.

RD: (*Para o grupo*) A maior parte do tempo as pessoas não sabem realmente o que fazem em sua mente quando estão fazendo alguma coisa. Você pergunta: "Como você faz isso?". E elas respondem: "Bem, eu apenas 'penso' nisso". Mas isso não significa que elas não possam aprender a fazer melhor.

TE: (*Para Christopher*) Por exemplo, você poderia ensinar alguém a andar de bicicleta?

Christopher: Não. Seria difícil.

RD: Você não poderia lhes dizer o que fazer para andar de bicicleta?

Christopher: Eu poderia ensiná-las, mas não poderia realmente lhes dizer.

RD: Como você aprendeu a andar de bicicleta?

Christopher: Eu apenas subi nela e continuei tentando, até conseguir.

RD: Assim, em vez de pensar ou falar nisso, você apenas subiu na bicicleta e tentou ir a algum lugar. E apesar de ter caído, continuou subindo na bicicleta e tentando, até conseguir. Acho que o mesmo acontece quando soletramos. Você se torna bom nisso do mesmo jeito como aprendeu a andar de bicicleta. Contudo, quando se soletra, é preciso saber para onde estamos tentando ir e onde estão os pedais no seu cérebro. Por exemplo, você lembra como é a frente da sua casa?

Christopher: Claro.

TE: Como você sabe que é a frente da sua casa?

Christopher: Porque eu brinco com o meu cachorro em volta da casa.

RD: Portanto, você não precisa tentar lembrar-se dela. Só de brincar em volta dela com o cachorro, você se lembra dela naturalmente.

TE: Você sabe qual a cor da frente da sua casa?

Christopher: Cinza ou azulada.

TE: Uma cor azulada.

RD: Você pensa em soletrar palavras do mesmo jeito como pensa na cor da frente da sua casa?

Christopher: Um... eu não sei.

RD: Seria bom se você pudesse fazer isso, não seria? Se você naturalmente lembrasse da ortografia correta das palavras.

Christopher: Sim.

RD: Você sabe soletrar "geografia"?

Christopher: Não. Essa é uma palavra difícil.

RD: Bem, eu vou lhe pedir para tentar uma coisa. Vou escrever a palavra "geografia" na lousa e gostaria que você olhasse para ela e fizesse uma imagem da palavra em sua mente. Olhe a palavra e, então, olhe para além dela, talvez para o teto, acima dela. Veja se você ainda pode ver essa palavra em sua mente como se ela estivesse escrita no teto. Você pode fazer isso?

Christopher: Ela desaparece quando eu olho para cima. (*Os olhos de Christopher começam a se mover para baixo e para a esquerda.*)

RD: Apenas mantenha os olhos voltados para cima por um segundo. Não há necessidade de pronunciar a palavra. Posso ver que você está tentando dizê-la.

TE: Apenas faça uma imagem dela, como a da frente da sua casa, Christopher.

RD: Você pode visualizar a frente da sua casa, certo?

Christopher: Sim.

RD: Veja se você pode visualizar essas letras escritas na sua porta. Olhe para cima e veja a imagem da porta da frente da sua casa.

Christopher: (*Ele olha para cima e para a esquerda.*) OK.

RD: Agora, coloque o "G" na sua porta, apenas o "G". Você pode fazer isso?

Christopher: Sim.

RD: Agora, você pode colocar "GE" na porta da sua casa?

Christopher: Sim.

RD: OK, você pode continuar indo e vindo, até colocar todas as letras?

TE: (*Para o grupo*) Essa é uma das maneiras de ajudar as pessoas a desenvolver a habilidade para visualizar. Nós já sabemos que Christopher pode lembrar-se visualmente da frente de sua casa. Agora, tudo o que iremos fazer é lhe pedir para pegar aquela imagem visual, que nós já sabemos que ele pode criar, e colocar as letras na frente daquela porta. Dessa forma, teremos a certeza de que ele está criando uma imagem das letras. Como ele estava encontrando dificuldade para criar uma imagem das letras sozinhas, apenas flutuando no espaço, nós as pregamos em alguma coisa familiar.

RD: (*Para Christopher*) Eu observei que os seus olhos estão novamente se movendo um pouco para baixo. Você não precisa pronunciar as letras, apenas veja-as na porta. OK. Agora, apenas leia o que você vê na porta.

Christopher: "G E O G R"

RD: Ótimo. Agora coloque o "A" lá. Você pode vê-lo nitidamente? Agora coloque o "F"

Christopher: "G E O G R A F"

RD: OK. Continue fazendo isso até colocar todas as letras na sua porta. (*Christopher começa a olhar para baixo e para a esquerda.*)

TE: E você pode parar de falar consigo mesmo. Veja, nós podemos ler a sua mente, portanto é melhor tomar cuidado. (*Christopher move os olhos para lá e para cá, da lousa para cima, à esquerda.*)

RD: Você já tem toda a imagem?

Christopher: Uh, huh.

RD: Bom. Agora, eu gostaria que você ficasse de costas por um minuto para não ver a palavra. (*Para o grupo*) Como Christopher estava com dificuldade para visualizar as letras, escolhemos uma coisa que ele já podia ver com facilidade — a porta da frente da sua casa — e fizemos com que colocasse as letras sobre essa porta.

(*Para Christopher*) Você pode olhar para cima e ainda vê-las todas na porta agora?

Christopher: Sim.

RD: OK, você poderia ler agora as letras que está vendo na sua porta?

Christopher: "GEOGRAFIA"

RD: Muito bom. Agora, olhe para as letras na sua porta e comece pelo último "A" — faça de trás para a frente. Comece com o "A".

Christopher: "A" (*Começa a levar a mão à testa.*)

RD: Não há necessidade de colocar a sua mão aí. Isso não vai ajudar.

TE: Você está cobrindo a porta.

RD: OK. Faça novamente da frente para trás.

Christopher: "GEOGREF".

RD: É um "E"?

Christopher: Acho que não.

RD: Agora, lembre-se de quando você aprendeu a andar de bicicleta. Você precisou cair algumas vezes antes de pegar o jeito. Continue e olhe novamente para a palavra, vá olhando da lousa para a sua imagem mental até que as palavras que você vê na sua porta sejam as mesmas que estão na lousa.

Christopher: OK. Consegui. (*Desvia os olhos da lousa.*) "GEOGRAFIA?"

RD: Então, você vê todas as letras claramente? Há qualquer letra sobre a qual você ainda tenha dúvidas?

Christopher: O último par.

RD: OK. Olhe novamente para o último par. Agora olhe lá para cima, para a porta em sua mente. Agora você consegue ver todas com clareza? OK, agora leia-as.

Christopher: GEOGAR...

RD: Está correto?

Christopher: Não. É RA

RD: (*Para o grupo*). O que Christopher acabou de fazer aqui não foi um erro, mas um tremendo sucesso. Ele parou, porque sabia que havia trocado as duas letras. É óbvio que ele já deve ter pelo menos uma imagem inconsciente daquela palavra em sua mente, assim, quando vê ou ouve uma seqüência incorreta de letras, ele automaticamente sabe. A princípio, ele não sabia conscientemente o que era, mas houve uma hesitação. É como começar a ter equilíbrio na bicicleta, Christopher. Portanto, vá em frente e tente novamente, do início.

Christopher: GEOG...

RD: OK, essa não está clara? Verifique se ela já está na porta agora. Talvez você possa traçá-la com o dedo, aumentá-la ou mesmo colocá-la na porta em letras prateadas. Você pode vê-la?

Christopher: GEOGRAFIA

RD: OK, mais uma vez.

Christopher: GEOGRAFIA (*Aplausos)*

RD: OK, agora você pode soletrá-la de trás para a frente? Apenas olhe para a porta. Veja o último "A". O que vem antes do "A"?

Christopher: AIFA...

RD: Certo, você sabia que alguma coisa estava fora do lugar. Apenas olhe para a palavra na sua porta e leia as letras.

Christopher: AIFARGOEG? (*Aplausos*)

RD: Muito bem! Agora faça novamente da frente para trás.

Christopher: GEOGRAFIA

TE: Muito bem!

Mulher: Ele nunca esquecerá essa palavra.

RD: Certo, essa é a questão. O que significa dizer que você "nunca esquecerá" alguma coisa? Se você tem alguma coisa que jamais irá esquecer, o que você tem? Você tem uma estratégia para conseguir o que quiser. Mas essa estratégia não serve apenas para essa palavra. Por exemplo, você sabe como soletrar "receber", Christopher?

Christopher: Ainda não.

RD: Agora eu vou pedir para Christopher aprender como soletrar a palavra "receber". Acho que vamos descobrir que ele precisará de muito menos tempo para aprender "receber" do que precisou para aprender "geografia". Em outras palavras, após aprender o *processo* de visualização, torna-se mais fácil visualizar qualquer coisa.

O nosso objetivo não era realmente ensinar Christopher a soletrar uma palavra, mas instalar a habilidade para soletrar. A habilidade para soletrar não é sobre aprender uma palavra de cada vez. Essa é a diferença. Se você aprender as suas dez palavras semanais, "com certeza eles lhe darão mais dez na semana seguinte".

TE: E você precisa passar por tudo aquilo de novo.

RD: É aquela noção de que se você der um peixe para alguém, está alimentando-a por um dia, mas se ensiná-la a pescar, estará alimentando-a pelo resto da sua vida. O que nós desejamos é dar a Christopher uma estratégia para que o processo de aprender a soletrar se torne cada vez mais fácil. Assim, quando ele receber as suas dez palavras na semana seguinte, em vez de precisar esforçar-se com cada uma delas, poderá apenas pegá-las, colocá-las lá em sua mente e pronto.

Homem: Ele terá de colocar cada uma dessas palavras numa porta?

TE: Bem, ele pode ou não continuar usando a porta. O motivo de termos usado a porta foi porque sabíamos que ele já podia visualizá-la. Assim, fazendo-o olhar para a porta, em primeiro lugar, nós o levamos a acessar a sua memória visual. Portanto, nós a usamos como uma "entrada" para a informação visual. Contudo, em determinado ponto, Christopher pode dizer: "Eu não preciso mais usar a porta. Posso apenas colocar as letras sobre qualquer coisa que eu queira".

RD: O que queremos mostrar aqui é o processo de "aprender a aprender". Em outras palavras, vocês viram como Christopher demorou com a primeira palavra. Vamos usar uma palavra diferente e ver se o processo fica mais rápido e mais fácil — como aprender a andar de bicicleta.

Christopher, eu escrevi a palavra "receber" embaixo da palavra "geografia". Apenas coloque a imagem em sua mente e, quando tiver conseguido, vire de costas. (*Christopher olha a palavra e move os olhos para cima diversas vezes e, então, vira de costas para a lousa.*) OK. Observem que Christopher já virou de costas. Você já tem uma imagem dela, Christopher?

Christopher: Uh, huh.

RD: OK. Você pode soletrar essa palavra?

Christopher: RECEBER (*Aplausos*)

RD: OK. Agora você pode soletrá-la de trás para a frente? Apenas olhe para a imagem e leia as letras começando pelo "r".

Christopher: REBECR

RD: OK. Isso está correto?

Christopher: Acho que errei as duas últimas letras.

RD: Sem problemas. Olhe novamente e faça-as ficarem mais claras. (*Para o grupo*) Dessa vez, ele quase conseguiu acertar em sua primeira tentativa de trás para a frente. E ele já conseguiu acertar de frente para trás. (*Christopher olha a palavra na lousa e, então, vira de costas.*) Já conseguiu?

TE: Sintonize essa coisa.

Christopher: (*Olha para cima e para a esquerda.*) REBECER (*Aplausos*)

RD: Maravilha! Agora, quero lhe pedir outra coisa. Você pode soletrar "geografia" de trás para a frente? Comece olhando para ela da frente para trás.

Christopher: Oh! OK. AIFARGOEG (*Aplausos*)

Hans: (*Surpreso*) Eu preciso ir para casa.

TE: Você é o próximo, Hans. Não vá embora.

RD: Novamente, o que eu queria demonstrar aqui é o processo de "aprender a aprender". Depois de Christopher saber como criar uma imagem em sua mente, soletrar torna-se uma tarefa cada vez mais fácil para ele — como andar de bicicleta.

TE: A propósito, as letras ainda estão lá na porta? Ou você tem uma outra imagem delas?

Christopher: Eu esqueci da porta, elas apenas estão em minha mente.

RD: E, por falar nisso, supostamente Christopher não era disléxico? Certo, Hans?

Hans: Correto.

RD: Obviamente, todos podem ver que o seu gene para soletrar não está irremediavelmente danificado, certo?

Hans: Huh?

TE: Ele tinha um gene para soletrar que não funcionava.

Hans: Foi o que nos disseram.

TE: Fim desse diagnóstico.

Praticando a estratégia para soletrar

RD: Agora, gostaríamos de lhes dar a oportunidade de praticar a estratégia para soletrar. Como vocês sabem, o objetivo da PNL não é interpretar as pessoas como se elas fossem robôs, mas ter curiosidade a respeito daquilo que elas fazem. Comecem formando pares e pedindo ao seu parceiro para soletrar algumas palavras. Descubram qual é a estratégia dele para soletrar. Então, faça o seu parceiro efetuar a estratégia para soletrar que demonstramos aqui, independentemente da sua estratégia funcionar bem ou não. Lembrem-se de que a nossa abordagem às estratégias é a seguinte: desejamos acrescentar recursos e não eliminá-los. Caso vocês tenham uma estratégia fonética para soletrar, tudo bem, mas o que queremos fazer é acrescentar algumas escolhas a esse TOTS. Vocês sempre poderão retornar à estratégia fonética se desejarem. O que queremos fazer é simplesmente acrescentar a habilidade para visualizar.

Identifiquem alguma coisa de que vocês gostariam de lembrar-se, mas que, algumas vezes, encontram dificuldade para fazer com precisão. Pode ser o número de um telefone, o número do seu cartão de seguro ou a seqüência correta das letras na palavra “crisântemo”. Mesmo sendo bons soletradores, pode haver algumas palavras das quais vocês não conseguem se lembrar, como Jean. Vocês também podem escolher a palavra “ortógrafo” se desejarem — um especialista em soletração.

Primeiro tentem lembrar-se da palavra ou dos caracteres naturalmente, usando a sua estratégia própria. Então, tentem usar a estratégia para soletrar que demonstramos aqui. A estratégia básica envolve o movimento dos olhos para cima e para a esquerda, e a formação de uma imagem visual em sua mente. Mantenham a palavra escrita corretamente na posição para cima e coloquem-na em sua mente até conseguir uma imagem suficientemente clara, que lhes permita ler as letras de trás para a frente ou de frente para trás.

A versão mais simples seria apenas olhar para a palavra, desviar os olhos e ver o que se fixa em sua mente. Então, olhem novamente para o papel e observem se aquilo que se fixou é o mesmo que está no papel. Se for, muito bom; se não for, então é preciso perguntar: "O que posso fazer para fixá-las?". Talvez vocês possam pintá-las na sua cor predileta, visualizá-las duas vezes maiores ou mais próximas. Ou traçá-las com o dedo. Portanto, vocês farão um daqueles ciclos de *feedback* do TOTS. O propósito é ver quão rapidamente vocês conseguem fixar as palavras. Talvez 90% das vezes os caracteres irão se fixar automaticamente.

Se vocês encontrarem dificuldades, podem tentar seguir algumas das "Sugestões úteis". Mas, provavelmente, isso não será necessário para muitas palavras ou tarefas de memorização, porque as letras ou caracteres irão se fixar naturalmente em sua mente. Lembrem-se de começar com um sentimento bom, ou num estado positivo.

Segmentar, traçar, mudar as cores, o tamanho têm como propósito simplesmente fazer as letras se fixarem em sua mente.

TE: Se nada der certo, associe a palavra a alguma coisa que já está fixada lá. Esse foi o processo que usamos com Christopher. Encontrem alguma coisa que já esteja lá e vejam se conseguem colocar nela as letras ou caracteres que vocês querem lembrar.

RD: Associem as letras ou caracteres a alguma coisa que vocês já conhecem. Essa é uma versão daquilo que em PNL chamamos de "acompanhar e conduzir". Acho que esse é um dos princípios mais fundamentais para a aprendizagem. Outra coisa interessante que vocês descobrirão a respeito da soletração é que algumas vezes ela envolve muita criatividade. Eu ouço as pessoas dizerem: "Detesto soletrar porque não envolve nenhuma criatividade". Contudo, todas as pessoas que conheço que têm boa memória são realmente criativas quando têm de fixar em suas mentes alguma coisa de que estão tentando se lembrar. Elas são criativas na maneira de atingir esse objetivo.

TE: As "Sugestões úteis" são as escolhas variáveis, o objetivo fixado é colocar aquela imagem visual no lugar certo.

RD: A memória é basicamente a função de uma coisa e apenas uma coisa — como fazer alguma coisa fixar-se em sua mente. Se você consegue fixá-la, é isso aí. O resto serve apenas para ajudar a fixá-la.

TE: É a cola. Então, a estratégia para soletrar torna-se uma outra escolha. Como Robert disse, não desejamos tirar nada que já esteja lá dentro.

RD: Fisicamente, é impossível eliminar o diálogo interno de uma pessoa — até onde eu sei.

TE: Nós só podemos reajustar aquela voz interior ou dar à pessoa mais opções, mas não podemos eliminá-la. Assim, podemos soletrar usando vários métodos; podemos pronunciar a palavra ou criar imagens dela. Só queremos que vocês façam isso visualmente uma vez e descubram se é igual ou diferente do seu método. Então, podem usá-lo ou jogá-lo fora. Mas, lembrem-se: depois que o método estiver dentro de sua mente, ele permanecerá lá e vocês poderão usá-lo quando desejarem. Vocês podem ligá-lo e desligá-lo.

RD: O objetivo do exercício é proporcionar-lhes a oportunidade de desenvolver sua capacidade para visualizar as palavras com clareza suficiente, permitindo que as soletrem de frente para trás e de trás para a frente. E lembrem-se: depois de adquirir essa habilidade, ela se torna mais fácil. É como andar de bicicleta ou correr num determinado percurso. Se vocês correrem por uma trilha quatro vezes por dia, ela ficará cada vez mais fácil. Igualmente, quando vocês começarem a aprender a visualizar, ficará cada vez mais fácil.

A propósito, lembrem-se de que uma parte fundamental da sua tarefa como parceiro de alguém é ser um observador. Vocês devem observar a pessoa que está tentando soletrar para ver se ela está inconscientemente desviando para outra estratégia — como fizemos com Kate, Patty e Christopher. Todd observou que Kate estava franzindo a testa e ajudou-a a encontrar um estado de aprendizagem mais adequado. Nós percebemos quando Christopher estava se esforçando muito e estava a ponto de perder a sua imagem, porque os seus olhos começaram a se mover para baixo e para a esquerda, ou quando ele começou a levantar a mão. Vocês devem ter certeza de que a pessoa está na postura apropriada para o acesso, porque a postura dela influenciará a sua maneira de pensar.

****

Após o exercício

RD: Algum comentário ou pergunta a respeito do exercício?

Barbara: Você acha que, durante muito tempo, devemos dar palavras muito fáceis para as crianças, para elas terem muitas experiências positivas de sucesso?

RD: Bem, acredito que uma abordagem que enfatiza o progresso é uma utilização eficaz de "acompanhar e conduzir". Mas também acho que a definição de palavras "fáceis" depende da estratégia que você está usando com as crianças. Quando você usa uma estratégia visual, não se trata tanto de uma questão de palavras "fáceis" ou "difíceis" — que geralmente são classificadas pela similaridade entre o som da palavra e a seqüência correta das letras. Se você está visualizando, é apenas uma questão de saber quantas letras estão lá.

TE: Acreditamos que se você passar algum tempo desenvolvendo as habilidades visuais, auditivas e cinestésicas das crianças — para que elas possam usar todos os sentidos — então, quando começar a ensinar palavras, poderia com igual facilidade começar com palavras como "enciclopédia". Você não precisa limitar-se a começar com palavras como "gato", porque se elas têm habilidade para formar uma imagem da palavra, é apenas uma questão de saber quantas letras conseguem reter em sua mente a qualquer momento.

RD: Pense em como é complicado para uma criança o processo de reconhecer a mãe. Quero dizer, há tantas outras pessoas com olhos, nariz, cabelos e coisas assim. Tão logo elas adquirem a capacidade para fazer essas discriminações, potencialmente têm capacidade para reconhecer a diferença entre "enciclopédia" e alguma outra palavra.

Bárbara: Mas não seria mais fácil desenvolver essa capacidade começando com palavras mais fáceis?

RD: Você poderia nos dar um exemplo daquilo que quer dizer com uma palavra "fácil'?

Bárbara: Como "feliz". Você começa com alguma coisa mais fácil e talvez mais curta para visualizar e, então, passa para as mais longas. Quero dizer que posso soletrar "feliz" de trás para a frente com mais facilidade do que "enciclopédia".

RD: Compreendo que para você é mais fácil soletrar "feliz" de trás para a frente, mas isso provavelmente acontece porque você ainda não tem uma imagem clara da palavra "enciclopédia". Se tivesse uma imagem nítida, seria como ler as duas numa folha de papel.

Bárbara: Mas se começássemos com uma palavra mais curta, talvez fosse mais fácil obter uma imagem clara.

RD: Sim, naturalmente que seria. E essa é a idéia por trás da "segmentação". Uma palavra com dez letras é o mesmo que duas palavras com três letras e uma palavra com quatro letras. Ou, como Lisa disse, muitas palavras são um prefixo, um sufixo e um pedacinho no meio.

TE: Observe, Bárbara, que você pode estar falando mais a respeito de si mesma do que das crianças em geral. A minha opinião é que se você ensinar uma palavra com dez letras para uma criança bem pequena, ela vai saber como lidar com palavras de dez letras. Se você sempre lhe ensinar palavras de três ou quatro letras, então quando houver uma palavra com dez letras, vai parecer um pulo muito grande.

RD: Apenas estamos lhe pedindo para pensar cuidadosamente antes de dizer às crianças: "Vocês ainda não têm idade suficiente para fazer isso. Sinto muito, mas não conseguem soletrar essas palavras. Elas são muito difíceis para vocês. Essa é uma aula para o terceiro ano e vocês ainda estão no segundo". Essas podem ser limitações desnecessárias.

Entretanto, concordo que se uma pessoa está encontrando dificuldade para visualizar uma palavra mais longa, então você deve voltar um passo e segmentar a palavra em partes para simplificar a tarefa.

Bárbara: O que acabo de perceber é que quando tento escrever a palavra "enciclopédia" em minha mente, as letras parecem tão grandes que não consigo vê-las todas de uma só vez. Quando olho para o fim da palavra, não consigo ver mais o seu começo, como posso fazer com a palavra "feliz".

TE: Bem, será que você consegue fazer a palavra "enciclopédia" ocupar o mesmo espaço da palavra "feliz"? Você consegue apenas diminuir o tamanho da palavra e ver "enciclopédia" em letras menores? Trabalhei com alguns alunos que, independentemente do tamanho do segmento, a tela da sua televisão, por assim dizer, não era suficientemente grande para conter a palavra. Em outras palavras, em vez de usar uma porta, é como se eles vissem em sua mente uma tela de TV ou de computador. Talvez o monitor do seu computador ou de sua TV tivesse uma tela de 14 polegadas; e naquela tela de 14 polegadas eles só conseguiam colocar quatro ou cinco letras. Portanto, conseguiam soletrar muito bem palavras com cinco letras, mas quando precisavam ver uma palavra com oito letras, só podiam enxergar as primeiras cinco letras, como se as restantes não coubessem na tela. E, quando pedíamos para aumentarem a tela, de repente, eles diziam: "Ah, sim, consigo ver todas as oito. Agora elas cabem." Para mim, há uma relação importante entre o tamanho do segmento e o tamanho da tela.

Stephanie: Aconteceu algo parecido comigo. Descobri que funcionava melhor para mim quando eu começava outra vez e descobria quantos segmentos de informação caberiam no espaço que estava deixando em minha tela mental. Antes de olhar para o tamanho do segmento, eu olhava para o tamanho da tela. Eu não havia feito isso antes. Eu realmente não sabia como encaixar cinco ou mais na tela; assim, algumas coisas teriam sido difíceis de segmentar se eu não tivesse aumentado a minha tela.

RD: O número de segmentos que você consegue colocar depende do tamanho da sua tela. Usando uma outra metáfora de computador, seria como passar de um processador de 8 *bits* para um de 16 *bits*. De repente, você tem um outro nível de capacidade que lhe permite o acesso mais rápido a uma quantidade maior de informações. Portanto, em vez de simplesmente tentar ensinar o conteúdo, você descobre que tipo de coisas poderiam ajudar a pessoa a acrescentar um *bit* no seu processador neurológico.

Linda: Acho que tenho um bom exemplo disso. Sempre tive dificuldade para soletrar a palavra "separar", porque não conseguia saber se devia ser um "a" ou um "e". Normalmente, eu segmentava como sep-a-rar. Lisa me disse para segmentar "se-par-ar"

RD: Esse foi realmente um excelente comentário. Algumas vezes, continuamos soletrando alguma coisa de forma incorreta, por causa da maneira de segmentá-la e, ao segmentá-la novamente, obtemos uma percepção completamente diferente.

TE: Alguém tem mais perguntas ou comentários?

Christine: Posso ver que usando essa estratégia e o método da aprendizagem cooperativa, os professores poderiam economizar muito tempo. Porque na maioria das situações em sala de aula, temos três ou quatro grupos separados; e, pelo menos em nossa situação, parece que passamos muito tempo indo de um grupo a outro. Isso poderia ser eliminado se ensinássemos a todos o "como".

TE: Correto. Depois de eles terem a estratégia básica é apenas uma questão de sintonização. Então, se alguma criança tem sucesso com palavras de quatro letras mas não com palavras de sete letras, você só precisará descobrir "o que essa criança em particular precisa para ser capaz de visualizar uma palavra de sete letras?" Trata-se apenas de uma sintonização baseada nas necessidades daquela criança.

Ensinando a estratégia para soletrar na sala de aula

RD: Se eu fosse usar a estratégia para soletrar com uma classe inteira, colocaria uma das listas de palavras no alto, no canto esquerdo da sala, e outra no alto, à direita. Então, as crianças destras poderiam olhar para as palavras do lado esquerdo da sala e as outras poderiam olhar as palavras colocadas no canto direito da sala. Eu diria à classe apenas para olhar as palavras e fechar os olhos até conseguirem fechar os olhos e ainda continuar vendo as palavras. Nesse ponto, a aprendizagem cooperativa pode ser usada para ajudar a "sintonização" como Todd estava dizendo. Os alunos podem se ajudar mutuamente com estratégias diferentes e sugestões para fazer as palavras "grudarem". Na verdade, não importa o nível em que elas estão — num "foguete" ou num "caminhão" — tudo o que é preciso é ter certeza de que elas conseguem criar uma imagem visual das palavras. Isso ajudará o estigma criado pela separação de pessoas com diferentes estilos de aprendizagem em diferentes grupos.

O principal objetivo é ter certeza de que todas as crianças na sala possam desenvolver as habilidades da visualização. Na verdade, podemos até mesmo lhes dizer que elas podem "colar" durante o teste de soletração, olhando para cima e para o lugar em que as palavras estavam colocadas e copiar a resposta daquilo que vêem em sua cabeça — em sua mente.

TE: Aqueles que são professores, provavelmente, já passaram pela experiência de escrever algumas palavras na lousa e apagá-las. Quarenta e cinco minutos depois de tê-las apagado, vocês ainda estão apontando para o lugar na lousa onde elas estavam e, falando delas, e os alunos dizendo: "Ah, sim", também olhando para a lousa, como se elas ainda estivessem lá. É uma espécie de ancoragem.

Laura: E algumas pessoas canhotas ou ambidestras, cujos movimentos oculares podem ou não ser desviados? Como saber o lugar para onde elas devem olhar?

RD: Essa é realmente uma questão de simples "calibração". Eu começaria pedindo a todos que procurassem lembrar-se de alguma imagem realmente fácil e que eles realmente gostassem de olhar. Então, observaria para onde os seus olhos se moviam. Eu pediria às pessoas que olharam para cima e para a esquerda para olhar as palavras que coloquei no alto, do lado esquerdo da sala. Àquelas que olharam para a direita, pediria para olhar as palavras colocadas no alto, do lado direito da sala. Em outras palavras, usaria a experiência em lugar da teoria. Eu diria: "Façam essa tarefa visual". Então, as instruiria a olhar para onde os seus olhos se moveram naturalmente.

Por falar nisso, assim que elas tiverem uma boa experiência visual de referência, você pode usá-la como uma "entrada" para a visualização. Assim, se alguns alunos gostam de aviões e podem visualizá-los facilmente, você pode fazê-los colocar palavras na asa de um avião, como se fossem adesivos. Outros podem gostar de carros, e você pode fazê-los ver as palavras como placas de carro. Se eles gostam de balé, você pode fazê-los ver cada letra como uma pessoa numa posição diferente de balé. Dessa maneira, já teria alguma coisa que tem associação positiva e que pode ser facilmente visualizada. Isso irá ajudar a tornar mais efetiva a sua habilidade para ensinar.

E, após ter calibrado a maneira como os alunos olham quando estão lembrando facilmente de alguma coisa, você pode observá-los durante os exercícios ou testes de soletração, percebendo se eles estão com dificuldade e lembrando-os do lugar para onde devem olhar para serem mais eficazes.

TE: Isso nos leva de volta à noção de *feedback*. Além de dar *feedback* aos alunos, é importante perceber que você está sempre recebendo *feedback* deles. Se você pede a um aluno para fazer alguma coisa e observa o movimento dos seus olhos, esse é um *feedback* imediato que lhe diz o que fazer em seguida. As pessoas movem os olhos o tempo todo. Quer você lhes peça ou não, elas estão sempre fazendo isso. Agora que você já sabe disso, poderia ficar surpreso quando estiver em restaurantes, hotéis, bares ou no escritório, ao ver que as pessoas estão movendo os olhos para todos os lados e você não lhes pediu para fazer nada. Elas apenas estão movendo os olhos por conta própria. Elas faziam isso muito antes de a PNL descobrir as pistas de acesso.

RD: Concluindo, a estratégia para soletrar é um recurso importante para a aprendizagem na sala de aula. Na verdade, provavelmente, ela é um dos poucos métodos para soletrar palavras cuja eficácia foi confirmada por estudos feitos em universidades (ver o Apêndice C). O Apêndice B contém uma descrição mais detalhada de todos os passos específicos da estratégia.

Também desenvolvi uma estratégia para a aprendizagem de equações básicas de matemática, que se baseia na estratégia para soletrar (ver o Apêndice E), que emprega a visualização das principais relações matemáticas.

Capítulo 2

Aprendendo linguagem

Resumo do capítulo 2

- Modelando a aprendizagem eficaz da linguagem
- Modelando na "segunda posição"
- Desenvolvendo o vocabulário
- Objetos e ações
- Advérbios e adjetivos
- Percurso com obstáculos
- Nominalizações, abstrações e verbos inespecíficos
- Expressões idiomáticas
- Sintaxe simples
- *Role playing*

RD: Enquanto nos preparamos para passar para outras estratégias, queremos lembrá-los de que soletrar é uma habilidade separada da compreensão, da composição, da gramática, da pronúncia, e assim por diante. Às vezes é importante separar essas diversas tarefas. Por exemplo, conheço muitas pessoas que têm problemas quando estão tentando escrever. Elas têm dificuldade para se expressar por escrito. Elas são do tipo de pessoas que dizem: "Posso descrever uma tempestade, mas, na hora de escrever, é realmente difícil". Uma das coisas que observei nessas pessoas é que assim que começam a escrever alguma coisa, imediatamente começam a corrigir a gramática e a ortografia. Quando acabam de corrigir a ortografia, já esqueceram o que iam dizer a seguir. Quando estou escrevendo, com freqüência começo de maneira totalmente auditiva, como se estivesse falando. Basicamente, transcrevo meu diálogo interno. Então, dou uma segunda olhada para verificar a ortografia. Não me importo com a gramática ou com a ortografia no primeiro rascunho. Quero anotar as idéias. A gramática e ortografia podem ser verificadas depois.

TE: É por isso que temos revisores e editores-de-texto.

RD: Na minha opinião, ser capaz de soletrar corretamente é uma tarefa separada daquela de escrever e eu as executo em momentos diferentes. Soletrar corretamente é diferente de compreender ou criar uma linguagem verbal. Quando estou trabalhando num livro ou num artigo, apenas anoto o que vem à minha mente naquele momento. Posso até mesmo não escrever a palavra inteira. Naturalmente, a taquigrafia é um grande exemplo disso. É num estágio posterior que penso como vou juntar as palavras para que se encaixem nas convenções da minha língua materna.

Soletrar uma palavra é apenas uma questão de colocar as letras certas na ordem certa, para criar determinada representação convencional ou padronizada. Entender o significado de uma palavra é um processo muito diferente. Soletrar é um componente do processo de compreensão. Por exemplo, a palavra "cão" é um conjunto arbitrário de letras transmitido ao longo dos séculos — um conjunto de símbolos. Não há nenhuma indicação na estrutura da palavra quanto ao seu verdadeiro significado. O significado da palavra "cão" não vem da sua estrutura, mas das representações que ancoramos a ela — isto é, as visões, sons e sentimentos que aquele determinado conjunto de letras ou aquela seqüência de sons desperta em nossa mente. Assim, por exemplo, se pensarem no significado da palavra "cão", quantos de vocês terão uma imagem visual de um cão?

TE: Quantos ouvem um cão?

RD: Alguém sente o pêlo macio do cão?

TE: Alguém sente o cheiro da caixinha onde ele faz as necessidades? Bem, aqui nós damos as mesmas oportunidades para todos os sistemas representacionais, vocês sabem.

RD: A questão é que o significado dessa palavra não tem nada a ver com a maneira como é soletrada ou como soa. "Cão" é uma palavra de três letras, mas um animal de quatro patas. Há algumas palavras, como "sibilo" ou "ribombar", em que o som está de algum modo associado ao significado. Mas essas são as exceções. Na maioria das vezes, o som e o significado de uma palavra não têm nenhuma relação.

TE: Imaginem uma criança que foi criada num ambiente em que ensinaram a formar sentenças perfeitas. Ela aprendeu o suficiente de gramática para formar sentenças e parágrafos perfeitos. Poderia até mesmo escrever páginas e mais páginas usando essa fórmula, mas não teria absolutamente nenhuma experiência associada a essas seqüências sonoras. Em outras palavras, estaria apenas balbuciando seqüências sonoras. Cresceria sendo capaz de formar todas essas sentenças e parágrafos perfeitos, mas não teria nenhuma experiência de referência para as palavras. Ela não teria a menor idéia do significado das palavras "porta" ou "janela", porque não teria nenhuma experiência associada a elas. A criança seria capaz de dizer "janela" e até mesmo colocá-la numa sentença com outras palavras, mas não teria nenhum significado.

RD: Isso parece a minha aula de francês do colegial.

TE: Igualmente, eu poderia dizer ou escrever, "Medu fure upquink...", e vocês provavelmente não teriam idéia do que estou querendo dizer. Porém, se crescêssemos num ambiente em que essas seqüências sonoras estivessem relacionadas a alguma coisa em nossa experiência, elas fariam sentido para vocês. De certo modo, é inacreditável que vocês consigam entender esses ruídos que estou fazendo nesse momento (ou os rabiscos no papel para os quais estão olhando), mas a nossa cultura nos oferece as oportunidades para fazer ligações entre esses ruídos e rabiscos e determinadas experiências. Todas as culturas proporcionam essas ligações relacionadas à língua materna.

Por exemplo, vocês podem levar uma criança que não sabe ler ao supermercado, mas ela sabe em que caixa está o sucrilho de chocolate e sabe em que caixa está a granola ou os flocos de milho que não quer. E se ela quiser os sucrilhos de chocolate e você apontar para uma outra caixa e disser "Sucrilhos de chocolate" — achando que ela não pode ler — ela apontará para a caixa vermelha e azul onde está escrito "Sucrilhos de chocolate" em letras brancas, mesmo sem saber ler. A criança não tem a menor idéia do que está escrito na caixa, mas sabe, pela associação combinada daquelas seqüências sonoras com aquela experiência visual no mundo externo, que é aquilo que ela deseja — e lhe dirá sem hesitação que aquelas caixas de flocos de milho ou de granola não são sucrilhos de chocolate.

RD: Quando minha filha tinha dois anos e meio, um dos seus livros prediletos chamava-se *Aadvarks Disembark.* É uma variação da história da Arca de Noé, na qual, enquanto está desocupando a arca, Noé diz o nome de todos os animais que conhece, para que eles deixem a arca. Quando ele termina, ainda há muitos animais na arca. Assim, ele apenas diz ao resto dos animais para deixarem a arca e o livro é a respeito dos nomes desses animais. Minha filha sabia os nomes de todos esses animais apenas olhando para as figuras. Ela conhecia os "cervais", os "onagros", os "hiraces" e os "pangolins". Havia mais de 130 animais e ela sabia o nome de todos. Tudo o que eu precisava fazer era apontar para um deles e ela dizia o seu nome. Não estou exagerando. Mesmo dois anos depois, ela ainda podia lembrar-se de uma quantidade surpreendente de nomes. Eu não teria conseguido.

Era inacreditável. Com outros livros que eu já lera para ela, algumas vezes eu tentava pegar um atalho e resumir uma página ou pular algumas palavras. Mas ela me lembrava das palavras que deviam estar naquela página.

O que estamos querendo mostrar é que houve uma época em que todos éramos crianças e não sabíamos o significado das palavras. Para aprender a linguagem, tivemos de usar nossa consciência para fazer as associações que dariam significado à nossa língua materna. Ao atingirmos a idade adulta, esses processos tornaram-se, em grande parte, inconscientes. A maioria de nós não tem idéia de como sabemos colocar os substantivos e os verbos na ordem correta e como escolhemos uma palavra e não outra — e com a linguagem é muito fácil cometer um erro. "Erro um cometer fácil muito é linguagem com."

TE: Algumas vezes, sempre, mas eu continuo avançando.

RD: Mas na maioria das vezes falamos a nossa língua materna sem esforço e sem erros. Portanto, nossa habilidade para usar a linguagem é bastante notável e, em grande parte, muito misteriosa. Por exemplo, as pessoas constantemente dizem coisas como: "Bem, eu não vejo o que você está dizendo, mas se pudéssemos nos focalizar um pouco mais, talvez você pudesse começar a ver as coisas da minha perspectiva". As pessoas usam esse tipo de linguagem o tempo todo, mas não estão pensando conscientemente: "Oh, eu estou formando uma imagem visual em minha mente, portanto, é melhor usar uma linguagem visual". Os processos que usamos para dar significado, como o resto de nossas estratégias, são bastante inconscientes. Na verdade, muitas das coisas que têm maior impacto na comunicação são aquelas que não estão em nossa consciência.

Quem já visitou outro país sabe que aprendemos mais o idioma numa semana do que em anos tentando aprender numa escola, porque há uma experiência direta. Em outras palavras, as pessoas nos darão *feedback*, respondendo imediatamente, e nós não estamos aprendendo a traduzir. Há menos oportunidade para traduzirmos para a nossa língua materna, o que é apenas substituir um conjunto de palavras por outro. Ao contrário, estamos associando palavras às experiências às quais elas se referem e à cultura na qual elas surgiram.

Conheço um homem que precisou mudar-se para a América Latina durante alguns anos, a negócios. Sua família foi junto, mas ele estava preocupado porque não sabia falar espanhol. No dia seguinte à sua chegada, esse homem foi a uma reunião com alguns colegas e havia alguns garotos jogando futebol. Seu filho foi jogar com eles. Depois de algum tempo, o homem viu o filho jogando com os outros meninos e gritando: "Arriba, arriba", e os outros meninos lhe passavam a bola. Quando o garoto voltou do jogo, o pai lhe disse, "Aquilo foi demais. Eu não sabia que você falava espanhol. Você teve aulas em casa?". O menino respondeu: "Eu não tinha idéia do que estava falando, mas, com certeza, consegui que eles me passassem a bola rapidinho". Ele não precisava saber o significado da palavra para saber como usá-la. Igualmente, se estivermos num outro país e precisarmos ir ao banheiro ou quisermos pedir alguma coisa ao garçom, aprenderemos bem depressa; porque se dissermos a coisa errada ele trará a comida errada.

TE: Ou nos mandará para a biblioteca em vez de para o banheiro.

RD: É uma situação em que há uma conseqüência imediata das nossas palavras e ações. Obtemos um *feedback* imediato. Se estivermos fazendo um pedido ao garçom e dissermos a coisa errada, vamos descobrir bem depressa.

Não há dúvida de que o *feedback* é uma parte integral da aprendizagem. No exercício de soletração, por exemplo, se alguém encontrasse dificuldade para soletrar uma palavra, vocês poderiam fazer diversas coisas para ajudá-la enquanto ela ainda estivesse envolvida no processo. Mencionamos algumas das dificuldades que surgem quando, só depois de três dias, descobrimos as palavras que erramos. Portanto, se vocês erraram uma palavra e só descobrem dois ou três dias depois, não sabem o que fizeram naquele momento e não deu certo. Acredito que o mesmo é verdade na aprendizagem de um idioma. Obter um *feedback* imediato é realmente importante, porque precisamos saber o que estávamos fazendo quando geramos aquele comportamento, que obteve determinado resultado.

Infelizmente, nas salas de aula, em vez de experiências, conseguimos mais palavras. O significado de uma palavra é apresentado como outro conjunto de palavras, e o significado de cada uma *dessas* palavras é um outro conjunto de palavras.

TE: As pessoas pensam: "Se você não compreende essa palavra é melhor usar mais palavras para explicar", em vez de descobrir um comportamento que seria uma representação da palavra. Há uma velha história sobre um americano que foi para a África fazer um safári. Em determinado ponto, pararam num bar de uma pequena aldeia. O americano pediu um martíni e o garçom, que não entendia inglês, ficou olhando para ele, desconcertado. Assim, o americano começou a gritar: "EU DISSE QUE QUERO UM MARTÍNI" como se falando mais alto o garçom pudesse entender melhor. Agora, se ele tivesse ido até o bar, pegando o gin, misturando a bebida, apontando para ela e tivesse dito "martíni", então o garçom teria sido capaz de fazer a associação.

Richard Bandler costumava contar a história de como aprendeu espanhol na escola pública. Uma das coisas que eles tinham eram os chamados "laboratórios de linguagem", onde apenas sentavam-se diante de uma bancada e escutavam uma gravação naquele idioma. Ele diz que agora todas as palavras em espanhol significam "bancada" para ele. Assim, se vocês começarem a falar com ele em espanhol, ele obterá uma imagem vívida de bancadas.

Modelando a aprendizagem eficaz da linguagem

RD: Gostaríamos de apresentar uma alternativa na forma de uma estratégia de aprendizagem básica da linguagem escrita e falada. Como vocês sabem, um importante aspecto da Aprendizagem Dinâmica com relação à aprendizagem é encontrar pessoas que são boas naquilo que fazem e modelá-las. Grande parte dessa estratégia foi obtida com Powell Janulus, um homem de Vancouver, Canadá, que eu modelei. Ele podia falar 42 idiomas; e só tinha 38 anos quando o modelei. Ele era tradutor juramentado de 28 desses idiomas. Alguém o levou a um seminário que eu estava realizando para ver se eu poderia descobrir como ele fazia aquilo.

Acreditem-me, ele não aprendeu nenhum idioma do jeito que me ensinaram na escola. Ele tinha uma maneira totalmente diferente, que era muito mais viva e ativa e envolvia algumas suposições e pressupostos muito diferentes com relação à linguagem e à aprendizagem de idiomas.

Quando eu estava estudando francês, no segundo grau, eles nos ensinavam primeiro a gramática. Esse homem não aprendeu desse modo. Em vez de traduzir o idioma que ele estava aprendendo para a sua língua materna (que por acaso é o inglês), ele associava as palavras (ou seqüências sonoras) daquele idioma a ações, objetos, cores etc. Ele ficava diretamente entre o idioma e a experiência, como fazem as crianças.

Para aprender pronúncia, ele não praticava tentando repetir palavras e dizê-las corretamente. Como ele não fora criado naquela cultura, sabia que não tinha as intuições auditivas para saber se realmente estava pronunciando a palavra corretamente. Em geral, as pessoas pensam que estão pronunciando corretamente uma palavra em outro idioma porque "soa correto" para elas, embora possa soar ridículo ou terrível para os nativos daquele país. Isso acontece porque elas não têm os modelos neurológicos — desenvolvidos durante anos de exposição a um idioma — que lhes permitiria fazer as discriminações necessárias para a pronúncia adequada de uma palavra em determinado idioma.

Como exemplo dessas diferenças, mesmo os sons dos animais são representados de maneira muito diferente em distintos idiomas. Em minhas viagens, geralmente compro livros em outros idiomas para os meus filhos. Fiquei surpreso ao descobrir que, na Escandinávia, o som de um sapo era representado como "quack" e o som de um pato escrevia-se "croak". Isso é o inverso de como os sons desses animais seriam representados em inglês. A princípio, pensei que os livros tivessem um erro de impressão, até verificar com meus amigos na Dinamarca. Quando lhes perguntei que som um sapo fazia, todos eles imediatamente responderam, "quack, quack", surpresos de que alguém pudesse pensar que poderia ser diferente.

Portanto, em vez de tentar escutar com atenção a pronúncia de uma palavra e repeti-la como ele achava que tinha ouvido, esse homem, Powell Janulus, observava cuidadosamente o nativo e, então, se colocava no lugar dele, reproduzindo suas expressões faciais, movimentos e gestos. A sua crença era a de que, se ele pudesse identificar-se cinestesicamente com a pessoa, as palavras automaticamente sairiam de maneira correta. Assim, ele apenas continuava na segunda posição até obter uma resposta positiva do nativo. Ele memorizava o sentimento que acompanhava a pronúncia daquelas palavras.

Era como se ele quisesse aprender a tocar o instrumento antes de tentar fazer música. E nós não tocamos o instrumento da nossa voz por meio dos músculos da garganta. Nós o tocamos com o estômago, o diafragma e o coração, assim como com a glote e a língua.

Depois de obter o *feedback* de que ele pronunciara alguma coisa corretamente, ele também a colocava num sistema especial de símbolos em sua mente. Ele tinha o seu próprio código especial para a pronúncia — baseado inteiramente no som. Sempre que queria saber como pronunciar alguma coisa, ele verificava como ela fora escrita mentalmente em seu próprio símbolo. Ao pronunciá-la, ela sairia corretamente. Esse mesmo código funcionava com todos os outros idiomas.

A localização e o tipo de código para a pronúncia era diferente daqueles que ele usava para escrever a palavra. Era diferente daquele usado para soletrar palavras, assim ele não misturava os dois.

Curiosamente, embora essa fosse uma parte importante da sua estratégia, a princípio ele não sabia o que estava fazendo. Mas eu continuava vendo os seus olhos olhando para cima, quando ele aprendia uma nova palavra. Eu lhe perguntava o que ele estava vendo e ele dizia: "Não tenho consciência de estar vendo qualquer coisa". Depois de algum tempo, ele percebeu a sua estratégia mental e ficou surpreso ao fazer uma nova descoberta a respeito do próprio processo.

A partir daí, verifiquei sua estratégia com outras pessoas que falavam diversos idiomas. Elas também afirmavam estar conscientes de escrever as palavras para si mesmas numa espécie de alfabeto fonético. Esses "alfabetos" não eram necessariamente formados de letras, como nós as conhecemos. Eles podiam ter códigos de cor ou letras sublinhadas para destacar um pouco mais os sons. Eles também podiam ser símbolos metafóricos. Não precisavam ser letras. É alguma coisa que se encaixa em sua intuição pessoal.

TE: Se vocês sabem um pouco de engenharia de áudio, provavelmente, estão familiarizados com os símbolos usados para diferentes tipos de freqüências sonoras. Imagens visuais como essas podem ser usadas para reproduzir as freqüências sonoras, em vez de palavras.

RD: Uma outra coisa que me fascinou a respeito da habilidade desse homem para aprender idiomas é que ele podia manter separados os vocabulários desses diferentes idiomas. Sabendo 42 idiomas, como ele evitava que se misturassem? Se determinado objeto tem pelo menos 42 nomes, como ele determinava qual acompanhava o idioma? É aí que as questões relacionadas ao estado interno e à identidade tornam-se significativas. Quando ele ia falar determinado idioma, por exemplo, entrava num estado e só determinadas palavras acompanhavam aquele sentimento ou senso de identidade. Uma das primeiras coisas que ele fazia era identificar-se com a cultura e a identidade do idioma que estava falando. Por esse motivo, para ele era importante aprender com um nativo; não apenas para ouvir as palavras pronunciadas corretamente, mas para que pudesse observar a pessoa e começar a absorver os aspectos da identidade daquela pessoa, o seu estado e a sua maneira de ser.

Por falar em modelagem, há um grupo de pessoas capaz de aprender idiomas rapidamente, com quase 100% de sucesso. Dentre milhões, até mesmo bilhões, apenas algumas não têm muito sucesso. Naturalmente, os especialistas em aprendizagem de idiomas aos quais estou me referindo são as crianças entre dois e seis anos de idade. Observei meus filhos aprendendo linguagem e é surpreendente observar o que eles são capazes de fazer. Como todos os pais sabem, uma das maiores ferramentas de aprendizagem da criança é a imitação. Isto é, se as crianças querem aprender alguma coisa, elas observam alguém (como os pais ou os parentes) fazendo e fingindo que também podem fazer. Em PNL, isso é chamado de "espelhar", ou assumir a "segunda posição" com outra pessoa. Isso proporciona um *feedback* poderoso e imediato, tanto consciente quanto inconsciente.

TE: Quando você é criança, entre um e cinco anos de idade, recebe muitos *feedback*s imediatos. Se pega a coisa errada ou põe a mão perto da tomada, imediatamente recebe um *feedback*, porque alguém está constantemente monitorando o seu comportamento. Alguém reagirá a ele, imediatamente. Quando você fica mais velho, recebe cada vez menos *feedback* em sua vida cotidiana. Os seus melhores amigos geralmente não chegam e dizem que você está fazendo tudo errado. Eles o observam e não dizem nada para não ferir os seus sentimentos.

RD: Isso nos traz a noção do *feedback* positivo *versus* o negativo, e aquilo que em PNL chamamos "de estrutura de *feedback*" *versus* "estrutura de fracasso". Em geral, damos "*feedback*" às pessoas, dizendo o que elas estão fazendo errado, o que não gostamos ou o que deveriam fazer. Em vez de receber uma estratégia mais eficaz, os alunos ouvem: "Vocês não estão se esforçando o suficiente".

TE: Ou, se um aluno pergunta: "Como posso compreender isso melhor?", ele ouve: "Verifique novamente o seu trabalho e descubra o que você errou". Naturalmente, o aluno está pensando: "Bem, se eu soubesse onde errei, teria feito de outro jeito". Dizer a alguém: "Estude os seus erros para melhorar", é mais ou menos como estudar esquizofrênicos para descobrir como não pensar como um esquizofrênico.

RD: Uma estrutura de fracasso enfatiza aquilo que alguém fez errado. Uma estrutura de *feedback* enfatiza o que deve ser feito para ser eficiente. O *feedback* efetivo nos proporciona alguma coisa para a qual podemos nos dirigir. Não podemos ir em direção à negação de uma experiência.

TE: Se você for preparar o jantar para alguém e perguntar: "O que você quer jantar?", e a pessoa responder: "Bem, eu não quero bife", isso ainda não lhe diz o que fazer. Portanto, você pergunta novamente: "Bom, o que você quer jantar? "Eu não quero galinha". "O que você quer então?" "Eu não quero espaguete". "Bem, que diabo você quer?" "Eu não sei, mas eu não quero nenhuma dessas coisas." "Acho que você não está com fome." "Não, eu quero um hambúrguer. É isso o que eu quero." Então, o problema finalmente foi apresentado de uma maneira que pode ser solucionado.

RD: Na estrutura de fracasso, descobrimos o que deu errado, porque deu errado e de quem é a culpa. Na estrutura de *feedback*, perguntamos: "O que eu preciso fazer para dar certo?". E a maneira pela qual não funcionou nos dará a informação sobre o que precisamos fazer a seguir. Portanto, se temos alguém tentando visualizar uma palavra e ela ainda não consegue soletrá-la, será que isso significa que há alguma coisa errada com essa pessoa ou com a sua técnica? Ou será que isso significa que há alguma outra coisa que precisamos descobrir e incorporar ou fazer de maneira diferente? A nossa crença é que, se aquilo que vocês estão fazendo não está dando certo, façam alguma coisa diferente. Façam qualquer coisa diferente. Porque qualquer coisa é melhor do que aquilo que vocês estão fazendo agora. Se já provaram para si mesmos que aquilo que estão fazendo não está funcionando, então, talvez, fosse melhor tentar outra coisa. Se o que estão fazendo não está funcionando, em vez de tentar novamente ou sentir-se mal — façam alguma coisa diferente. Tentem algo novo. Esta é uma oportunidade.

TE: A estrutura de *feedback* é natural; a estrutura de fracasso é aprendida. Em outras palavras, precisamos aprender a nos sentir mal quando não soletramos corretamente uma palavra. Precisamos aprender a nos sentir mal quando não resolvemos corretamente o problema de matemática. Não é uma coisa com a qual nascemos. Não nos sentimos geneticamente mal se não conseguimos soletrar uma palavra ou solucionar um problema de matemática corretamente, este é um comportamento aprendido.

Modelando na "segunda posição"

TE: Um dos propósitos do próximo exercício é enfatizar a "estrutura de *feedback*". Nele, vocês irão para a "segunda posição", com uma pessoa que fala outro idioma com o qual vocês não estão familiarizados. Essa pessoa dirá uma frase completa, uma pergunta ou um cumprimento em sua língua materna. Vocês usarão o corpo todo para modelá-la. Por exemplo, digamos que Todd não soubesse francês e eu dissesse: "Comment allez-vous?". Todd tentaria colocar-se no meu lugar e faria exatamente o que eu fiz; os gestos e todo o resto. Uma terceira pessoa será o observador, que verificará se o tom e os gestos de Todd reproduzem os meus. Quando ele for capaz de reproduzir razoavelmente bem, então Todd dará a sua suposição a respeito do que ele acabou de dizer.

TE: Baseado na experiência não-verbal que vivenciei ao pronunciá-la — embora eu talvez nem saiba o que ela significa — eu daria um palpite a respeito do que acabei de dizer.

RD: Vocês não tentarão descobrir o que as palavras significam individualmente. Será uma comunicação completa. No ínicio, as crianças aprendem muitas coisas pelas frases, não pelas palavras isoladas. Na verdade, se vocês pensassem no significado das palavras, individualmente, muitas frases seriam bastante confusas. Dizer que está "chovendo canivetes" pareceria estranho se vocês de fato fizessem uma imagem do significado de cada palavra; aprendemos muitas coisas como uma unidade inteira.

Nesse exercício, vocês recapitularão um comportamento inteiro em vez de dividi-lo em partes. Diferentemente do exercício de soletração, no qual vocês segmentaram uma palavra em partes menores para aprendê-la, iremos "segmentar para cima", para uma frase, para uma pergunta ou para um cumprimento completo para perceber o idioma.

Vamos fazer uma demonstração. Joelle, você é francesa, certo?

Joelle: Sim.

RD: Há alguém aqui que não sabe nada de francês? Muito bem, Patrick e Joelle, subam aqui. Joelle, quero que você fique aqui e Patrick ali, onde as pessoas possam vê-los. Joelle, diga alguma coisa para mim ou faça uma pergunta em francês.

Joelle: *Avez-vous un bon livre de PNL?*

RD: Agora, Patrick, quero que você se coloque no lugar de Joelle por um instante e finja que você é Joelle dizendo isso. Você não precisa dizer corretamente, apenas imite-a como uma criança faria.

TE: Apenas faça os sons e movimentos que Joelle fez.

Patrick: [*Patrick imita Joelle.*]

RD: Esse é um bom começo. Vamos praticar outra vez. Joelle, faça novamente a mesma pergunta.

Joelle: *Avez-vouz un bon livre de PNL?*

RD: Agora, apenas tente dizer isso, tentando ser como ela, o máximo possível.

Patrick: [*Patrick imita Joelle.*] (*Risos.*)

RD: Muito bem. Agora, quero que vocês observem que, enquanto fazia isso, Patrick captou primeiramente os aspectos não-verbais, em vez de os verbais. Esse é o oposto da abordagem típica para o reconhecimento e a compreensão da linguagem. Por exemplo, para fazer os computadores entenderem palavras, tenta-se eliminar todas as mudanças em intensidade ou volume para que ele registre apenas palavras. O problema resultante dessa abordagem é que o computador não consegue ouvir um discurso contínuo. Ele só consegue ouvir uma palavra de cada vez. É como se os computadores tivessem sido transformados naquilo que chamaríamos de "cérebro esquerdo" — que só ouve palavras. Ele não pode utilizar intensidade, ritmo e todas as coisas que Patrick estava expressando. Assim, o computador não pode nos ouvir falando naturalmente e entender o que estamos dizendo. É preciso falar uma-palavra-de-cada-vez.

Uma das coisas que estamos começando a perceber é que o motivo de termos dois hemisférios — duas partes do cérebro — é porque uma das partes do cérebro escuta todos os aspectos de linguagem nos quais Patrick estava envolvido. Esses aspectos não-verbais da linguagem são chamados de "*metamensagens*" — porque são mensagens *a respeito* da mensagem verbal sendo falada. As metamensagens são necessárias para mostrar que *tipo* de comunicação estamos recebendo. O interlocutor está zangado, fazendo uma pergunta ou uma pausa por que está para dizer alguma coisa importante? As respostas são oferecidas pela metamensagem, que vem de todos os sinais não-verbais que acompanham as palavras. A mensagem em si pode ser verbal, mas para entendê-la precisamos das metamensagens que a acompanham.

Aqueles que já se esforçaram muito para aprender um idioma podem ter passado pela experiência de começarem a falar com pessoas que falam outra língua e perceberem que elas não estão entendendo o que você diz, mesmo que você esteja dizendo todas as palavras certas. Em geral, isso acontece porque você não tem as metamensagens adequadas. Por outro lado (ou seria melhor dizer, por outro hemisfério), se você é capaz de oferecer todas as pistas não-verbais, com freqüência elas o entenderão melhor, mesmo que você não esteja falando o seu idioma, porque elas podem entender o que você diz, pelo contexto e pelas pistas não-verbais.

TE: Portanto, Patrick, lembre-se de que o objetivo não é entender exatamente o que Joelle está dizendo. O importante é dizê-lo como se você fosse Joelle, assumindo a mesma postura e emitindo os sons como ela faz, para captar a sua essência.

RD: Vamos fazer mais uma vez. Então, Patrick nos dirá o que ele acha que está dizendo.

Joelle: *Avez-vouz un bon livre de PNL?*

Patrick: [*Patrick imita Joelle.*]

RD: Está ficando muito melhor. Agora, Patrick, você tem alguma idéia daquilo que está fazendo? Apenas adivinhe o que estaria me perguntando. Por exemplo, será que você está me pedindo para fazer alguma coisa? Para lhe mostrar alguma coisa? Qual a sua suposição?

Patrick: É uma pergunta pedindo informação. Não sei o que ela perguntou, mas acho que foi algo como, "Você pode me dar mais informações sobre aquilo que estamos fazendo hoje?".

RD: OK. Joelle, na realidade, você estava me perguntando se eu tenho um bom livro de PNL.

Joelle: Sim.

RD: Joelle estava perguntando se eu tenho um bom livro de PNL e Patrick percebeu que ela estava pedindo mais informações sobre o que estamos fazendo hoje; o que realmente está bem próximo, se não nos focalizarmos no conteúdo. Vamos tentar um outro exemplo. Diga alguma outra coisa Joelle.

Joelle: *Pourriez-vouz ouvrir la porte?*

Patrick: [*Patrick imita Joelle.*]

RD: Muito bem. Mais uma vez.

Joelle: *Pourriez-vouz ouvrir la porte?*

Patrick: [*Patrick imita Joelle.*] (*Risos.*) Eu não quis ser indelicado.

RD: Tenho certeza de que não houve ofensa. Na verdade, parte do motivo de as crianças aprenderem idiomas tão efetivamente vem do fato de elas fazerem exatamente o que Patrick está fazendo, porém, sem ficar constrangidas com isso. Elas não conhecem nada melhor. Elas não pensam, "Oh!, isso é falta de respeito", ou "Eu estou sem graça". Elas apenas fazem. Elas farão exatamente o que você está fazendo Patrick. É assim que elas aprendem. Primeiro, antes de tentarem e realmente aprenderem todas as partes, elas desenvolvem uma intuição a respeito da linguagem, por meio da imitação. Se você não tem a intuição ou a dinâmica para isso, todo o resto é apenas insípido e desinteressante. Portanto, vamos tentar novamente.

Joelle: *Pourriez-vouz ouvrir la porte?*

Patrick: [Patrick imita Joelle.]

RD: OK, agora está ficando melhor. Dessa vez, Patrick, que tipo de coisa você estaria me perguntando? Seria uma informação, como na pergunta anterior?

Patrick: O que ouço é mais uma espécie de pedido para você fazer alguma coisa. Algo como, você poderia ir até o porto; ou um porto poderia ser como um copo de vinho: "Você gostaria de um copo de vinho?"

RD: Na verdade, ela estava me pedindo para abrir a porta. Em francês, "porte" é uma porta. Observe que a ambigüidade surgiu porque você estava tentando fazer um mapa baseado em determinada palavra que soasse como no inglês. Mas a sua interpretação da "metamensagem" dela foi bastante precisa. Esse foi um pedido de ação, enquanto a pergunta anterior era um pedido de informação.

A propósito, Patrick, como você se sentiu enquanto fazia essa pergunta?

Patrick: Eu realmente tentei me sentir francês. Tentei adquirir o sentimento de ser um francês.

RD: Acho isso importante, porque se você se sente (e o termo "sentir" é bastante adequado) francês, todas essas palavras tornam-se associadas a esse tipo de sentimento. E sentir-se espanhol ou italiano, pelo menos em minha experiência, é bastante diferente de sentir-se francês, alemão ou japonês.

TE: Há determinadas palavras para as quais não há tradução, não porque não exista nenhuma tradução literal ou gramatical, mas porque não existe nenhuma experiência que combine com a palavra; não existe sentimento. Por exemplo, há determinados termos em espanhol que não são traduzidos para o inglês. Mesmo se pudermos encontrar palavras semelhantes, não seria possível traduzi-los inteiramente. Eu sei que em hebraico há algumas palavras que não podem ser traduzidas, de jeito nenhum.

RD: Por falar nisso, esse exercício tem algumas semelhanças com o método Lazenov de aprendizagem de idiomas, que faz as pessoas assumirem uma identidade diferente durante a aula. Assim, se você é médico, poderia tornar-se um técnico em manutenção. Se você é professora, poderia tornar-se uma recepcionista. Isso ajuda as pessoas a abandonar alguns dos seus filtros típicos. Quando assumimos uma identidade diferente, adquirimos um senso de liberdade para escolher novas crenças e comportamentos. É como ser uma criança.

Portanto, o que desejamos mostrar é que aprender linguagem envolve muito mais do que apenas aprender o vocabulário.

TE: Agora, façam esse exercício. Encontrem alguém que fale um idioma que vocês não conheçam. Essa pessoa deve dizer uma frase, uma pergunta ou um cumprimento, utilizando qualquer comunicação cultural não-verbal que, naturalmente, acompanhe essa frase. Uma segunda pessoa no grupo deve "colocar-se no lugar dela" e imitar as comunicações não-verbal e verbal. Uma terceira pessoa estará observando para verificar se a imitação é uma boa reprodução. Depois que a segunda pessoa tiver feito esse tipo de "modelagem na segunda posição" algumas vezes, então ela dirá a sua suposição sobre o que ela estava falando. A primeira pessoa dirá à segunda se ela foi ou não precisa. A precisão não deve ser julgada apenas pela suposição do conteúdo da afirmação, mas, também, pela "metamensagem". Tentem.

Desenvolvendo o vocabulário

RD: Embora a linguagem tenha muito mais coisas do que apenas o vocabulário, aprendê-la, com certeza, é uma parte importante da aprendizagem de um idioma. Mesmo falando determinado idioma, como adultos, continuamos a aumentar o nosso vocabulário. Por exemplo, de certo modo, aprender PNL é mais ou menos como aprender um outro idioma — "ancoragem", "pistas de acesso". O que é isso tudo? Neurolingüística? É uma outra língua. Portanto, gostaríamos de explorar alguns princípios e estratégias para a aprendizagem do vocabulário e a maneira como adquirimos a compreensão de palavras, que podem ser aplicadas à linguagem escrita e falada.

Dizem que quase todas as pessoas podem aprender idiomas com facilidade até os 16 anos de idade, apenas ficando expostas a eles, mas, depois, perdem essa habilidade. Entretanto, esse homem, Powell Janulus, não sabia nenhum idioma a não ser o inglês, até os 18 ou 19 anos de idade. O primeiro idioma que ele aprendeu foi o paquistanês que, teoricamente, é um idioma difícil para quem fala inglês. Ele aprendeu morando com uma família paquistanesa no Canadá. Eles tinham muitos amigos e, assim, ele estava constantemente exposto às interações entre eles. Todos lhe diziam que seria difícil aprender aquele idioma. Então, certo dia, ele viu um paquistanês que, supostamente, era deficiente mental. Ele olhou para aquele homem, o qual aparentemente tinha todas as incapacidades de aprendizagem e perguntou se ele podia falar paquistanês. Disseram-lhe que sim, por ser sua língua materna. Ele então pensou: "Se essa pessoa, que é mentalmente deficiente pode aprender a falar o idioma, então devo ser capaz de falar, pois provavelmente não sou menos capaz de aprender do que esse sujeito". Foi com essa crença que ele começou.

TE: Trabalhei com alguns veteranos do Vietnã. Muitos desses homens não tinham mais do que o segundo grau e, certamente, nunca aprenderam nenhum outro idioma, mas vocês ficariam surpresos ao ver como muitos deles falavam vietnamita fluentemente. Não porque tivessem ido para lá e tivessem visto uma oportunidade para melhorar suas habilidades em línguas. Era mais como: "Se eu aprender vietnamita, talvez volte para casa". Definitivamente, eles não aprenderam vietnamita traduzindo-o para o inglês. Na verdade, se vocês lhes pedissem para traduzir vietnamita, eles não seriam capazes de dizer o que significava em inglês, mas mostrariam o que os sons estavam lhes dizendo. É surpreendente como podemos aprender rapidamente quando precisamos sobreviver.

Com as crianças, não acredito que seja a mesma questão de sobrevivência, mas acho que é uma questão de sobrevivência. Isto é, elas sabem que precisam ser capazes de entender essa coisa com som para poderem ter algum controle sobre o seu mundo.

Contudo, o que quero demonstrar é que a inteligência, da forma como é medida na escola, tem pouco ou nada a ver com a aprendizagem de outro idioma.

RD: Recentemente, li um artigo a respeito de um estudo do cérebro que tinha algumas implicações interessantes com relação à aprendizagem de idiomas. Esse estudo incluía uma técnica chamada "PET scan", na qual partes do cérebro são mostradas em diferentes cores, de acordo com o seu grau de atividade.

Tradicionalmente, acreditava-se que quando as pessoas estão lendo, precisam olhar para a palavra e, então, transferir a imagem pelo centro auditivo do cérebro. A suposição era a de que antes de entendermos alguma coisa, precisamos pegar aquilo que vemos e traduzir para a linguagem falada. Essa nova pesquisa mostrou que isso não é necessariamente verdade. As varreduras no cérebro mostraram que, na realidade, as pessoas podem olhar as palavras e transmitir a informação diretamente para o lobo frontal (ou área de associação) do cérebro, onde elas podem ser compreendidas sem a necessidade de pronunciá-las para si mesmas. Naturalmente, isso é uma coisa que as pessoas que conseguem ler com rapidez já sabem há muito tempo. Vocês não precisam, necessariamente, traduzir o que estão vendo para a linguagem falada. Podem entender o significado diretamente da visão ou do som da palavra.

Novamente, a implicação dos exemplos que demos é que a compreensão de uma palavra, escrita ou falada, vem da associação dessa palavra com experiências importantes de referência.

TE: Por exemplo, digamos que vocês queiram ensinar a uma criança o significado da palavra "frágil". Que experiência vocês poderiam lhe oferecer para que ela soubesse qual o significado da palavra "frágil"? O que vocês deveriam fazer para lhe proporcionar essa experiência, para que quando ela visse ou ouvisse a palavra compreendesse o seu significado? Por exemplo, vocês poderiam deixar cair um copo de vidro ou um ovo.

RD: Ou poderiam lhe mostrar alguma coisa delicada e dizer a palavra ou apontar para ela. Essas seriam maneiras de relacionar palavras com experiências de referência.

Por falar em experiências de referência, quero demonstrar alguns dos princípios mencionados. Gostaria de mostrar que vocês podem aprender a compreender uma palavra sem precisar saber como ela soa. Para isso, Christopher, por favor, ajude-nos novamente.

Christopher, eu vou lhe mostrar duas palavras (escreve as palavras "gato" e "transderivacional" na lousa.) Essa segunda palavra é da "língua estrangeira" da PNL. Agora, qual das duas é uma palavra difícil?

Christopher: A segunda.

RD: OK. Eu sabia que você diria isso. Agora, eu lhe pergundo: "Será que é? O que torna essa palavra mais difícil? Ela tem mais letras? Por que ela parece mais complicada? Por que essa é uma palavra mais difícil? Eu gostaria de demonstrar que essa palavra é tão fácil de entender quanto a palavra "gato". E eu ainda não vou lhe dizer como essa palavra soa, Christopher. O que quero fazer é dar-lhe uma experiência do que significa essa segunda palavra. Você pode fazer uma imagem visual de um "gato" em sua mente?

Christopher: Sim.

RD: OK. Quando você vê esse gato, vê determinado gato ou é apenas um gato qualquer?

Christopher: Um gato qualquer.

RD: OK. Agora, você já teve um gato?

Christopher: Não.

RD: Se você tivesse um gato, de que cor você gostaria que ele fosse?

Christopher: Laranja.

RD: Você já teve alguma outra coisa cor de laranja?

Christopher: Sim.

RD: E o que era?

Christopher: Um peixe dourado.

RD: Um peixe dourado? Você teve só um peixe dourado ou teve mais?

Christopher: Dois.

RD: OK. Christopher, agora, para responder às minhas perguntas, você precisou fazer o que essa palavra significa. Isto é, eu lhe pedi para pensar num gato e, então, para pensar em outras coisas do seu passado que tinham a ver com gatos, animais de estimação e cores.

Por exemplo, se eu disser "peixe dourado" o que você faz em sua mente?

Christopher: Começo a pensar no meu peixe dourado.

RD: Começa a pensar no peixe dourado que você teve? É isso o que significa essa palavra. Não peixe dourado, mas o processo de lembrar experiências passadas relacionadas à palavra. Se eu disser "peixe dourado" e quando você começar a relembrar as suas experiências associadas ao "peixe dourado", como você acabou de fazer, é disso que trata essa palavra.

TE: Por exemplo, se eu disser a todos nesta sala, incluindo Christopher, se eu usar a palavra "confiança" ou se disser "um dia quente quando vocês estavam fora", cada um de vocês encontrará o próprio dia quente. Vocês estarão relembrando as suas lembranças.

RD: Portanto, Christopher, você sabe agora o que essa palavra significa — tão facilmente quanto sabe o que significa a palavra "gato"?

Christopher: Ela significa relembrar as lembranças que eu tenho de alguma coisa.

RD: Certo. Agora, deixe que eu lhe pergunte: essa segunda palavra ainda é a mais difícil?

Christopher: Bem, nem tanto. Eu sei o que ela significa.

RD: Agora, se eu escrevesse essa palavra em algum lugar e você a visse, você seria capaz de reconhecê-la?

Christopher: Acho que sim.

RD: Vou escrever algumas palavras diferentes e ver se você pode identificar essa palavra.

(Escreve as palavras seguintes na lousa:)
Transportacional
Transmigracional
Transderivacional
Transgressional
Qual dessas palavras é a que você conhece?

Christopher: A terceira.

RD: Como vocês podem ver, além de saber o seu significado, Christopher agora pode distinguir essa palavra entre outras parecidas. Ele não precisou pronunciá-la para ser capaz de reconhecê-la e compreendê-la.

OK, Christopher. Agora, eu vou dizer o nome dessa palavra. O nome é "transderivacional". Você pode dizê-la? Transderivacional?

Christopher: Não, eu não consigo dizer isso.

RD: Tente. Transderivacional.

Christopher: Transderivacional.

RD: Bom. Você sabe o que ela significa?

Christopher: Significa relembrar.

RD: OK. Você sabe o nome dela?

Christopher: Transderal... transderivacional.

TE: Muito bem — sim, com um "v"

RD: Christopher, se eu lhe pedisse para fazer uma pesquisa "transderivacional" com a palavra "garrafa", você entenderia o que estou pedindo?

Christopher: Hum, hum.

RD: OK, portanto, você saberia do que eu estava falando. Assim, o que você fez para compreender?

Christopher: Comecei a relembrar de garrafas e coisas — diferentes tipos de garrafas.

RD: Quando começamos, há alguns minutos, Christopher disse que era uma palavra "difícil", mas não foi necessário muito tempo para ele entender, pois eu lhe proporcionei a experiência dela. Christopher passou pela experiência de vivenciar o que a palavra indica e isso se tornou associado às letras e aos sons.

TE: É como o sucrilho de chocolate na prateleira. Christopher não sabia como ela soava quando começamos. Nós lhe proporcionamos a sua experiência e, então, lhe demos um nome, que é a seqüência natural na aprendizagem.

RD: A minha opinião é de que, agora, a única coisa diferente entre "gato" e "transderivacional" para você, Christopher, é que você já sabe como soletrar "gato" — mas sei que você pode aprender a soletrar "transderivacional". Estou certo?

Christopher: (*Olha para a palavra e para cima, à esquerda, algumas vezes.*) OK. TRA-NS-DER-IVA-CION-AL. (*Aplausos*)

RD: Aposto que você poderia fazer isso de trás para a frente.

Christopher: Eu posso tentar. L-A-N-O-I-C

RD: Não tenha pressa.

Christopher: I-V? Não A-V.

RD: Certo!

Christopher: I-R-E-D-S-N-A-R-T (*Aplausos*)

RD: Fantástico, Christopher. Agora, qual é a palavra mais difícil?

Christopher: Agora, as duas me parecem muito fáceis.

Objetos e ações

RD: O próximo exercício é uma maneira de desenvolver o vocabulário básico e a compreensão, baseada nos princípios e estratégias da aprendizagem da linguagem que estivemos discutindo e demonstrando.

1. Encontrem alguém que fale outro idioma que vocês queiram usar como modelo.
2. Peçam ao modelo para fazer uma lista de seis objetos específicos (p. ex.: *porta, cadeira, livro, parede etc.*) e de seis ações ou atividades (p. ex.: *correr, pular, tocar, segurar etc.*) que estejam no ambiente ou que sejam fáceis de representar. [Nota: Incluam artigos etc., se eles forem uma parte necessária do nome.]
3. Façam o modelo mostrar e pronunciar a palavra e, então, desenhá-la ou apontar para ela (se for um objeto) ou representá-la (se for uma ação). Repitam três vezes.
4. Façam o modelo dizer e/ou mostrar o nome daquele objeto e daquela ação (ou vice-versa, dependendo da sintaxe do idioma).
   a) Se a palavra for falada, o aluno deve fingir que ele é o modelo e imitar a pronúncia e a expressão (incluindo gestos) do modelo. (Nota: Isso é diferente de tentar pronunciar a palavra "corretamente".)
   b) Se a palavra for mostrada, o aluno deve copiar os caracteres que formam a palavra. Inicialmente, vocês podem permitir que o aluno olhe para os caracteres enquanto está copiando. Mais tarde, peçam que isso seja feito de memória.

c) Depois que os alunos estiverem familiarizados com as palavras, vocês podem: 1) mostrar as palavras e pedir que as pronunciem; ou 2) dizer as palavras e pedir que as escrevam.

5. O aluno deve representar a ação indicada para ou com o objeto indicado. Se ele cometer um erro, o modelo mostra novamente as palavras e demonstra o comportamento adequado.
6. Depois que o aluno dominar todas as combinações criadas juntando um objeto com uma ação, o modelo pode juntar combinações de pares de objeto-ação (acrescentando artigos e conjunções, conforme o necessário).
7. Para continuar desenvolvendo o vocabulário básico, repitam o processo acrescentando outros conjuntos de objetos e ações.

TE: Para demonstrar esse processo, precisamos de dois modelos. Quem fala outro idioma?

RD: OK. Temos: francês, alemão e espanhol. Isso é muito bom. Eu gostaria de pedir aos nossos três modelos para pegarem duas folhas de papel. Na primeira escrevam seis palavras para objetos que se encontram na sala.

TE: Devem ser objetos que estão nesta sala: cadeiras, chão, paredes, teto, lousa, xícaras, leite, portas, luzes etc. Também devem ser objetos visíveis — porque vocês vão precisar apontar para eles.

RD: Na segunda folha de papel, escrevam os nomes de seis ações que poderiam ser feitas nesta sala, como: andar, correr, sentar, ficar em pé, pular, engatinhar etc. Para ensinar ao seu grupo as palavras para os objetos, vocês irão mostrá-las e dizê-las ao mesmo tempo que apontam para os objetos que elas representam. Para as ações, vocês mostrarão e dirão a palavra enquanto estão executando as ações apropriadas.

Vamos demonstrar um exemplo de como isso seria. Joelle, você pode ser o nosso modelo? Quem gostaria de aprender um pouco de francês? Ella e Marsha, vocês poderiam ser os outros dois membros do grupo? Vamos começar com um par de objetos e um par de ações. Joelle, você poderia escrever os nomes de três objetos e de três ações no *quadro*?

Agora Joelle, como a pessoa que fala esse idioma, vai apontar para a palavra, pronunciá-la e apontar para o objeto que essa palavra representa. Marsha e Ella, vocês repetirão a palavra, modelando Joelle como fizemos no exercício anterior, e também apontarão para o objeto que a palavra representa. OK?

Joelle: (*Aponta para a palavra* "tableau" *no quadro.*] *Tableau.* [*Toca a lousa.*]

[*Marsha e Ella apontam a lousa e repetem* "tableau".)

RD: Agora, outro objeto.

Joelle: [*Aponta a palavra* "porte" *no quadro.*] *Porte.* [*Toca a porta*]

[*Marsha e Ella apontam para a porta e repetem* "porte"]

RD: Mais um objeto.

Joelle: [*Aponta para a palavra* "chaise" *no quadro.]* Chaise. *[Toca uma cadeira.*]

[*Marsha e Ella apontam para a cadeira e repetem* "chaise".]

RD: Apenas como verificação, Joelle, diga uma palavra e veja se Marsha sabe o que é.

Joelle: *Tableau.*

[*Marsha aponta para a lousa.*]

RD: Muito bem. Agora vamos para a primeira ação.

Joelle: [*Faz um movimento com a mão como se estivesse escrevendo com uma caneta.*] *Écrire.*

[Marsha e Ella fazem o movimento de escrever e repetem "*écrire*".)

Joelle: [*Começa a andar.*] *Marcher.*

[Marsha e Ella começam a andar e repetem "*marcher*".]

Joelle: [*Engatinha.*] *Ramper.*

[Marsha e Ella começam a engatinhar e repetem "*ramper*".] (*Risos.)*

RD: Agora, Joelle, escolha uma ação e um objeto e junte-os. Você pode apontar para as palavras ou dizê-las em voz alta, não importa.

Joelle: Ella, *écrire sont le tableau.*

RD: Agora Ella, repita o que Joelle disse e faça aquilo que você acha que Joelle está dizendo.

Ella: *Écrire sont le tableau.* [*Pega um giz e escreve na lousa.*]

RD: *Voilà.* Agora Ella, você combina uma ação e um objeto para Marsha. Faça isso de forma não-verbal.

Ella: [*Aponta para as palavras* "ramper" *e* "chaise".]

RD: Marsha, você diz as palavras que Ella apontou e faz o que você pensa que essas palavras indicam.

Marsha: *Ramper, chaise.* [*Engatinha para uma cadeira.*] (*Risos*)

RD: Muito bom. A seguir, Marsha combina um objeto e uma ação para Ella. Elas continuariam uma mandando a outra fazer coisas engraçadas ou coisas normais até conseguirem diversas combinações dos seis objetos e das seis ações. Embora tenhamos começado com apenas seis, vocês podem acrescentar mais e aumentar rapidamente o seu vocabulário. Vocês poderão se surpreender ao ver como é fácil aprender um idioma com esse tipo de exercício. Agora, começaremos com coisas relativamente concretas que podem ser demonstradas. Depois, passaremos para idéias e conceitos mais abstratos. Entretanto, acho que vocês descobrirão que após terem um vocabulário básico, aprender abstrações não é mais difícil do que aprender objetos e ações.

TE: Marsha e Ella, posso lhes fazer algumas perguntas? O que vocês fizeram mentalmente enquanto estavam aprendendo as palavras e juntando-as? Vocês estavam traduzindo para o inglês? Estavam dizendo para si mesmas: "*tableau*" significa "*lousa*", ou "*écrire*" significa "*escrever*"?

Marsha: Aprendi um pouco de francês e, assim, pude reconhecer alguma coisa. Mas o interessante é que aprendi francês quando estava no jardim-de-infância. E não funcionou. Agora, percebo que quando era criança a ênfase estava na tradução. Com Joelle e Ella eu estava relembrando e adquirindo um sentimento pelas palavras, mas sem saber necessariamente o que elas significam em inglês.

RD: Um "sentimento" pelas palavras.

TE: E você Ella? Obviamente, você estava aprendendo as palavras ao mesmo tempo. Você estava fazendo traduções?

Ella: Não. Apenas relacionei as palavras com a imagem.

TE: Muito bem. Novamente, uma das afirmações feitas anteriormente por Robert era começar com o "sentimento" do idioma. Um dos outros estados que eu poderia sugerir é o do "não saber". Por exemplo, as crianças não apenas não fazem traduções, como literalmente não sabem qual a ligação entre o objeto e a palavra até aprenderem. Em outras palavras, a criança não sabe que o objeto é uma "lousa". Ela não tem nenhuma palavra para ele em nenhum idioma. Portanto, ao executar essa atividade, parte de ser como uma criança é tentar colocar-se em tal estado que, quando alguém apontar para alguma coisa, vocês realmente não saibam o que ela é — como o estado *Nerk-Nerk*, que mencionamos no volume I. Se conseguirem entrar nesse estado, terão muito menos coisas para desaprender.

RD: Vou exemplificar: cruzem os braços por um instante. Agora, observem qual dos braços descansa sobre o outro. Geralmente, metade da classe tem o braço esquerdo em cima e a outra metade, o direito. Agora, invertam essa posição, colocando o outro braço por cima. Para muitas pessoas, isso parece bastante estranho. De certa forma, essa é uma metáfora para a aprendizagem de um idioma. Acreditamos que, à medida que envelhecemos, perdemos a habilidade para aprender idiomas. Mas eu acho que é como cruzar os braços. Não que vocês tenham perdido a habilidade para cruzar os braços de outra maneira — é um resultado do hábito e da inércia. Assim como é engraçado cruzar os braços de outra maneira, será engraçado visualizar uma palavra em vez de pronunciá-la ou de ter um nome diferente para algum objeto ou ação. Não "parece certo" — só que é dentro do seu cérebro que não parece certo. É isso o que Todd quer dizer com "desaprender". Vocês começam a associar um sentimento de familiaridade a determinada maneira de pensar ou agir.

Enquanto vocês pensam nesse exercício, provavelmente, perceberão que diferentes estratégias estão envolvidas nos distintos aspectos do processo. Mesmo quando vocês conseguem compreender uma palavra, isso não significa que possam automaticamente pronunciá-la. É necessário um tipo diferente de envolvimento da neurologia. Pronunciar uma palavra em voz alta para alguém envolve mais neurologia do que simplesmente ouvir aquela palavra. Realmente, fazer alguma coisa com base num conjunto de palavras envolve mais neurologia do que apenas reconhecer que ouvimos aquela palavra antes. Parte daquilo que fazemos com a Aprendizagem Dinâmica é criar um contexto em que vocês possam usar toda a sua neurologia. Quanto mais neurologia estiver envolvida numa tarefa de aprendizagem, mais ela será absorvida. Quanto mais vocês puderem brincar com aquilo que estão aprendendo, num contexto em que sejam livres para se divertir, mais o seu cérebro irá desejar continuar fazendo aquilo.

A longo prazo, aprendizagem de um idioma é resultado da estratégia — determinadas estratégias vão envolver mais partes da sua neurologia do que outras. É por isso que queremos que vocês participem desse exercício com um sentimento de diversão, curiosidade, exploração e liberdade. Nesse jogo do vocabulário não existem erros. Vocês não podem cometer erros. Na verdade, o único erro é tentar fazer direito e nem mesmo isso é um erro; é apenas um hábito. Tentem.

Advérbios e adjetivos

RD: Os adjetivos e os advérbios estão num plano diferente daquele dos objetos e das ações. Os objetos e as ações são concretos e diretamente observáveis. E um adjetivo? Como ensinar a alguém o que significa "verde", "redondo" ou "bonito"? Essas coisas são qualidades ou propriedades de diferentes objetos. Igualmente, como ensinar advérbios, tais como "depressa", "devagar", ou preposições, como "sobre" ou "sob"?

Por exemplo, se eu estivesse ensinando alemão e quisesse mostrar as qualidades "rápido" ou "lento", poderia começar com uma ação como *gehen* (Robert começa a andar). Isso seria *gehen schnell* (Robert começa a andar depressa.) Isso seria *gehen langsam* (Robert anda devagar). Também teríamos *drehen* (Robert começa a se virar). E isso é *drehen schnell* (Robert vira-se rapidamente). E isso seria *drehen langsam* (Robert vira-se lentamente). Isso é *hüpfen schnell* (Robert pula rapidamente). E isso seria *hüpfen langsam* (Robert pula lentamente). Eu mostraria como diferentes ações são modificadas pelos advérbios. Por exemplo, também estávamos falando sobre *tanzen* (Robert dança). Isso seria *tanzen schnell* (Robert dança mais depressa). Isso seria *tanzen langsam* (Robert dança devagar).

Os advérbios e adjetivos estão relacionados àquilo que chamamos de submodalidades em PNL. Eles estão mais relacionados à forma e às relações do que a determinado conteúdo. Assim, a estratégia para ensiná-los envolve essencialmente as relações entre diversos objetos e ações.

Adjetivos (por exemplo, *verde, redondo, alto* etc.)

1. Mostre três objetos diferentes que o aluno já tenha aprendido e tenham a mesma qualidade. Por exemplo, se o adjetivo que vocês estiverem ensinando for "verde", mostrem um lápis "verde", uma cadeira "verde" e uma bola "verde".
2. Mostrem dois objetos exatamente iguais, a não ser na qualidade (p. ex.: um lápis "verde" e um lápis vermelho).
3. Usem a estrutura básica aplicada aos "objetos e ações" para mostrar as palavras ao aluno.
4. Testem a compreensão fazendo o aluno identificar: a) um objeto diferente com a mesma qualidade mencionada (p. ex.: uma camisa "verde"); e b) um objeto semelhante com uma qualidade diferente (p. ex.: um lápis azul)

Advérbios e preposições (p. ex.: *rápido, para cima, à esquerda, sob, sobre* etc.)

1. Façam três tipos de ações diferentes, que o aluno já tenha aprendido, mantendo a mesma qualidade mencionada. Por exemplo, se o advérbio for "rapidamente", vocês poderiam andar, engatinhar ou dançar rapidamente.
2. Demonstrem dois exemplos da mesma ação, variando apenas a qualidade mencionada (p. ex.: andar rápida e vagarosamente).
3. Apresentem as novas palavras ao aluno usando o procedimento aplicado aos "objetos e ações".
4. Testem a compreensão fazendo o aluno demonstrar: a) uma ação diferente que possua a mesma qualidade mencionada; e b) as diferenças de qualidade mudando essa qualidade numa ação, pronunciando-a ao mesmo tempo.

Portanto, como um outro exemplo, se eu quisesse ensinar um adjetivo poderia mostrar objetos que possuem essa propriedade. Por exemplo, essa é uma *Stuhl* (aponta para uma cadeira). Essa é uma *braun Stuhl* (aponta para uma cadeira marrom). Essa também seria uma *braun Stuhl* (aponta para outra cadeira marrom), diferente dessa (aponta para uma cadeira verde) que também é uma *Stuhl.* Agora vocês sabem que os objetos são os mesmos, mas há alguma coisa diferente neles — a cor. Essa é uma *gross braun Stuhl* (aponta para uma cadeira maior) e essa é uma *klein Stuhl* (aponta para uma cadeira menor). Sobre o que eu estou falando? Tamanho. Os adjetivos e os advérbios estão relacionados. Assim, preciso mostrar relações e não apenas objetos.

TE: É muito mais fácil ensinar a alguém a noção de "pequeno" e "grande" relacionadas entre si, do que ensinar isoladamente a idéia de "pequeno". Grande e pequeno sempre são comparados a alguma outra coisa.

RD: Em PNL, a linguagem é uma "estrutura superficial". Isto é, a linguagem é um código que representa "estruturas mais profundas". As estruturas profundas seriam as representações sensoriais e os sentimentos internos que compõem as nossas principais experiências. As palavras "baixo" ou "pequeno" são estruturas superficiais que representam uma estrutura experimental profunda envolvendo uma comparação com alguma coisa "grande". Essas são palavras relacionadas a uma comparação entre objetos que podem ser representados em muitas diferentes estruturas superficiais, isto é, as palavras para "pequeno" ou "grande" em outros idiomas. Depois de ancorarmos essas "estruturas profundas" a determinada estrutura superficial, essa estrutura superficial torna-se uma ferramenta que pode ser usada para a comunicação.

Por exemplo, eu poderia dizer para Ella, "Ella, *gehen gross Stuhl"*. (*Ella caminha para a cadeira maior.*) E se eu lhe dissesse: "Ella, *hüpfen klein Stuhl"*. (*Ella pula sobre a cadeira menor.*) Em outras palavras, agora eu tenho diferentes objetos que estou distinguindo com os adjetivos. Eu também poderia dizer: Ella, *drehen langsam braun Stuhl"*. (*Ella gira lentamente em círculos até chegar à cadeira marrom.*) Agora, *"Tanzen schnell klein stuhl"*. (*Ella dança rapidamente de volta para a cadeira menor.*) [*Aplausos*] Portanto, nessa etapa do jogo, vocês podem começar a atribuir qualidades aos objetos e ações que conhecem. Além de reforçar o antigo vocabulário, vocês estão fazendo coisas novas com ele.

Portanto, gostaria que aqueles que falam outro idioma parassem um momento para pensar a respeito das qualidades que vocês gostariam de acrescentar aos seus objetos e ações. Assim, diversificamos o jogo, tornando-o mais divertido. É divertido *tanzen schnell.* (*Dança rapidamente.*) [*Risos, aplausos*] Uma boa idéia é escolher qualidades que sejam polaridades — como "rápido" *versus* "lento", ou "baixo" *versus* "alto", ou "sobre" *versus* "sob', as quais podem ser demonstradas facilmente por meio de comparações.

TE: Talvez vocês queiram começar encontrando primeiramente diversas coisas que tenham a qualidade que desejam mostrar ou demonstrar.

RD: A propósito, acho que vocês talvez descubram que quando a sua atenção está voltada para a aprendizagem de advérbios e adjetivos, quaisquer dificuldades que possam sentir ao tentar lembrar os nomes dos objetos e ações começam a desaparecer. Quando a atenção não está mais nessas palavras, elas se tornam pressupostas. Quando estamos focalizando a cor, o nome do objeto torna-se uma parte do cenário. Geralmente, é muito mais fácil aprender palavras quando não estamos nos concentrando nelas.

Assim, voltem a formar os mesmos grupos do exercício anterior e criem o seu vocabulário com três adjetivos e três advérbios ou preposições.

TE: Quando estiverem executando essa parte do jogo, não se preocupem ainda com a sintaxe. Falaremos dela num exercício posterior. Por enquanto, apenas divirtam-se.

****

Após o exercício

TE: Uma das coisas que vocês devem ter percebido nesse exercício é que, independentemente de compreenderem ou não o que estava sendo dito, tiveram de agir e interagir. Acredito que isso torna mais fácil permanecer envolvido e ser menos crítico.

RD: Geralmente, se vocês apenas acompanharem a sua intuição, descobrirão que a compreensão está lá dentro, inconscientemente, mesmo que não consigam de modo consciente dizer o significado individual de cada palavra.

TE: Não acredito que as crianças fiquem imaginando se entenderam corretamente as palavras, perguntando a si mesmas: "Será que perdi uma palavra aqui?". Elas apenas seguem as suas intuições e compreendem pelo *feedback*.

RD: Uma outra coisa que vocês talvez percebam durante esse exercício é que começam a ouvir as informações em frases e não em palavras individuais. Embora as frases não apresentem as palavras exatamente da mesma maneira como as aprenderam, elas realmente ficam mais fáceis de compreender quando usadas num contexto com outras palavras. Acho que isso acontece parcialmente porque vocês têm mais oportunidade para receber metamensagens.

A linguagem é um processo interativo. Se estiverem tentando aprender um processo interativo por intermédio de um método não-interativo, pode ser muito difícil e mais demorado. Acho que no futuro da educação veremos o desenvolvimento de muitas ferramentas interativas para a aprendizagem. Nós teremos salas de aula interativas em vez de ambientes passivos de aprendizagem. Haverá uma tecnologia completa de processos interativos.

Por exemplo, estou trabalhando num programa de computador que ensinará idiomas por meio da interação com o computador. A idéia é gravar pessoas que falam determinado idioma, mas cujo tom de voz é diferente. O computador combinaria a sua voz com a voz gravada, que soasse como a sua e o ensinaria a falar naquele idioma. Por exemplo, ele poderia dizer que a sua pronúncia combina 75%, 50% ou 98% com a do modelo e poderia treiná-lo na pronúncia. O computador também faria a animação de coisas que você mencionou ou descreveu. Assim, você poderia dizer para um pequeno personagem *"tanzen schnell"* ou *"hüpfen klein Stuhl"*, e o personagem representaria o que você disse. Um dos jogos seria um pequeno percurso com obstáculos por meio do qual você teria de guiar o personagem, usando apenas palavras no idioma que está tentando aprender.

Percurso com obstáculos

RD: Na verdade, gostaríamos que vocês jogassem de forma semelhante em seus grupos de linguagem. Para isso, aqueles que falam outro idioma fariam sinais de direção básicos para os membros do grupo, como "esquerda", "direita", "para a frente", "para trás", "rápido", "devagar", "pare" etc. O grupo formará um percurso de obstáculos com cadeiras ou outros objetos. Cada membro do grupo escolhe um parceiro. Um deles fecha os olhos ou coloca uma venda neles. O outro será uma espécie de guia ou anjo da guarda, que só pode falar no idioma que vocês estão aprendendo.

Como uma demonstração, digamos que eu vá guiar Ellis por esse percurso de obstáculos, falando em alemão. Primeiramente, devo certificar-me de que Ellis conhece as instruções básicas. Ellis, isso é "*rechts*" (Robert vira para a direita e faz Ellis virar-se para a direita). Isso é "*links*" (Robert vira para a esquerda e faz Ellis virar para a esquerda). Isso é "*vorwärts*" (Robert e Ellis andam para a frente). Isso é "*rückwärts*" (Robert e Ellis andam para trás). E isso é "*halt*" (Robert e Ellis param). Você também deve lembrar-se de que isso é "*langsam*" (Robert anda lentamente) e isso é "*schnell*" (Robert anda rapidamente).

Ótimo, Ellis, agora feche os olhos. *Gehen langsam vorwärts.* OK. *Links, gehen. Gehen rechts langsam. Gehen rechts. Langsam Links. Schneller, Schneller. Gehen schneller. Halt.* [*Aplausos*] Você pode abrir os olhos agora. Muito obrigado.

Vocês descobrirão que quando essa é a única informação para prosseguir, há uma tendência a lembrar mais rapidamente, porque a sua segurança depende da aprendizagem dessas palavras e de ser capaz de responder a elas.

Em resumo, primeiro criem um percurso com obstáculos. Segundo, revejam e demonstrem as instruções básicas no outro idioma, isto é: "rápido", "devagar", "pare", "vá', "para a frente", "para trás", "esquerda", "direita". Vocês talvez queiram acrescentar algumas outras, tais como "para cima" ou "sobre" se desejarem ser capazes de passar sobre objetos no chão. Certifiquem-se de que o explorador é capaz de demonstrar as ações associadas a cada palavra. O "anjo da guarda" deve guiar o "explorador" pelo percurso com obstáculos. O explorador deve estar de olhos vendados ou manter os olhos fechados, para que não haja *feedback* visual. O explorador só deve receber *feedback* auditivo no outro idioma. Acho que vocês logo perceberão como incorporam rapidamente o idioma, quer sejam o guia ou o explorador.

É melhor ter um percurso com obstáculos por grupo e, depois, mandar duas pessoas de cada vez percorrê-lo. Com cada nova pessoa vocês poderiam tentar mudar um pouco o percurso depois de elas terem fechado os olhos, para que não consigam apenas memorizá-lo. Tentem.

Nominalizações, abstrações e verbos inespecíficos

RD: O próximo passo em nosso processo de aprendizagem da linguagem envolve o vocabulário relacionado a nominalizações, abstrações e verbos inespecíficos. Esses tipos de palavras indicam: a) classes ou conjuntos dos objetos e ações mais simples; b) processos que envolvem grupos de objetos ou ações; ou c) relações entre objetos ou ações. As nominalizações, por exemplo, são palavras como "comunicação", "amor" ou "relacionamento", que são mais genéricas e menos concretas do que palavras como "cadeira", "lousa" ou "carrinho de mão". As nominalizações e abstrações tratam mais dos relacionamentos entre pessoas e objetos. A palavra *"transderivacional"*, que Christopher aprendeu anteriormente, é um bom exemplo de uma palavra que é mais abstrata do que "pulando" ou "dançando". "Transderivacional" envolve um processo mental que você não pode observar diretamente e pode ser aplicado a muitos objetos e ações diferentes.

Os verbos inespecíficos incluem palavras como "ajudar", "encontrar", "magoar", "ir" etc. Essas palavras representam processos muito genéricos, difíceis de ser demonstrados numa única ação. Geralmente, elas se referem a todo um conjunto de ações.

Com freqüência, as pessoas consideram esses tipos de palavras mais "difíceis" de aprender, mas, como Christopher descobriu, é simplesmente uma questão de ter uma estratégia efetiva e uma experiência daquilo que a palavra indica. Na verdade, nominalizações, abstrações e verbos inespecíficos podem ser tratados de maneira semelhante aos advérbios e adjetivos.

1. Dêem pelo menos três exemplos que se encaixem na categoria, conjunto, processo ou relação mencionado.
2. Dêem dois exemplos que sejam semelhantes, exceto os que diferem do tipo de: categoria, processo, conjunto ou relação.
3. Repitam o processo de modelagem descrito anteriormente para apresentar as palavras.
4. Testem a compreensão fazendo o aluno dar exemplos que se encaixem e não se encaixem em categoria, conjunto, processo ou relação mencionadas.

RD: A propósito, encontrar experiências pessoais de referência para esses tipos de palavras geralmente pode ter um valor que ultrapassa a compreensão do vocabulário. Em PNL, descobrimos que as palavras abstratas, como as nominalizações e os verbos inespecíficos, podem levar à confusão e problemas. Elas podem criar falta de clareza e julgamentos errados, que podem gerar conflitos. Por exemplo, as pessoas geralmente discutem a respeito de abstrações como "beleza". Contudo, se vocês realmente tentarem definir o que é "beleza" descobrirão que não existe realmente uma beleza "objetiva". Perceberão que ela geralmente está relacionada às experiências pessoais e aos valores culturais. Algumas vezes, a beleza está relacionada a um estado interno que associamos à nossa experiência de alguma coisa externa — como um lindo pôr-do-sol. Quando precisarem procurar experiências profundas relacionadas a uma abstração ou a uma nominalização, acredito que ajudará se vocês compreenderem melhor o seu modelo do mundo. Por exemplo, como dariam vários exemplos de amor?

TE: O que precisaria estar lá para que uma experiência pudesse ser chamada de "amor"? Se vocês quiserem ensinar esse tipo de conceito, terão de pensar a respeito da experiência que precisam proporcionar às pessoas para que elas possam perceber o conceito. Vocês não podem apenas apontar para alguma coisa.

Expressões idiomáticas

RD: Um outro importante aspecto da aprendizagem da linguagem envolve as *expressões idiomáticas*, que são específicas desse idioma.

TE: Os nativos de um país sabem imediatamente se vocês aprenderam a falar esse idioma na escola, não porque não se pareçam com elas, mas porque não conhecem as expressões idiomáticas. Por exemplo, os americanos geralmente usam mais expressões idiomáticas do que quaisquer outras expressões formais. Se você é americano e for para a Inglaterra, descobrirá que nos EUA não se fala inglês. Os americanos usam todas essas expressões idiomáticas que os ingleses não entendem.

RD: Eis uma exemplo de uma expressão idiomática: passei algum tempo na Grécia e uma das expressões que eles usam pode ser traduzida mais ou menos assim: "Ah! Quer dizer que é assim que você vai conquistar a cidade, hein?". Isso é dito sarcasticamente a alguém, quando você acha que ela tem uma idéia impraticável. Agora, a "cidade" a qual eles se referem é Tróia. Portanto, essa é uma expressão que faz parte da linguagem deles desde a Guerra de Tróia. Para compreender essa expressão, é preciso conhecer um pouco da história e da cultura gregas. Assim, as expressões idiomáticas geralmente são fascinantes porque trazem consigo não apenas as principais formas do uso da linguagem, mas também um pouco de história. Elas também nos fazem perceber o senso de humor e os valores de determinada cultura.

Na verdade, um de nossos colegas, Robert McDonald, realizou um estudo informal sobre as expressões idiomáticas de diversos idiomas e culturas como um meio de identificar e compreender as diferenças culturais. Nos EUA, por exemplo, há um ditado que afirma: "A roda que range é a que leva graxa". Isso sugere que se você se destacar mais do que os outros, conseguirá satisfazer as suas necessidades. Por outro lado, os japoneses têm um ditado que pode ser traduzido mais ou menos assim: "O prego que fica mais saliente é o que leva a pancada mais forte". As implicações culturais dessa frase são muito diferentes daquela dos americanos. Na Alemanha há um ditado mais ou menos assim: "Você só precisa trabalhar tantas horas quantas há num dia, mas o dia nunca termina". Isso sugere um ponto de vista totalmente diferente em relação a satisfazer as nossas necessidades.

Mesmo as culturas que compartilham o mesmo idioma (ou que são "divididas por um idioma comum") como os EUA, a Nova Zelândia e a Austrália, terão diferentes expressões idiomáticas. Por exemplo, na Austrália e na Nova Zelândia há uma que diz algo parecido com: "A papoula mais alta é a primeira a ser cortada". Isso sugere mais uma semelhança cultural com o Japão do que com os Estados Unidos, embora estejam usando o idioma inglês.

TE: As expressões idiomáticas tendem a estar relacionadas mais cultural do que lingüisticamente.

RD: Assim, para esse exercício, gostaria de pedir àqueles que falam outro idioma que escolham uma ou duas expressões idiomáticas que só ouviram no seu idioma.

TE: Talvez seja difícil traduzi-las, como a expressão grega "Ah! Quer dizer que é assim que você vai conquistar a cidade, hein?", a qual necessariamente não faz muito sentido sem o contexto e as suposições culturais que a acompanham.

RD: Seu trabalho será criar um contexto no qual essa expressão idiomática adquira um sentido. O desafio é ilustrar o significado criando uma situação ou proporcionar às pessoas, por meio das metamensagens, a essência do significado daquela expressão. Por exemplo, o tom de voz sarcástico é essencial para transmitir o significado de: "Ah! Quer dizer que é assim que você vai conquistar a cidade, hein?".

TE: Vocês precisam perceber a estrutura profunda por trás da expressão idiomática e saber qual a experiência que poderiam proporcionar para as pessoas do seu grupo para que elas possam começar a compreender essa expressão. Em outras palavras, primeiro vocês precisam decidir o que essa expressão significa para vocês antes de transmiti-la para outra pessoa.

RD: De início, o objetivo é transmitir o sentido global da expressão. Provavelmente, o melhor é usar o método de modelagem da "segunda posição", que empregamos em nosso primeiro exercício. Assim, vocês poderão traduzi-la, usar descrições ou explicações para dar às pessoas um sentido mais preciso daquela expressão. A pergunta básica é: como vocês fariam para transmitir primeiramente a estrutura profunda?.

Sintaxe simples

RD: A sintaxe está essencialmente relacionada à maneira como as palavras geralmente estão organizadas num idioma. Naturalmente, à medida que começarem a aprofundar-se na sintaxe e na gramática, vocês começarão a lidar com as complexidades da conjugação de diversos tempos de verbos, e assim por diante, mas acreditamos que é importante começar desenvolvendo intuições básicas a respeito da estrutura do idioma.

TE: Robert e eu freqüentemente ensinamos em outros países, onde as pessoas não são fluentes em inglês. Muitas vezes, percebemos que, inconscientemente, estamos usando determinada estratégia, ou seja, falamos inglês, mas colocamos as palavras na ordem sintática do idioma do país em que estamos. Por exemplo, quando vou para a Suécia, em vez de dizer: "Eu estou indo agora", eu posso dizer: "Eu agora estou indo". Isso faz muito mais sentido para os suecos, que estão tentando falar e compreender inglês. É assim que eles estão acostumados a falar e a pensar nas coisas, no sentido de sua própria estrutura profunda: portanto, tento tornar as coisas mais fáceis para eles.

RD: O próximo exercício é uma maneira de oferecer esses tipos de intuições básicas a respeito da sintaxe de outro idioma.

1. Inicialmente, introduzam a sintaxe em seqüências de três partes (isto é, sujeito-predicado-objeto, ou qualquer que seja a ordem básica apropriada para aquele idioma em particular). Demonstrem as mudanças que ocorrem no significado enquanto vocês mudam a ordem. (Por exemplo: *"O garoto corre para a cadeira." "A cadeira corre para o garoto."*)
2. Façam uma distinção entre erros gramaticais e semânticos.
   a) Gramaticalmente, é correto dizer ou escrever *"A cadeira correu para a porta"*, mas gramaticalmente incorreto dizer ou escrever "*O garoto a correu cadeira para*".
   b) Semanticamente, é errado dizer ou escrever, *"A pedra bebeu a cadeira"*, embora gramaticalmente esteja correto.
3. Demonstrem por que isso é considerado errado, comparando seqüências corretas e incorretas e fazendo o aluno tentar representá-las.
4. Testem, fazendo o aluno dizer (ou escrever) e, então, representar as seqüências corretas e incorretas.

Por exemplo, Joelle poderia começar dizendo: "*Pourriez-vouz ouvrir la porte*?". Alguém representaria a frase abrindo a porta. Então, ela poderia mudar a sintaxe para algo como, "*Pourriez-la porte ouvrir vouz*?", "*Ouvrir la porte pourriez-vouz*?", ou "*Pourriez la vouz porte ouvrir*?". Tentar representar algumas dessas frases pode ser bastante cômico, mas também muito instrutivo. Mesmo as variações sintáticas que confusão podem ajudar a estabelecer e solidificar intuições a respeito da sintaxe do francês.

Role playing

RD: O próximo passo em nosso processo de aprendizagem dinâmica da linguagem seria contextualizar as nossas interações verbais para situações comuns que o aluno poderia enfrentar enquanto fala outro idioma. Isso envolveria uma pessoa nascida em outro país, como Joelle, fingindo ser um garçom ou garçonete num restaurante. O aluno sentaria num "reservado" no restaurante e Joelle mostraria e descreveria diversos pratos. Então, o aluno tentaria pedir uma refeição.

TE: Não é lá que você só consegue aquilo que pode pronunciar?

RD: Sim, do contrário, você acaba tendo de comer o cardápio.

Uma outra possibilidade seria fazer Joelle dar ao aluno instruções, em francês, para chegar a algum lugar. O aluno tentaria encontrar esse lugar baseado nas instruções de Joelle.

Esperamos ter sido capazes de transmitir a idéia de que há muitas maneiras dinâmicas para se aprender linguagem. Um dos nossos princípios básicos da Aprendizagem Dinâmica, para aprender linguagem, é o de que, quanto mais vocês envolverem a sua neurologia, mais fácil e mais eficiente será a aprendizagem. Obviamente, os nossos exercícios de Aprendizagem Dinâmica focalizam-se mais na estratégia do que num programa específico para aprender um idioma. Mas acreditamos que essas estratégias são a base para a aprendizagem efetiva da linguagem, independentemente das lições ou palavras específicas que vocês estão aprendendo. Em nosso próximo capítulo, generalizaremos os princípios que estivemos explorando para a aprendizagem de idiomas, aplicando-os ao processo da leitura.

Capítulo 3

Leitura

Resumo do Capítulo 3

- Compreensão da leitura
- Estratégias para a leitura rápida
- Leitura e o TOTS
- Leitura acelerada

  Calibrando a sua velocidade natural de leitura
  Ampliando a sua visão para ver grupos de palavras
  Escolhendo um padrão adequado de varredura ocular
  Reduzindo a subvocalização e a pronúncia interna
  Desenvolvendo uma estratégia visual para a compreensão
  Praticando uma estratégia de pré-organização
  Encontrando o seu estado fisiológico de excelência para a leitura
  Recalibrando a sua nova velocidade natural de leitura

Leitura

RD: Vamos ultrapassar a aprendizagem da linguagem em geral e aplicar o que aprendemos à leitura. Em nossos exercícios de aprendizagem da linguagem, na verdade, vocês estavam aprendendo a ler, assim como a falar e a compreender verbalmente outros idiomas. Uma das coisas boas da Aprendizagem Dinâmica é que não precisamos aprender apenas uma modalidade de cada vez. O cérebro é suficientemente rápido para fazer numerosas associações ao mesmo tempo. Na realidade, a nossa crença é de que se não dermos ao cérebro muitas coisas para serem associadas, ele fará as suas próprias associações — e elas podem não ser os tipos de associações que desejamos. Portanto, quanto mais coisas ele tiver para se envolver e participar, melhor. Não há nenhum motivo que impeça as pessoas de aprender a falar e a ler ao mesmo tempo. Com a tecnologia atual, é possível falar e mostrar palavras simultaneamente.

TE: Se vocês já fizeram alguma transcrição, provavelmente sabem do que Robert está falando. Durante algum tempo, fiz muitas transcrições — escutando fitas gravadas e digitando o que eu ouvia no computador. Como resultado disso, ocorreu um fenômeno interessante. Quando as pessoas falavam, eu as escutava e, ao mesmo tempo, via as suas palavras na tela. Era uma associação automática, inconsciente, entre a palavra falada e a palavra escrita. Vocês deviam tentar. Conscientemente, não precisam fazer nada. Apenas peguem as palavras que alguém está dizendo e deixem que elas se tornem uma imagem visual de palavras escritas passando pela sua cabeça. É realmente muito bom.

Compreensão da leitura

RD: Como todas as formas de compreensão da linguagem, a leitura é resultado da existência de símbolos que desencadeiam experiências de referência. A leitura é uma outra maneira de ligar a estrutura superficial à estrutura profunda. Os mesmos princípios são válidos. Quanto mais ricas, plenas e agradáveis as associações que eu fizer, mais vou ler e melhor será a retenção e a compreensão daquilo que leio. Entretanto, para muitas pessoas é uma surpresa descobrir que a leitura não exige necessariamente a subvocalização para haver compreensão. Em outras palavras, quando vemos um aviso: "Pare", não precisamos pronunciar a palavra "paa-r-ee" para saber o que fazer.

TE: Pronunciar a palavra, colocar o pé no chão... e preencher os formulários do seu seguro.

RD: Ao contrário, fazemos associações imediatas, de maneira que não é necessário ouvir a palavra em nossa cabeça para saber o que fazer.

Sue: Quando estou lendo um livro ou alguma outra coisa, não compreendo o significado de uma palavra até lê-la em voz alta e, então, posso compreendê-la.

TE: Você realmente a lê em voz alta ou diz as palavras em silêncio, na sua mente?

Sue: Bem, primeiramente, tento dizê-la para mim e, se mesmo assim ainda não conseguir compreender — especialmente em situações estressantes —, pronuncio as palavras em voz alta. Por exemplo, quando fiz o teste para tirar a carteira de habilitação e precisei responder a todas aquelas perguntas, demorei muito. Isso foi há dois anos. Eu realmente não conseguia entender o que aquilo significava, por isso, precisei ler em voz alta para poder entender.

RD: Tenho certeza de que muitas outras pessoas compartilham da sua experiência. Algumas pessoas são capazes de ler com rapidez e facilidade, enquanto outras sentem dificuldade. Descobrimos que aquelas que conseguem ler com rapidez e eficiência são as que não precisam verbalizar um palavra para saber o que ela significa. Um dos problemas que observamos nas pessoas com dificuldade para ler é que elas confundem o som de uma palavra com o seu significado. Apesar de poderem ver todas as palavras na página, acreditam que se não disserem as palavras, não as compreenderão.

Muitas pessoas usam principalmente uma estratégia auditiva para a leitura porque aprenderam primeiramente a linguagem falada. Como Todd já mencionou, podemos apontar para alguma coisa, como uma caixa de cereal, e dizer o seu nome ao mesmo tempo; assim, a criança é capaz de associar a imagem visual ou a experiência dela com aquele conjunto único de sons. Em geral, só depois dos dois ou três anos de idade a criança começa a ficar constantemente exposta à representação escrita da linguagem como uma forma de comunicação. Mas isso não significa que, para haver compreensão, a linguagem escrita necessariamente exija uma transformação para a linguagem falada.

Como observamos no capítulo anterior, é tão fácil obter significado a partir da representação visual de uma palavra quanto da sua forma auditiva. As palavras escritas podem ser diretamente relacionadas a experiências, assim como as faladas. Não é necessário associar palavras escritas apenas às suas equivalentes faladas. Entretanto, até as pessoas aprenderem a reconhecer as expressões escritas das palavras, geralmente é mais fácil obter os significados daquelas palavras escritas em sua forma falada. É por isso que elas sentem necessidade de dizer as palavras. Como a maior parte das pessoas aprendeu auditivamente o vocabulário da sua língua materna, as formas faladas das palavras são mais familiares.

Contudo, depois de aprender a ler, há muitas palavras que vocês talvez aprendam primeiramente na forma escrita. Não é necessário pronunciá-las para saber o seu significado — especialmente se vocês nunca as ouviram antes. Na verdade, transformar palavras escritas em palavras faladas é redundante sob muitos aspectos. Se já conseguem ler a palavra, por que deveriam pronunciá-la? Acho que as pessoas fazem isso porque, em determinado momento, aprenderam que quando não reconhecem visualmente uma palavra, é provavel que ainda possam reconhecê-la auditivamente. O outro motivo é porque, como as pessoas aprendem primeiro a representação auditiva da palavra, com freqüência têm associações mais ricas e profundas associadas à forma verbal da palavra. Essas associações podem ser ainda mais fortalecidas e enriquecidas pelo acréscimo de qualidades não-verbais, como o tom de voz e a ênfase. Assim, as pessoas (e principalmente as pessoas auditivas) podem ter caminhos mais completos de associação com a forma falada da palavra do que com a sua forma visual.

As pessoas que aprendem um segundo idioma, como eu aprendi, geralmente têm o problema oposto. Quando estava aprendendo francês, no colegial, tudo era feito no livro. Meu professor não era francês e só estivera na França uma vez, durante algumas semanas. Como resultado, posso ler francês muito bem, mas se alguém falar francês comigo, tenho mais dificuldade para compreender. Posso entender melhor se a pessoa escrever. Esse é um paradoxo engraçado do nosso sistema educacional. Nos EUA, os alunos geralmente têm mais dificuldade com o inglês escrito do que com o falado — mas têm mais facilidade para aprender um outro idioma na forma escrita do que na forma falada.

TE: Quando estava aprendendo a ler, a professora lia em voz alta e nós líamos em voz alta com ela, ou um de nós lia em voz alta e ela corrigia a pronúncia. Em determinado ponto, ela dizia: "Agora, todos, leiam para si mesmos". E se você prestasse atenção, escutaria um "buzzmuz...". Muitas crianças lendo em voz alta para si mesmas.

O engraçado é que encontramos poucas pessoas que ainda usam a estratégia para ler palavras inconscientemente para si mesmas com a voz da terceira série, porque essa era a voz que usavam quando aprenderam a ler. Como resultado, não conseguem ler mais rápido do que uma criança que está na terceira série.

RD: Na verdade, qualquer pessoa que tenha precisado ler alguma coisa rapidamente, mas cuja estratégia para pronunciar as palavras está arraigada, constituindo o seu principal processo de leitura, sabe que isso diminui a velocidade de leitura. É muito-mais-lento-dizer-uma-palavra-de-cada-vez do que olhar para um parágrafo inteiro e saber o seu significado.

Um dos motivos de as crianças aprenderem tão rápido a linguagem do computador é porque as pessoas não as ensinam a pronunciar as instruções do computador. Elas apenas as vêem. Conheço um programador de jogos para computador muito bem-sucedido que, supostamente, tinha uma deficiência de aprendizagem e não conseguia soletrar; mas esse sujeito podia olhar os códigos do computador passando rapidamente pela tela e, de imediato, encontrar os erros. Essa era uma pessoa que não conseguia detectar erros de escrita, mas que podia reconhecer imediatamente erros de programação, porque as suas estratégias e pressuposições com relação à linguagem de computador eram diferentes daquelas que ele tinha com relação à linguagem humana. Ele não tentava pronunciar a linguagem do computador enquanto as letras passavam na tela, mas tentava pronunciar o idioma inglês.

As pessoas que usam a estratégia para pronunciar as palavras ficam sem ação porque para elas "ler" significa dizer todas as palavras para si mesmas. A sua crença é a de que a "leitura", necessariamente, envolve a transformação de palavras escritas em palavras faladas para obter o significado — ou seja, a palavra escrita "significa" a palavra falada e só podemos obter o significado mais profundo a partir do som.

Certa vez, trabalhei com uma menininha que estava com dificuldade para ler. Enquanto estávamos trabalhando, ela estava tentando ler determinado livro e continuava empacada na palavra "frágil". Sempre que ela chegava a essa palavra, começava a pronunciá-la "frá-giu", "frá-gel", e assim por diante. Ela era inacreditavelmente criativa nas diferentes maneiras de pronunciar aquelas letras. Finalmente, eu lhe disse: "Olhe, não me diga como essa palavra soa, apenas me diga o que ela significa". E ela disse: "Bem, acho que significa frágil". (*Risos*)

A questão é que ela não precisava transformar a palavra em sons para compreendê-la. Obviamente, essa menininha não precisava saber como transformar as letras escritas nos sons corretos para saber o que a palavra significava. Ela podia pronunciá-la errado e ainda assim saber o significado. Na verdade, algumas vezes, pronunciar a palavra atrapalha. Ela estava lutando entre duas estratégias para a leitura — uma para pronunciar as palavras e outra para o reconhecimento visual.

Ela aprendera que o significado da linguagem estava nos sons das palavras. Contudo, o significado da palavra "frágil" não é a maneira como ela é pronunciada. O som "frágil" é o nome — o *correlato verbal* — para esse determinado conjunto de símbolos. O significado da palavra tem a ver com as estruturas mais profundas relacionadas aos sentimentos, imagens ou ruídos que associamos àquela palavra. Como Gregory Bateson costumava dizer: "O nome não é a coisa mencionada".

Na verdade, Bateson mencionou algumas pesquisas que têm implicações interessantes para a leitura. Estas descobriram que as pessoas com problemas de leitura, liam mais facilmente quando algumas letras eram omitidas. Por exemplo, Sue, que palavra é essa? (*Robert escreve "f_l_z".*) Apenas adivinhe qual é essa palavra.

Sue: Feliz

RD: Está certo. E essa? (*Robert escreve "pr_fe_s_r".*)

Sue: Professor?

RD: Está certo. E você não precisou pronunciá-las para saber o que elas eram. Na verdade, com aquela menina que tinha dificuldade com a palavra "frágil", descobri que se riscasse determinadas letras, de maneira que ela não pudesse pronunciá-las, ela não ficava presa à pronúncia. Apenas olhava as palavras e as adivinhava pelo reconhecimento visual e acabava lendo muito mais rápida e efetivamente. Ela não ficava tentando descobrir se o "g" devia soar como "je" ou "gue" porque estava tentando reconhecer a palavra inteira em vez de focalizar os sons individuais.

As pessoas que lêem com rapidez não subvocalizam as palavras que estão lendo. Para compreender, não precisam dizer cada palavra para si mesmas. Podem olhar uma palavra e, automaticamente, saber o significado. Se vocês já leram um romance em russo, mesmo aqueles que são fiéis subvocalizadores, talvez já tenham feito isso. Vocês sabem que não é preciso dizer o nome completo de um personagem para saber quem ele é. Se o nome for "Nicholaievitch" ou alguma coisa assim, em vez de ficar lá sentado e se esforçando, vocês apenas dizem "esse é o N.".

TE: É aquele com "___ ski" ou "____vitch".

RD: Lembro-me de que meu pai me contou que, quando criança, leu e gostou muito do livro *Os três mosqueteiros.* Quando foi para a universidade, ele fez um curso de literatura no qual a classe estava discutindo *Os três mosqueteiros* e eles continuavam referindo-se a esse sujeito cujo nome soava como "Dartanyan". A princípio, ele não sabia de quem eles estavam falando. Quando o professor finalmente escreveu o nome "D'Artagnan" na lousa, ele percebeu quem era. Ele jamais ouvira o nome pronunciado, então sempre conhecera o personagem como "'D'___" qualquer coisa. Ele vira a palavra e tinha uma imagem da pessoa, mas não tinha nenhum som acompanhando o nome porque, como criança, era muito difícil pronunciá-lo. Ele apenas pulava a última parte do nome.

Acreditamos que é importante as pessoas perceberem que compreensão é diferente de pronúncia. As pessoas podem compreender alguma coisa sem saber como pronunciá-la. As pessoas também podem pronunciar coisas sem compreender o que estão dizendo. Provavelmente, vocês já viram crianças que conseguem pronunciar todas as palavras numa página e, quando terminam, não têm a menor idéia do seu significado!

TE: Se perguntarmos o que estava na página, tentarão dizer todas as palavras que estavam escritas lá. Em vez de ter a sua própria representação do que acontecia na história, elas tentarão literalmente repetir cada palavra da página. Conheço pessoas que podem dizer o que estava numa página de determinado livro, mas não conseguem dizer do que o livro tratava. Elas não podem realmente dizer o que estava acontecendo, mas podem dizer que na página 6, parágrafo 4, estavam essas palavras. Mas se perguntarmos: "O que aconteceu na página 6?", elas dizem: "Eu não sei, mas essas palavras estavam lá".

RD: Para ilustrar as diferenças entre as duas estratégias para a compreensão, certa vez, por acaso, ouvi duas pessoas discutindo a respeito de alguma coisa que eu dissera numa aula. Eu mencionara algo a respeito de "fazer novas conexões neurais em seu cérebro". Enquanto essas duas pessoas discutiam o meu discurso, uma delas referiu-se ao meu comentário sobre "abrir um túnel de uma experiência para outra". A outra pessoa disse: "Do que você está falando? Robert não disse nada sobre abrir um túnel. Você não estava escutando?". E eles estavam tendo uma grande discussão a respeito do que eu dissera. Naturalmente, uma delas entendera os meus comentários por meio de imagens visuais, e a melhor imagem visual que aquela pessoa conseguiu fazer do meu comentário sobre "fazer novas conexões neurais" era um túnel. Era isso o que as minhas palavras significavam para aquela pessoa. Para a outra, o significado estava mais intimamente relacionado ao verdadeiro conjunto de palavras que eu usara.

Isso traz algumas questões importantes a respeito dos testes de compreensão. Qual dessas pessoas "compreendeu" melhor as minhas palavras?: A que podia lembrar-se especificamente do que eu dissera, ou aquela que fizera a sua própria representação pessoal do que meu significado?

Estratégias para leitura rápida

RD: Obviamente, a "leitura" envolve mais do que apenas pegar as letras e fazer sons com elas. Certa vez, modelei um indivíduo que podia ler algo em torno de dez mil palavras por minuto. Para ler nessa velocidade, a primeira coisa que ele fazia era colocar-se num estado fisiológico especial. Ele segurava o livro por um momento, largava-o e começava a se preparar. Então, pegava o livro novamente, girava-o nas mãos e começava a sentir o seu tamanho. Uma das limitações para a sua velocidade na leitura era a rapidez com que ele conseguia virar as páginas. Assim, ele se familiarizava com o livro enquanto olhava para ele. À medida que fazia isso, começava a se perguntar: "Sobre o que é esse livro?" "O que eu já sei a respeito desse assunto?" "O que quero saber sobre esse assunto?" "O que quero obter lendo esse livro?"

Ele considerava essas coisas em primeiro lugar, porque depois de começar a ler não teria tempo para pensar nelas. Depois de fazer-se essas perguntas, colocava o livro de lado e, de novo, realmente ficava pronto. Era possível ver a mudança na sua respiração e na tensão muscular. Ele parecia um atleta preparando-se para uma corrida de cem metros. Ao final, quando estava praticamente pronto, pulava no livro, agarrava-o, sentava-se, abria-o e começava a virar as páginas o mais rapidamente possível. (Coloque-se nesse estado e tente ler devagar.)

Ele afirmava que, quando realmente começava, não tinha consciência de nenhuma das palavras nas páginas, apenas via uma imagem. A imagem podia ficar mais complicada, maior, ou obedecer a uma seqüência como uma história em quadrinhos. Por exemplo, se ele estivesse lendo a descrição de determinado personagem, começava a ver um rosto. À medida que lia a descrição, o rosto adquiria cada vez mais forma. Então, a pessoa podia adquirir movimentos. Era tudo muito visual. Naquela velocidade, ele não tinha tempo para dizer as palavras para si mesmo; você não consegue dizer palavras com essa rapidez.

Na verdade, enquanto eu observava, podia ver que ele não movia os olhos da esquerda para a direita. Ele fazia um ziguezague a partir do canto superior direito até o canto inferior esquerdo, quebrando totalmente o padrão de varredura ocular típico, geralmente usado pelas pessoas durante a leitura. Assim, para ler qualquer coisa, ele precisava ver os parágrafos como um todo. Muitas pessoas acreditam que só podemos enxergar uma palavra de cada vez. Mas a nossa visão é capaz de diferenciar muitas coisas simultaneamente. Por exemplo, vocês podem olhar para uma multidão e enxergar diversos rostos ao mesmo tempo.

Além disso, a mente inconsciente, quer vocês saibam, quer não, processa muito mais coisas do que vocês possam imaginar. Há uma história interessante a respeito de Milton Erikson, psiquiatra e hipnoterapeuta, que foi um dos indivíduos inicialmente modelados durante a criação da PNL. Quando Erikson estava na faculdade de medicina, precisou ter aulas de estatística para receber o diploma. Ele não sabia nada de estatística e não estava particularmente interessado em deixar os seus outros estudos para assistir às aulas de estatística. Portanto, decidiu tentar "desafiar" o curso, não assistindo às aulas e só fazendo o exame final. Ele não estudou estatística durante todo o período letivo, mas na semana anterior ao exame, leu o livro todas as noites e olhou para cada uma de suas páginas. Então, deixou-o de lado. Toda noite, ele apenas virava todas as páginas do livro e olhava para elas. Ele fez isso uma vez por noite, durante sete noites. Quando chegou o dia do exame, ele fez o teste sem pensar no que estava fazendo e foi aprovado.

Isso sugere que há muitas coisas que sabemos, mas não estamos conscientes de que sabemos. Por exemplo, nenhum de nós sabe realmente como juntamos as palavras para formar uma frase enquanto estamos falando. Mesmo os lingüistas, que estudaram a linguagem durante anos, não conseguem descrever todas as regras ou mostrar como as pessoas juntam as palavras quando estão formando uma frase. Há muitas coisas que sabemos e fazemos inconscientemente e que são bastante notáveis. Acredito que uma parte importante de se ler rapidamente é perceber o quanto sabemos e fazemos inconscientemente — como enxergar mais do que uma palavra de cada vez.

Na realidade, há certos detalhes que vocês verão melhor se não olharem diretamente para alguma coisa. Por exemplo, é mais fácil ver o movimento do tórax de alguém enquanto está respirando se usarmos a visão periférica. Existem relações entre as coisas que não conseguimos ver se focalizarmos uma em particular.

Kate: Eu gostaria de saber onde se encontra a maior parte dos detalhes. Obviamente, posso ver o padrão da sua respiração enquanto estou olhando para outra pessoa, mas há outras coisas que não vejo em você e podem ser mais importantes.

TE: Para saber se alguma coisa é importante ou não, você precisa primeiramente responder à pergunta: "Por que estou lendo essa matéria, para começar?". "Qual o propósito?" Por exemplo, quando compro um novo *software* ou um novo computador, abro os manuais, apenas folheio-os rapidamente e vou direto para o computador. Se eu ficar empacado em alguma parte, saberei onde encontrar esse detalhe no manual. De início, não quero focalizar detalhes que não vou precisar.

RD: É por isso que aquele leitor veloz que eu modelei fazia todas aquelas perguntas para si mesmo.

TE: Isso o ajudava a selecionar os pontos mais importantes. Não é como se ele apenas abrisse o livro e começasse a perguntar: "Qual é a primeira palavra, qual é a próxima palavra etc.". O objetivo orienta a atividade. Se você não tem objetivo ao ler um livro, qualquer coisa que conseguir com a leitura será relativamente casual.

RD: Lembrem-se do que dissemos a respeito do TOTS. Uma estratégia efetiva inclui um objetivo fixado e diversas maneiras de alcançá-lo. A leitura é exatamente a mesma coisa.

TE: A importância de diversos detalhes depende do seu objetivo fixado. "Ler" não é um objetivo, é parte da atividade. Ler é uma "operação" que você faz. A pergunta é: "Para que você está lendo?".

RD: Deixem-me fazer uma analogia. Num filme ou num *show* de televisão, a câmera não focaliza cada detalhe de cada pessoa envolvida em determinada cena. Na verdade, para transmitir o sentimento ou a mensagem do filme, o diretor talvez queira ignorar determinados detalhes. Ele talvez queira criar uma imagem maior, em que uma série de coisas está acontecendo e, de repente, dar um *close-up* em determinada coisa. Eu leio da mesma forma que um diretor faria um filme.

Por exemplo: há alguns anos, minha mãe teve uma recorrência de um câncer de mama. Eu queria saber tudo sobre câncer para poder ajudá-la. Assim, comprei muitos livros sobre o assunto. Examinava rapidamente algumas partes dos livros e, em determinados lugares, parava e focalizava detalhes que eu realmente precisava saber. Havia muita coisa naqueles livros que eu não precisava saber.

Kate: Mas como você sabe se não havia muitos outros detalhes importantes que perdeu?

RD: Suponho que o fato de ela ainda estar viva atualmente seja uma indicação de que eu não devo ter perdido nenhum detalhe realmente importante. Na verdade, não sei; mas também não posso garantir que não perderia nenhum detalhe importante se lesse cada palavra em voz alta. É aí que precisamos confiar em nossa "mente inconsciente". Você já leu um livro ou viu um filme e, mais tarde, percebeu que realmente captou muito mais coisas do que inicialmente imaginava? Talvez alguém lhe tenha feito uma pergunta a respeito e você foi capaz de responder com muito mais detalhes do que esperava. Como isso acontece? A informação deve estar lá dentro, em algum lugar. Em geral, a "importância" tem a ver com a maneira que a informação está relacionada a outras informações e experiências de referência.

TE: A propósito, quero que todos percebam que, nesse momento, estamos falando mais sobre crenças do que sobre estratégias. A preocupação de Kate é um reflexo das suas crenças a respeito da leitura. Ela está perguntando se é realmente possível ler tão depressa e não perder coisas importantes.

RD: As estratégias para ler utilizadas pelas pessoas baseiam-se em suas crenças a respeito do que o seu cérebro pode fazer e de como a mente funciona. Se Kate acreditar que não é possível obter todos os detalhes importantes se ler mais rápido, provavelmente ela não buscará nem desenvolverá estratégias para a leitura diferentes daquela que já está usando. Se Kate acreditar que cada detalhe pode ser importante, e que não é possível conhecer os detalhes a não ser subvocalizando cada palavra, é provável que sinta muita resistência para mudar para uma estratégia mais visual.

Tenho um conjunto de crenças bem diferentes a respeito da leitura. Começo com a crença de que posso ler rapidamente e, ainda assim, captar a maior parte dos detalhes. Na verdade, lembro-me de que quando eu tinha prova de leitura, no primário e no colegial, olhava para o título da seção ou artigo, ia para o final e fazia a prova sem realmente ler a matéria. Geralmente, eu conseguia pelo menos 70% de compreensão baseado naquilo que eu já sabia a respeito do assunto e porque eu sabia como fazer testes de múltipla escolha. Os testes de múltipla escolha quase sempre seguem determinadas regras e, se conhecermos essas regras, não precisamos nem estudar a matéria. Podemos descobrir as respostas pela maneira como o teste está estruturado.

Quando leio um livro mais devagar não é porque sinto dificuldade para transformar em sons os pequenos sinais pretos na página, mas, sim, porque estou associando os conceitos ou experiências representados a uma série de outras coisas. Digamos que eu esteja trabalhando com determinada criança que tem determinada deficiência de aprendizagem. Se eu estiver lendo alguma coisa que possa ser importante para o meu trabalho com essa criança, posso parar de "ler" em determinado momento e começar a pensar nas diferentes maneiras de realmente usar as idéias que acabei de ler no trabalho que estou fazendo com ela. Mas esse processo de fazer associações não tem mais nada a ver com a mecânica da "leitura". Ele se refere à minha estratégia para aplicar aquilo que estou lendo. Ele nem mesmo tem nada a ver com a compreensão de determinadas palavras ou conceitos. Nesse caso, a minha velocidade não está limitada pela quantidade de detalhes, mas, sim, pelo que estou fazendo com esses detalhes.

Leitura e o TOTS

RD: Por isso é tão importante considerar o seu objetivo para a leitura. O seu objetivo é ser capaz de responder a um conjunto de perguntas de múltipla escolha? É ajudar alguém a resolver determinado problema? É ensinar alguma coisa a alguém? É responder perguntas sobre a matéria, da mesma maneira como o seu professor responderia? Ou é simplesmente se divertir?

Algumas pessoas lêem para descobrir alguma coisa nova. Isso está relacionado à descoberta de algo que ainda não sabemos. Em vez de confirmar o que já sabemos, talvez queiramos apenas procurar coisas novas.

Kate: Mas eu não acho que li o livro até acreditar que sei aquilo que li.

TE: Não tenho dúvida de que você acredita nisso. Mas ainda é uma crença. A nossa pergunta é: "Qual é a evidência de que você sabe aquilo que leu?".

RD: Essa evidência determinará tanto a sua estratégia para leitura quanto para qualquer outra coisa. Por exemplo, você usa a mesma evidência quando lê um livro de história e quando lê um romance? Algumas vezes, leio um livro apenas para ter uma idéia geral do que está acontecendo, outras, leio para ativar alguma coisa em mim mesmo. É muito diferente de quando leio o livro para agradar ao professor. Quando leio as piadas no *Reader's Digest* quero apenas ter sentimentos diferentes dos que tinha quando comecei a leitura. Não preciso nem mesmo lembrar-me delas. Só estou buscando determinado sentimento. Mas se estiver lendo com o objetivo de contar aquela piada para alguém, então é necessário haver um envolvimento maior da minha neurologia.

TE: Se vocês acabaram de comprar um computador ou um *software* e realmente desejam utilizá-lo, terão uma evidência muito diferente para a compreensão do que se estivessem lendo uma biografia. O *software* que acabei de comprar veio com quatro manuais de instruções. Quatro grandes manuais para um único e pequeno programa. Mas como eu queria usar esse programa, olhei os manuais como se estivesse em alta velocidade. Queria ser capaz de usar o programa imediatamente. A minha evidência não era saber se eu poderia lembrar-me de todas as palavras e contar a alguém o que constava daqueles manuais. Ao contrário, minha evidência era conseguir que o programa fizesse o que eu desejava.

Na verdade, os próprios manuais nos dizem para pular as partes que achamos que já sabemos e começar a trabalhar no programa o mais rápido possível. Eles nos aconselham a começar e descobrir o que não sabemos. Se já demos uma folheada no manual, então sabemos onde buscar as respostas.

RD: Em outras palavras, é um livro interativo que diz: "Você não vai entender o que está sendo dito sem passar pela experiência que dará significado a essas palavras".

TE: Há dois meses, estou interagindo dessa maneira com esse *software*. Eu ainda não conheço todos os detalhes daqueles manuais, ainda não fiz tudo o que é possível fazer com ele. Independentemente da velocidade com que li os manuais, ainda não sei tudo. No caso deles, a evidência da "compreensão" está relacionada à capacidade para usar o que foi lido e não apenas à capacidade para lembrar das palavras.

RD: Nesse caso, a "compreensão" dos detalhes tem a ver com a existência ou não de experiências de referência que dão significado àquelas palavras.

TE: Por exemplo, se o manual disser: "Puxe a alavanca para a esquerda tantos graus, formando um arco em x", minha resposta inicial é: "Huh?". Para entender os detalhes nessa descrição preciso colocar alguma coisa na tela do computador e ver o que acontece. Então, posso consultar o livro e entender sobre o que ele está falando. Depois de ter tentado alguma coisa, tenho uma experiência de referência. Mesmo que eu não tenha feito exatamente o que o manual dizia, pelo menos tenho alguma coisa e, quando olhar o livro novamente, poderia dizer: "É isso o que eles queriam dizer com 'puxe a alavanca'".

Infelizmente, a maioria dos livros que lemos na escola não está relacionada às coisas que podemos realizar no mundo. Eles são apenas livros cheios de informações — como as datas de batalhas e quem estava lá. É aí que entra a criatividade em sala de aula. Se vocês precisam ler um livro (ou se indicaram um livro para os alunos lerem) e puderem, de algum modo, tornar aquela matéria mais real ou relevante, haverá muito mais motivação para ler.

RD: Por exemplo, por que as crianças que não conseguem ler ou resolver problemas de matemática aprendem a programar computadores (o que requer tanto leitura quanto matemática) tão rapidamente?

TE: Porque elas podem realizar alguma coisa.

RD: A leitura e a matemática exigidas para escrever o programa estão diretamente relacionadas a um objetivo que elas têm. É interativo.

TE: Elas obtêm um *feedback* imediato. Podem começar a operar e, se ficarem empacadas em algum lugar, sabem onde procurar os detalhes que irão ajudá-las.

RD: Se não tivermos nenhuma experiência de referência, não conseguiremos compreender, independentemente de quantas vezes lermos o livro ou da velocidade em que lermos. As palavras são apenas a estrutura superficial. As experiências de referência são a estrutura profunda. Eu poderia ler cada palavra num livro em alemão e não compreender nenhuma delas se não tivesse a estrutura profunda experimental associada àquelas palavras.

Todos nós, provavelmente, já tivemos a experiência de ler um livro, relê-lo dois anos depois e obtermos algo completamente diferente nessa segunda leitura. A compreensão não está baseada apenas na memorização dos detalhes. Estes não significam nada se não os relacionarmos a determinadas imagens e experiências que vivemos. Digamos que eu esteja indo para Roma e, antes da viagem, tenha lido um livro sobre essa cidade. Depois de ter ido para lá, posso voltar, reler o livro e ele será cem vezes mais significativo para mim. Isso não tem nada a ver com a atenção com que ele foi lido anteriormente e, sim, com a riqueza das estruturas profundas que associei àquelas palavras.

Posso descrever muitas coisas a respeito da "Programação Neurolingüística" e tenho certeza de que ninguém seria capaz de compreender, mesmo que eu falasse detalhadamente a respeito, porque vocês não teriam as experiências de referência importantes para isso. Todd e eu poderíamos falar em detalhes a respeito de todas as sutilezas da "morfologia transderivacional", mas, a menos que vocês partilhassem de determinadas experiências de referência, elas não significariam muita coisa para vocês.

TE: Entretanto, se nós lhes dermos algumas informações e algumas experiências de referência para a "morfologia transderivacional", então, quando começarmos a falar sobre isso, vocês estarão usando as suas próprias experiências de referência para compreender (como fizemos anteriormente com Christopher). O que acontece é que quando as pessoas vão para uma aula de física ou de história, não têm nenhuma experiência passada pessoal de referência para relacionar à matéria. Elas sentam-se e tentam aprender alguma coisa, mas não têm nada para relacionar com a matéria — nenhuma experiência na qual basear a sua compreensão.

RD: De acordo com o modelo do TOTS, a eficácia de uma estratégia é resultado do seu objetivo, da sua evidência e das diversas operações que vocês podem mobilizar para obter o resultado. Para termos diferentes objetivos e evidências é necessário termos diversas maneiras para ler. Por exemplo, quando eu costumava ler trabalhos acadêmicos para determinados professores, precisava ler na voz daquele professor. Se eu usasse a minha própria voz, captava muita coisa do texto, mas isso não teria nada a ver com o que o professor estava captando. Eu estaria associando um texto de economia com coisas que Einstein disse a respeito da física ou algo parecido, mas o professor não estava nem um pouco interessado no que aquilo significava para mim. Portanto, se eu quisesse fazer um teste para aquela pessoa, eu lia como ela estava narrando para mim. Isso me ajudava a saber o que aquela pessoa enfatizaria. Determinados detalhes não seriam importantes na voz daquele professor.

É a isso que nos referimos quando dizemos que não existe apenas uma única maneira de ler. O processo da "leitura" é tão diferente e individual quanto a personalidade das pessoas que estão lendo. A estratégia que vocês desejam usar e as escolhas que desejam selecionar estão relacionadas ao seu objetivo para a leitura de determinada matéria e às suas evidências.

Por exemplo, geralmente leio revistas de trás para a frente. Começo pela última página e vou para o início da revista. Quando leio alguma coisa interessante em determinada página, isso me deixa curioso a respeito do que vem antes. Assim, fico realmente mais preparado para ela do que se tivesse olhado a primeira página e decidisse que não estava tão interessado assim.

TE: Além disso, todas as coisas interessantes nas revistas estão no final. Elas só têm os três primeiros parágrafos nas páginas de abertura e você sempre precisa ir da página 3 para a página 88, onde está a continuação do artigo.

RD: Se vocês lerem uma publicação como *The Wall Street Journal,* todos os dias, começarão a perceber que eles têm um padrão para apresentar as matérias. Fazem sempre da mesma maneira. Assim, vocês saberão onde olhar para chegar à conclusão, onde procurar os fatos básicos etc. Isso economiza muito tempo.

TE: Se vocês lerem o índice ou o sumário antes de começarem a ler um livro, ficarão surpresos ao ver o quanto vocês já sabem a respeito do que esperar daquele livro. Isso é que é bom num sumário. Eu leio o sumário e fico sabendo qual o perfil do livro. Eu sei o que esperar, e quando.

RD: Lembrem-se: dissemos que a habilidade para aprender efetivamente também é resultado do estado no qual nos encontramos. Pensem no exemplo daquele leitor veloz que modelei. Se aprendo bem a partir de um estado de excitação e de curiosidade, e tenho uma estratégia que me leva a um estado no qual fico tenso e ansioso, então, como posso aprender?

TE: O estado inicial é uma importante influência na leitura e na compreensão. Com freqüência, quando as pessoas vão ler alguma coisa que acham que "precisam" aprender, sentam-se e começam: "Peguei o livro, peguei o bloco de anotações, estou pronto para tomar notas. Agora, vou precisar saber isso". E entram num estado de muita ansiedade. A respiração torna-se superficial e a cabeça e os olhos estão abaixados, olhando para o livro. Elas entram num estado que não é absolutamente proveitoso para a leitura e para a compreensão. Mas, quando levam um romance para ler na cama, elas pensam: "Puxa, eu realmente não preciso saber isso". Mas acabam entrando num estado no qual estão segurando o livro para cima, em que é mais fácil formar imagens mentais enquanto lêem.

É interessante observar que tantas pessoas lembram-se facilmente dos romances quando estão lendo deitadas, mas quando sentam-se à escrivaninha para ler assuntos mais "sérios", têm tanta dificuldade para lembrar-se daquilo que leram. Elas se lembram de tudo o que aconteceu no romance; exatamente qual a cor do pingente, se havia um rosto nele e todos esses detalhes. Eu não acho que isso aconteça por causa do assunto, mas, sim, que é o resultado do estado em que elas se encontram quando estão lendo.

RD: Uma parte importante da leitura rápida e eficaz é o alinhamento do nosso estado, da nossa estratégia para a leitura e das nossas crenças, que apóiam os objetivos que temos ao ler determinado assunto que estamos estudando. Assim, é importante ter pelo menos algumas estratégias diferentes para a leitura, considerando diferentes situações, estados e objetivos.

Em PNL, dizemos que ter uma escolha é não ter nenhuma escolha. Duas escolhas são um dilema. Precisamos ter pelo menos três escolhas antes de podermos realmente "escolher". Portanto, esse é o contexto no qual desejamos que vocês comecem a pensar com relação à leitura. Que ela não é uma única "coisa". Não existe uma maneira certa para ler, assim como não existe uma maneira certa para soletrar ou uma única maneira certa para fazer qualquer coisa. Como existem diferentes objetivos e circunstâncias influenciando a leitura, é importante ter muitas estratégias.

O que acontece com muitas pessoas, é que elas não têm mais do que uma escolha de estratégias para a leitura. Elas acabam lendo alguma coisa e dizem: "Não entendi". Assim, lêem novamente, usando a mesma estratégia e dizem: "Ainda não entendi". É como o exemplo que demos anteriormente, do americano entrando num bar em outro país e pedindo o martíni falando cada vez mais alto.

TE: É isso o que os professores fazem algumas vezes. Se os alunos não entendem na primeira vez, eles apenas falam mais alto. Ou fazem os alunos ficarem depois da aula e escrever cinqüenta vezes.

RD: Intencional ou não, a mensagem é: "Aprendizagem é rigidez e não flexibilidade". Um dos princípios básicos da PNL é que se aquilo que você está fazendo não está funcionando, faça alguma coisa diferente; faça qualquer coisa diferente. Qualquer outra coisa será uma escolha melhor do que alguma coisa que você já sabe que não vai dar certo. Mesmo que ela esteja em sua cabeça. Se você já provou para si mesmo que não vai dar certo, por que continuar fazendo a mesma coisa?

Naturalmente, nem sempre é tão fácil mudar a estratégia para a leitura. Se a nova estratégia for muito diferente daquilo que vocês já estão fazendo, ela parecerá difícil e desconfortável. Conheço pessoas que fizeram cursos de leitura rápida, aumentaram a sua velocidade e, então, quando realmente estavam lendo, esqueciam-se de tudo. Elas dizem: "Eu poderia fazer daquele jeito, mas era preciso tanto esforço e era tão diferente do que eu normalmente faço quando estou apreciando a leitura, que não parece natural". É como cruzar os braços de outro jeito. Se não é familiar, não gostamos, mesmo que seja eficaz.

A abordagem da Aprendizagem Dinâmica à leitura acelerada[1] baseia-se naquilo que é conhecido, em PNL, como "acompanhar e conduzir". A pessoa começa com a sua estratégia natural para a leitura e, então, suavemente, vai sendo ampliada. Nós começamos por onde a pessoa quer começar — de onde ela vai começar naturalmente — então, conduzimos para alguma coisa nova.

Leitura Acelerada

Calibrando a sua velocidade natural de leitura

RD: Os nossos exercícios de Aprendizagem Dinâmica para a leitura acelerada envolvem o trabalho com um parceiro. O primeiro passo é determinar qual é a sua atual velocidade natural de leitura. Para descobrir sua velocidade inicial, percorra as seguintes etapas com o seu parceiro:

1. Leia alguns parágrafos de material escrito, na velocidade que pareça a mais natural e confortável para você. Faça o seu parceiro olhar para um relógio e anotar a hora em que você começou.
2. Quando tiver terminado, faça um sinal ao seu parceiro para ele verificar o tempo decorrido. Anote o número de segundos que levou para ler o material. Conte o número de palavras que leu. (Se precisar, faça uma estimativa, contando o núme-

---

1. A estratégia para a leitura acelerada da Aprendizagem Dinâmica é diferente da *FotoLeitura*, uma técnica de leitura rápida que também se baseia nos princípios da PNL. Informações sobre a FotoLeitura podem ser obtidas na *Learning Strategies Corporation of Wayzata*, Minnesota, ou em *FotoLeitura* — O Sistema whole mind, de Paul R. Scheele, publicado pela Summus, São Paulo, 1955.

ro de palavras numa linha, o número de linhas e multiplicando as linhas pelo número de palavras por linha.)

3. Determine a sua velocidade de leitura dividindo o número de palavras que leu pelo número de segundos necessários para lê-las e então multiplique por 60: *Velocidade de leitura* = (nº de palavras ÷ nº de segundos) x 60.

Uma outra estratégia é ler durante trinta segundos, calcular quantas palavras você leu durante esse tempo e duplicá-las. Assim, você terá uma idéia de quantas palavras está lendo por minuto.

A velocidade de leitura de um adulto é de cerca de 275 palavras por minuto. Em nossos Seminários de Aprendizagem Dinâmica, a maioria das pessoas lerá confortavelmente cerca de 200 a 275 palavras por minuto. Algumas pessoas são capazes de ler mais de 500.

Verifique qual é a sua compreensão básica pedindo ao seu parceiro para ler aquilo que você leu e lhe fazer cinco perguntas sobre o assunto. Anote a precisão das suas respostas. Em outras palavras, se eu fosse o parceiro de leitura de Todd, ele me mostraria o que leu. Eu leria aquele material, faria cinco perguntas a ele e anotaria quantas perguntas ele conseguiu responder.

Ampliando a sua visão periférica para ver grupos de palavras

RD: Para começar a acelerar a sua velocidade de leitura, é importante lembrar que a visão é instantânea e é possível reconhecer palavras e compreender o seu significado sem precisar pronunciá-las verbalmente para si mesmo. Também é bom lembrar que o sistema nervoso é capaz de registrar muito mais do que aquilo que está em nossa percepção consciente.

Um primeiro passo para acelerar a velocidade de leitura é ampliar a visão periférica. Para isso, fixem os olhos em determinado ponto e vejam quantas palavras vocês conseguem ver dos dois lados do ponto, sem mover os olhos. Por exemplo, vejam o grupo de palavras a seguir. Fixem os olhos no "X" do meio e observem se podem ver as palavras dos dois lados dele, à medida que elas se afastam progressivamente.

azul **X** bola

vermelho **X** carro

verde **X** mar

marrom **X** cavalo

Escrevi um programa de computador que faz isso com palavras combinadas ao acaso, para que não seja possível olhar antes e ver quais seriam as palavras. Uma outra vantagem do programa é que ele pode mostrar as palavras com tanta rapidez que é impossível pronunciá-las. É preciso confiar totalmente no reconhecimento visual.

Algo semelhante também pode ser feito com cartões. As palavras podem ser escritas em pequenos cartões, que podem ser afastados cada vez mais. Por exemplo: seu parceiro fica à sua frente, a mais ou menos um metro de distância, focalizando o seu nariz. Então, você segura um cartão em cada mão, mantendo-os ao lado do rosto. Você pode ajudar seu parceiro a desenvolver a visão periférica, afastando progressivamente os cartões.

Para começar a combinar a expansão da visão periférica com a "compreensão", você pode escrever os números de um a dez em cartões separados. Em vez de tentar ler os dois números, seu parceiro simplesmente lhe daria a soma dos dois números. Uma variação seria feita como um jogo, no qual você ergue alguns dedos da mão esquerda e da mão direita. Seu parceiro deve dizer a soma dos dois números, enquanto mantém os olhos focalizados em seu nariz.

Vamos demonstrar isso rapidamente, com Nancy. Nancy, venha cá e fique à minha frente, a mais ou menos um metro de distância. Focalize os olhos na ponta do meu nariz. Eu vou erguer alguns dedos em cada uma das mãos e você vai me dizer a soma desses dois números, sem mover os olhos. (*Robert ergue três dedos da mão esquerda e dois da mão direita.*)

Nancy: Cinco?

RD: Certo. Vamos tentar novamente. Desta vez, vou afastar um pouco as minhas mãos. (Robert ergue um dedo de cada mão.)

Nancy: Dois.

RD: OK. Vou afastá-las ainda mais. (*Robert ergue dois dedos de cada mão.*)

Nancy: Três? (*Robert aproxima um pouco as mãos.*) Oh!, quatro.

RD: Correto. Bom. A questão é que Nancy pode ver e sintetizar as duas informações visuais sem precisar olhar para uma e depois para a outra, separadamente. Ele pode ver as duas e, então, dar uma resposta. A leitura efetiva envolve o mesmo processo. Você vê diversas palavras diferentes e consegue um significado para todo o conjunto. A soma dos dois números é a síntese das quantidades que eles representam. O significado de uma frase é a síntese das experiências que as palavras representam.

A propósito, vocês poderiam fazer uma outra variação desse exercício usando cores em vez de números. Por exemplo, vocês podem escrever os nomes de cores: amarelo, azul, vermelho etc., em alguns cartões.

Segure dois cartões e o seu parceiro deve dizer qual é a combinação das duas cores. Essa é uma outra metáfora para a leitura.

Por exemplo, posso pedir a Nancy que olhe novamente para o meu nariz. (*Robert segura dois cartões com as palavras "vermelho" e "amarelo".*) Qual é a combinação? Apenas dê um palpite.

Nancy: Laranja.

RD: Muito bom. Vamos tentar outra. Olhe para o meu nariz. (*Robert segura dois cartões com as palavras "azul" e "vermelho".*) Apenas dê um palpite.

Nancy: Roxo?

RD: Certo. As palavras eram vermelho e azul; isso seria roxo.

Como vocês podem ver, o objetivo desse exercício não é repetir conscientemente o que está nos cartões, mas dar uma resposta que é um tipo de combinação.

Por falar nisso, Nancy estava vendo os nomes dos números e cores que estavam um pouco afastados: essa distância é muito maior do que o espaço entre as palavras num livro. Portanto, ela estava indo muito bem. Obrigado Nancy. (*Aplausos*)

Escolham um parceiro e pratiquem esse exercício agora.

Escolhendo um padrão adequado de varredura ocular

RD: Além da visão periférica, há outros aspectos da visão física que podem influenciar a habilidade para ler. Por exemplo, de certo modo, os olhos funcionam como lentes bifocais. Quer vocês usem óculos ou não, façam a seguinte experiência. Primeiro, os que estão usando óculos devem tirá-los. Segurem esse livro abaixo dos olhos e afastem-no até não conseguirem mais ver as letras claramente. (Se você tiver uma visão muito boa, pode pedir ao seu parceiro para segurar o livro e afastar-se até você não conseguir ler bem as palavras.) Então, mantendo o livro na mesma distância, suspendam-no acima dos olhos. Quantos de vocês, que normalmente precisam de óculos, podem realmente ver melhor se suspenderem o livro?

De acordo com o conceito de "pistas de acesso" da PNL, erguer os olhos estimula o contato com o sistema representacional visual. Muitas pessoas descobrem que é naturalmente mais fácil enxergar as letras quando o livro é levado ao nível dos olhos ou acima dele. Elas também descobrem que é naturalmente mais fácil "ler" quando o livro está um pouco para cima.

A Universidade da Flórida realizou um estudo interessante, no qual os alunos foram divididos em dois grupos de leitura. Um dos grupos recebeu instruções para segurar os livros abaixo do nível dos olhos e o segundo grupo, para segurá-los acima dos olhos. Os resultados de velocidade e de compreensão do grupo que segurou os livros acima do nível dos olhos melhoraram em 25%.

Em qualquer caso, é importante perceber que existem lugares onde vocês podem colocar um livro e aumentar a sua habilidade para ver a impressão — não precisa ser necessariamente acima do nível dos olhos. Encontrem esse lugar. Se fossem tentar ampliar a sua visão periférica para ver grupos de palavras, em vez de palavras isoladas, onde vocês colocariam o livro? Localizem a posição na qual vocês podem ver mais palavras, com mais facilidade. Mantenham os braços numa posição confortável. Vocês talvez descubram que gostariam de apoiar o livro na cadeira ou em alguma outra coisa, para relaxar. Dediquem alguns momentos para encontrar o lugar onde a sua visão é melhor.

A seguir, peçam ao seu parceiro para observar os seus olhos enquanto vocês lêem. O objetivo é encontrar o seu atual padrão de varredura ocular. Façam o seu parceiro observar enquanto vocês lêem durante mais ou menos trinta segundos. Leiam da maneira como o fariam normalmente. O seu parceiro os ajudará a encontrar o seu padrão ocular habitual. Ele deve observar os seus olhos e a sua cabeça.

Talvez vocês movam apenas os olhos, ou os olhos e a cabeça quando estão lendo. O padrão mais comum é mover os olhos, ou os olhos e a cabeça, da esquerda para a direita, examinando cada linha da página. Um leitor mais veloz pode mover os olhos de maneira menos linear, permitindo que os olhos percorram um parágrafo ou lendo diagonalmente em vez de olhar linha por linha. Talvez vocês não tenham um padrão de movimento ocular estabelecido. Dediquem alguns momentos para perceber qual é o seu padrão de varredura ocular.

Em seguida, aplicaremos o princípio de "acompanhar e conduzir" para mudar um pouco o seu padrão de varredura ocular. Se tentarmos mudá-lo muito depressa, ele parecerá muito estranho. Mas, se vocês pegassem o seu atual padrão, modificando-o ligeiramente, poderiam ser capazes de ler apenas um pouco mais rápido, de um modo que ainda é natural. Por exemplo, em vez de olhar cada palavra ou cada linha, vocês poderiam tentar olhar para diversas palavras ou diversas linhas ao mesmo tempo. Em vez de ler cada linha, vocês poderiam tentar olhar diretamente para o final da página. Vocês talvez queiram tentar fazer uma varredura até o final da página, olhando de um lado para o outro entre dois pontos paralelos ligeiramente mais recuados do que as margens esquerda e direita do parágrafo. O leitor veloz que modelei movia os olhos num padrão diagonal que ia da direita para a esquerda, para evitar qualquer tentativa de pronunciar as palavras.

Tentem alguns desses outros padrões ou uma variação deles, e descubram aquele que é confortável, mas que está ampliando um pouco o seu padrão habitual. Por exemplo, Marybeth pode ser capaz de ver mais grupos de palavras do que o permitido pelo seu padrão. Assim, ela poderia aumentar a velocidade desse padrão porque realmente é capaz de ver mais grupos de palavras do que o permitido pelo seu padrão de mover os olhos linha por linha.

Portanto, estabeleçam um novo padrão, baseando-se naquele que vocês usam agora, mas que está sendo um pouco ampliado. Vocês estão acompanhando aquilo que fazem, mas agora conduzindo um pouco, no sentido de captar grupos maiores ou movendo-se um pouco mais rápido.

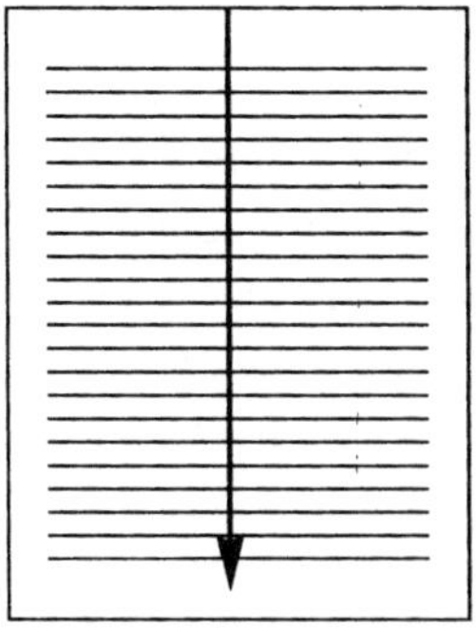

Varredura diretamente para baixo pelo centro da página

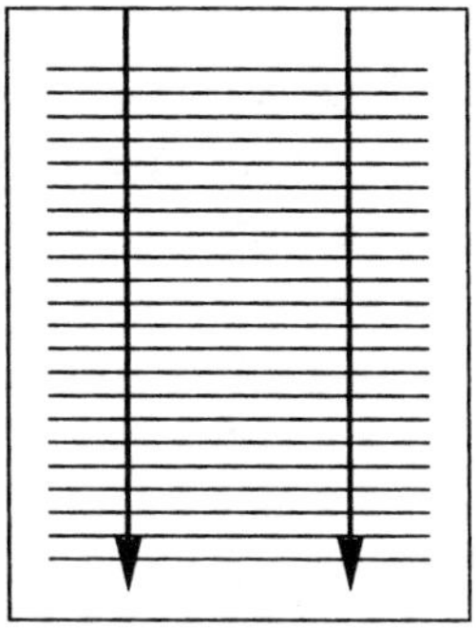

Varredura entre dois pontos paralelos

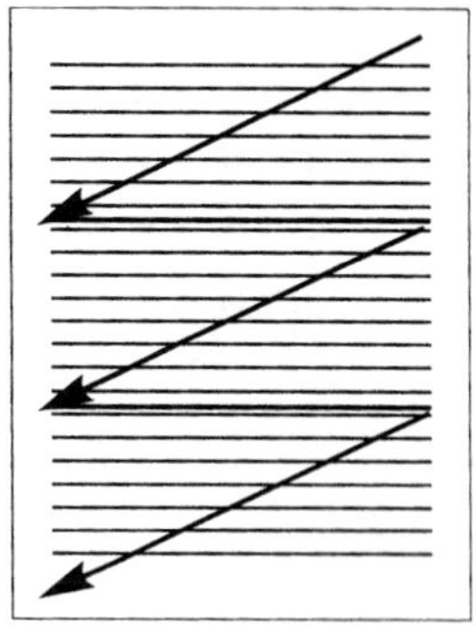

Ziguezagueando da direita para a esquerda

Alguns posssíveis padrões de varredura ocular

Vocês poderiam pegar uma caneta, por exemplo, e fazer marcas nos lados da página em diversos lugares, antes de começarem a ler. Quando começarem a ler, olhem para essas marcas. Algumas pessoas colocam as mãos sobre a página e apenas vão olhando de polegar para polegar enquanto vão descendo as mãos pela página.

Agora, criem uma estratégia para mudar o seu padrão de varredura ocular. Nesse caso, vocês estão dando instruções aos olhos do padrão a ser seguido e, não, das palavras que devem ser procuradas. Vocês estão apenas tentando colocar os olhos num padrão visual confortável, porém mais rápido. Mais tarde, vocês terão a oportunidade de verificar como isso influencia a velocidade e a compreensão da leitura.

Reduzindo a subvocalização e a pronúncia interna

RD: Uma outra maneira de acelerar a sua estratégia para a leitura é reduzir a subvocalização e a pronúncia interna. Isso não significa que vocês nunca devam ouvir palavras em sua mente. O grau de participação do seu sistema representacional auditivo depende do seu objetivo. Se o seu objetivo é encontrar palavras que rimem numa frase, vocês terão de ouvi-las. Mas se vocês estiverem apenas tentando captar o sentido geral, talvez não precisem realmente pronunciar cada palavra. Por exemplo, podem procurar verbos, adjetivos, advérbios e substantivos e pular os artigos, conjunções, preposições etc. Pulem as palavras sem importância e digam ou ouçam apenas as palavras-chave. Tentem. Leiam as frases e apenas ouçam as palavras-chave, não ouçam todos os "des", "os" ou "eles". Apenas passem por cima deles.

Uma outra estratégia que podem tentar para reduzir a subvocalização é segurar uma caneta ou um lápis entre os dentes para ajudar a não ler em voz alta. Por exemplo, peguem uma caneta, segurem-na com a boca, olhem para o último parágrafo e leiam-no mantendo a caneta na boca.

TE: Segurem a caneta entre os dentes. Não basta apenas colocá-la entre os lábios; é preciso segurá-la com os dentes.

RD: Coloquem a caneta entre os dentes e leiam. Vocês ainda conseguem entender o que estão lendo? As pessoas que subvocalizam demais, em geral, descobrem que isso acelera a leitura porque elas não estão pronunciando todas as palavras. Se segurarem uma caneta entre os dentes, não conseguirão mexer a boca. Lembrem-se de que a subvocalização, na qual vocês realmente movem a boca enquanto lêem, é diferente de ouvir internamente a sua voz dizendo as palavras. A subvocalização tende a ser muito mais lenta. Colocar a caneta na boca irá apenas evitar a subvocalização. Vocês ainda podem ouvir as palavras em sua mente.

Desenvolvendo uma estratégia para a compreensão visual

RD: Já estabelecemos a idéia de que a compreensão do material escrito está baseada no mapa mental que vocês fazem do texto e não da verdadeira estrutura superficial das palavras. Um outro importante princípio que pode ajudá-los a acelerar a leitura é que todos os assuntos escritos estão organizados ao redor de um tema central. Esse tema central é a essência para a compreensão do material escrito e é apoiado pelo resto do texto. Para obter maior velocidade na leitura de material escrito, a visualização é o método mais eficaz para criar um mapa mental do tema central e das informações secundárias, porque nos permite compreender rapidamente e aumentar a "grande imagem". Além de não dizerem as palavras que estão lendo, os leitores velozes fazem uma imagem daquilo que estão lendo e continuam a preenchê-la com os detalhes dessa imagem enquanto continuam lendo. Assim, em vez de tentar ler ou ouvir todas as palavras, fazem uma imagem e tudo o que lêem está relacionado àquela imagem.

Para desenvolver essa estratégia, façam o seu próprio mapa visual de alguma coisa que estejam lendo; talvez até mesmo do material incluído nesse livro. Numa folha de papel, façam um desenho ou um diagrama que represente aquilo que vocês estão lendo.

TE: Seja qual for o assunto, façam um desenho que represente aquele assunto para vocês. Não precisa ser alguma coisa que alguém possa entender. Apenas desenhem uma representação visual do conteúdo daquilo que estão lendo.

RD: Novamente, essa imagem não precisa ser compreensível para os outros. Ela só precisa representar a informação para vocês. Peguem algumas das palavras-chave daquilo que leram. Qual seria a imagem associada às palavras-chave? Se vocês estavam lendo a respeito de duas pessoas, poderiam desenhar duas figuras. Se estavam lendo sobre o cérebro, poderiam desenhar uma figura do cérebro.

Como exemplo, digamos que eu queira desenhar um mapa visual da minha compreensão desse capítulo sobre leitura acelerada. Eu poderia desenhar um livro e colocar as palavras "Estratégias para a leitura acelerada" como a essência, e colocar as palavras "Acompanhando e conduzindo" como tema central. O resto do texto apoiaria esse tema central. Portanto, eu poderia desenhar olhos com flechas saindo para os lados para representar a noção de "Ampliando a visão periférica" e uma linha em ziguezague para indicar "Escolhendo um padrão adequado de varredura ocular". Eu poderia desenhar uma figura segurando um livro acima do nível dos olhos para ilustrar a noção da influência da "Posição do livro", e desenhar um pequeno "x" na boca da figura para indicar "Reduzindo a subvocalização".

Essa é uma das maneiras que eu poderia desenhar algumas das palavras-chave que se destacaram nos parágrafos que compõem esse capítulo. Vocês poderiam desenhar a sua compreensão de maneira totalmente diferente da minha. Na verdade, tentem agora mesmo. Peguem uma folha de papel e façam um mapa visual daquilo que leram nessa seção sobre "Estratégias para a leitura acelerada". Usaremos esse mapa até o final desse capítulo.

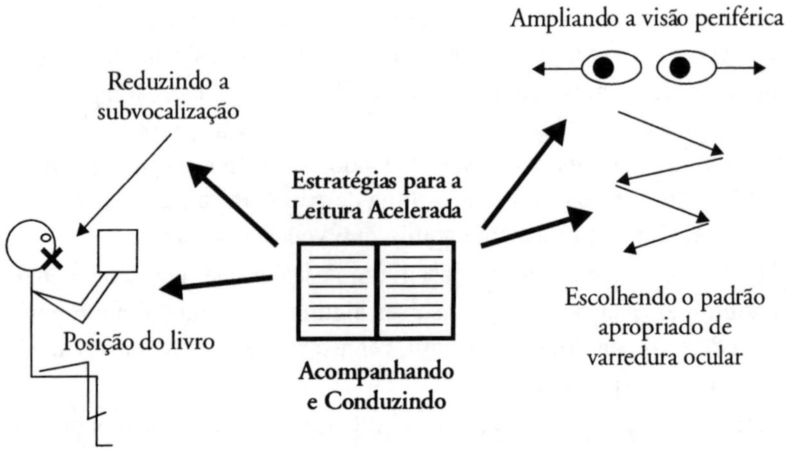

"Mapa visual" do capítulo sobre leitura acelerada

Praticando uma estratégia de pré-organização

RD: Um outro fator que influencia a velocidade de leitura é ter algum tipo de estratégia de "pré-organização". Isso envolve revisar e organizar aquilo que vocês já sabem a respeito do assunto sobre o qual estão lendo, bem como estabelecer um objetivo para o que vão ler a seguir. Fazer o mapa visual é uma parte desse processo de "pré-organização". A outra parte inclui algumas perguntas simples que vocês farão a si mesmos antes de começarem a ler. Por exemplo, enquanto pensam no assunto relacionado ao material de leitura, façam-se as seguintes perguntas:

1. *Qual é o meu objetivo ao ler esse material? O que desejo fazer com o que aprender?*
2. *O que é interessante e importante para mim, e como posso aprender mais lendo esse material?*
3. *O que já sei sobre esse assunto?*

4. *O que quero aprender sobre o assunto? O que quero procurar no texto? (Isto é: Quem? O quê? Quando? Onde? Por quê? Como?)*

Enquanto fazem essas perguntas para si mesmos, comecem a criar uma imagem ou um filme em sua mente, representando e abrangendo aquilo que já sabem sobre o assunto. Vocês também podem desenhar um mapa visual, como fizemos na seção anterior.

Essas perguntas irão ajudá-los a ficar mais bem preparados e focalizados enquanto estão lendo. Assim, pulem as partes que já sabem, se quiserem, e focalizem aquilo que desejam aprender. Em vez de serem passivos, vocês terão uma idéia daquilo que querem procurar no texto enquanto estão lendo. Dependendo dos seus objetivos, pode ser mais importante saber "quem" está fazendo alguma coisa ou "o que" está sendo feito. Para alcançar um objetivo diferente, talvez vocês queiram focalizar o "como" ou o "onde" está sendo feito.

Esse tipo de estratégia de pré-organização irá ajudá-los a filtrar as informações mais relevantes. Vamos tentar a experiência a seguir, para vocês perceberem como funciona. Peguem alguma coisa que estejam lendo e, enquanto olham para ela, apenas repitam em sua mente: "Quem, quem, quem, quem?". Não tentem "ler" nada. Apenas olhem para a página e perguntem: "Quem, quem, quem, quem?" em sua mente e olhem para a página. A maioria descobre que os nomes das pessoas tende imediatamente a saltar à sua frente. É uma forma de usar a mente inconsciente para ajudá-los a filtrar. As perguntas funcionam como ímãs. E se vocês estiverem fazendo uma pergunta: "Como, como, como, como?", esse tipo de informação tenderá a vir para o primeiro plano da sua percepção, ajudando também a evitar a subvocalização, porque vocês já estão preenchendo o seu canal auditivo com outra coisa e não com a pronúncia das palavras.

Encontrando o seu estado fisiológico de excelência para a leitura

RD: Apresentamos diversas estratégias importantes para ajudá-los a acelerar a velocidade de leitura, incluindo ver grupos de palavras, estabelecer um novo padrão de varredura ocular, diminuir a subvocalização, criar imagens e pré-organizar o seu trabalho. Contudo, o que reúne essas diversas estratégias num único processo viável é o estado no qual se encontram enquanto estão lendo. Quando vocês estão no estado apropriado, todos esses diferentes componentes funcionam espontânea e naturalmente, sem nenhum esforço ou atenção consciente de sua parte.

Assim, dependendo do seu objetivo ao ler alguma coisa, escolham um estado que combine com esse objetivo e a estratégia ou estratégias para a leitura que estão utilizando. Por exemplo, se o objetivo é relaxar com aquilo que vão ler, então vocês desejarão entrar num estado de relaxamento. Se o objetivo é obter o máximo de informações possíveis, então, lembrem-se de ocasiões anteriores nas quais vocês foram capazes de obter informações cognitivas da leitura e coloquem-se nesse estado. Essencialmente, vocês devem encontrar uma experiência de referência para o estado que desejam e colocar o corpo na fisiologia que acompanha esse estado.

A seguir, alguns dos estados comuns utilizados pelos leitores velozes. Tentem e observem quais são os mais confortáveis e eficazes para vocês. Talvez queiram modificá-los para adequá-los aos seus próprios estilos e objetivos. Pensem nas experiências nas quais vocês estavam:

1. tão excitados e ansiosos para aprender alguma coisa que parecia que vocês nunca conseguiriam aprender o suficiente — uma ocasião em que todos os seus processos mentais pareciam estar trabalhando em alta velocidade;
2. capazes de estar completamente relaxados e abertos a qualquer informação externa (isto é, assistindo a um filme ou a um programa de televisão); e
3. num estado de percepção tão elevada que parecia que o mundo à sua volta estava se movendo em "câmera lenta" (como uma ocasião em que você evitou um acidente de carro).

Voltem plenamente a essas experiências, prestem atenção aos seus sentimentos e, particularmente, à sua postura, ritmo respiratório e outras características físicas.

TE: Que fisiologia acompanha esse estado? Vocês estavam sentados? Vocês podiam estar em pé e lendo. Vocês podiam estar deitados no chão e lendo. Talvez estivessem andando e lendo. Enquanto experimentam esses diversos estados, pensem nos seus objetivos para a leitura; determinem qual estado combina melhor com esse objetivo e qual a fisiologia que o acompanha.

RD: Incorporando todas as estratégias e princípios que abrangemos até agora, tentem ler usando cada um dos diferentes estados descritos anteriormente. Antes de começarem a ler o seu material, coloquem-se de novo naquela postura corporal tão completamente quanto possível. Leiam uma página o mais rápido que puderem. Peçam a um parceiro para anotar quando vocês começaram e quando terminaram, e determinem a sua velocidade de leitura. Verifiquem a compreensão pedindo ao seu parceiro para fazer cinco perguntas sobre o assunto que vocês acabaram de ler. Determinem quais são os estados excelentes para diferentes tipos de resultados (isto é, conforto, velocidade, compreensão etc.).

O seu objetivo é tentar ampliar e conduzir um pouco mais a sua leitura. Se vocês quiserem ir direto atrás dele, tudo bem. Vocês podem tentar ler alguns milhares de palavras por minuto, se desejarem. Ou podem tentar apenas fazer uma varredura ocular na maior quantidade possível de texto e acreditar que vão conseguir entender.

TE: Antes de começarem a ler, lembrem-se da distância em que conseguirão a melhor visão periférica e o padrão de varredura ocular que escolheram. Lembrem-se da imagem que representa o que vocês leram até agora e dos objetivos para aquilo que querem ler. Então, entrem no estado a partir do qual vocês desejam praticar e comecem.

RD: Após cada experiência, contem o número de palavras que vocês leram e determinem a sua velocidade de leitura. (Em nossos seminários de Aprendizagem Dinâmica muitas pessoas conseguem ler mais de mil palavras por minuto usando essas diversas estratégias.) Então, olhem novamente para a imagem que representa o tema central e vejam se há alguma coisa nova para acrescentar a ela. Por exemplo, a próxima figura mostra alguns acréscimos que eu poderia fazer no meu mapa visual desse capítulo.

Recalibrando a sua nova velocidade natural de leitura

RD: Como já enfatizamos, o objetivo final desses exercícios é ajudá-los a melhorar de forma sistemática a sua habilidade natural para a leitura — isto é, a velocidade e a eficácia com a qual vocês lêem quando não estão tentando fazer nada de "especial" enquanto lêem. Verifiquem os efeitos das estratégias e princípios que estiveram desenvolvendo sobre a sua velocidade natural de leitura, percorrendo os seguintes passos com o seu parceiro.

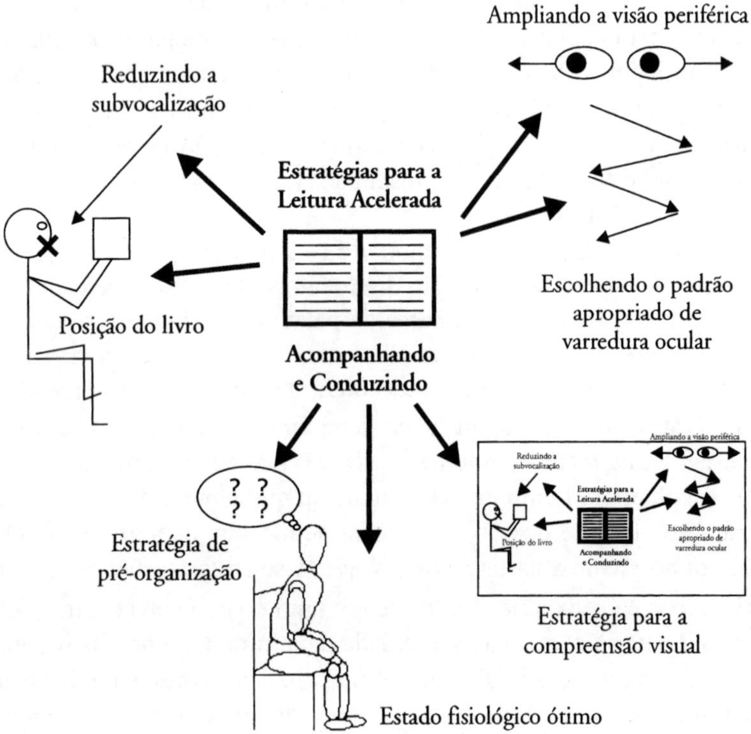

"Mapa visual" do capítulo sobre leitura acelerada

1. Encontrem o estado que apoiará natural e facilmente aquilo que vocês desejam aprender e a maneira como querem aprender. Antes de começarem a ler, coloquem-se na fisiologia que representa esse estado.

2. Leiam alguns parágrafos do material, numa velocidade que lhes pareça natural e confortável. Peçam ao seu parceiro para anotar o tempo para que vocês possam determinar a sua velocidade de leitura. (Vocês também podem escolher ler confortavelmente durante trinta segundos.)
3. Testem a compreensão, pedindo ao seu parceiro para fazer cinco perguntas sobre o material que vocês acabaram de ler.

Determinem a sua velocidade natural de leitura e o seu grau de compreensão. Usando esses métodos, descobrimos que muitas pessoas são capazes de dobrar a sua velocidade natural de leitura sem qualquer perda significativa da compreensão. Na verdade, muitas pessoas descobrem que a sua compreensão, bem como a sua velocidade, realmente melhora.

Capítulo 4

Escrita criativa

Resumo do capítulo 4

- Conectivos
- Preparando-se para escrever
- Determinando a sua platéia
- Criando facilitadores
- Escrita interativa

RD: A "leitura" refere-se à reunião de informações por meio da linguagem escrita. Por outro lado, a "escrita criativa" trata de nossa expressão por intermédio da escrita. A escrita é um dos meios de comunicação básicos e importantes; entretanto, para muitas pessoas ela representa uma área de dificuldade e frustração. Muitas pessoas são capazes de falar fácil e efetivamente com os outros, mas têm dificuldade para colocar as coisas no papel. Elas ficam imaginando: "Se posso falar sobre isso com tanta facilidade, por que escrever é tão difícil?".

Sob muitos aspectos, a escrita é um tipo de processo muito diferente daquele da fala. É provável que a principal diferença entre escrever e falar é que a fala é uma atividade altamente interativa. As interações verbais envolvem uma grande quantidade de *feedback*; não apenas em termos de respostas faladas dos outros, mas também de reações não-verbais e "metamensagens" como expressões faciais, mudanças no tom de voz, gestos, e assim por diante. Entretanto, quando escrevemos, basicamente estamos interagindo com um pedaço de papel ou um monitor de computador.

O principal propósito da escrita, assim como da fala, é o de comunicar as nossas experiências aos outros. Como a linguagem falada e a escrita são "estruturas superficiais" cujo trabalho é refletir a estrutura experimental profunda, o propósito da comunicação de qualquer espécie é transferir de algum modo as representações da estrutura profunda, que estão na mente de uma pessoa, para a mente de outra. Em outras palavras, o propósito da escrita é desencadear experiências em outras pessoas, não apenas em nós mesmos. Assim, a pergunta mais importante na composição escrita é: "Como organizar essas pequenas marcas numa folha de papel, de tal maneira que elas despertem uma imagem, um sentimento ou um conjunto de sons que experimentamos na mente do nosso leitor?". Quanto maior a nossa eficácia na realização dessa tarefa, melhores escritores seremos.

A escrita criativa é a representação de experiências por meio da linguagem, e a reunião dessas experiências numa espécie de modelo seqüencial. Assim como ler e soletrar, escrever é um TOTS. O nosso objetivo ao escrevermos determinará a seleção das escolhas que desejamos usar como um meio para alcançar aquele fim. Se compararmos diferentes escritores como James Joyce, William Shakespeare e

Stephen King poderemos observar que há muitos estilos diferentes que podem ser utilizados para estimular experiências em outras pessoas.

A estratégia para a escrita criativa da Aprendizagem Dinâmica é um método simples, porém poderoso, que os ajudará a acrescentar mais escolhas para alcançar os seus objetivos na escrita. Essa estratégia baseia-se em diversas suposições fundamentais.

1. As pessoas já têm o conteúdo (experiências) que precisam para escrever efetivamente. Essas experiências formam a "estrutura profunda" da escrita criativa.
2. O processo da escrita trata da transformação ou transferência dessa "estrutura profunda" experimental em "estruturas superficiais" verbais (palavras e frases) representando essas experiências. É uma questão de representar experiências por intermédio da linguagem e, então, reunir essas experiências numa espécie de modelo seqüencial.
3. Determinadas palavras podem servir como *facilitadores* para ajudar a evocar e associar as representações das nossas experiências de maneira organizada.
4. Envolver os outros sentidos, como o tato e a visão, facilita o processo da escrita criativa.
5. Escrever é tão fácil quanto falar. Se estivermos comunicando nossas idéias para alguém, as idéias fluem mais facilmente.

Conectivos

RD: A estratégia para a escrita criativa da Aprendizagem Dinâmica orientada para a escrita e a composição criativas (ver também Dilts, 1983, 1994) leva uma pessoa a elaborar e enriquecer uma frase inicial num parágrafo, usando palavras-chave ou "facilitadoras" para evocar idéias relacionadas, pelo processo de associação. Por exemplo, "conectivos" são palavras ou frases que ligam uma idéia a outra, como:

porque	*portanto*	*depois*
enquanto	*quando*	*de modo que*
da mesma forma que	*se*	*embora*

Relacionamos as idéias por meio dessas palavras "conectivas".

A principal característica da estratégia para a composição da Aprendizagem Dinâmica é que as palavras-chave como "conectiva" podem ser usadas como pistas para evocar e associar experiências. Isto é, uma palavra como "porque" pode ser usada para ajudar a formar associações entre diferentes idéias e experiências. Vamos demonstrar isso rapidamente com Diane.

RD: Diane, você gosta de aprender?

Diane: Sim, certamente.

RD: Muito bem. Agora, eu gostaria que você dissesse a frase: "Eu gosto de aprender".

Diane: Eu gosto de aprender.

RD: Muito bem. Apenas termine a frase que eu vou começar para você. "Eu gosto de aprender *porque..*".

Diane: É divertido progredir.

RD: É divertido progredir *porque...*

Diane: É bom ser mais capaz e confiante.

RD: É bom ser mais capaz e confiante *porque...*

Diane: É excitante fazer coisas novas.

RD: É excitante fazer coisas novas *porque...*

Diane: Eu gosto de ter novas experiências.

RD: Agora, eu vou repetir o que Diane disse, mas eliminar a palavra conectiva "porque". "Eu gosto de aprender. É divertido progredir. É bom ser mais capaz e confiante. É excitante fazer coisas novas. Eu gosto de ter novas experiências". Nós temos a base de um parágrafo que explica por que Diane gosta de aprender.

Observem como a palavra conectiva estimulou Diane a dar o passo seguinte. É mais ou menos compulsivo. A palavra fez com que ela associasse os seus pensamentos anteriores a novas experiências — que é excitante e divertido e indica que ela está aprendendo. A função de uma palavra como "porque" é levá-los a "associar" uma idéia ou experiência a outra. É como fazer a pergunta: "Por quê?". Só que, em vez de apresentá-la como uma pergunta, nós a apresentamos como uma pista, a qual é muito mais fácil responder.

Diferentes tipos de palavras conectivas nos levam a diferentes direções. Por exemplo, Diane, comece com a mesma frase. Diga: "Eu gosto de aprender", outra vez.

Diane: Eu gosto de aprender.

RD: Eu gosto de aprender *quando...*

Diane: É fácil.

RD: É fácil *quando...*

Diane: Não me distraio com outras coisas.

RD: Não me distraio com outras coisas *quando...*

Diane: É bom.

RD: É bom *quando...*

Diane: Consigo ser criativa.

RD: Observem que começamos com a mesma frase inicial, mas usei uma palavra diferente — "quando". Isso levou Diane para uma direção muito diferente daquela da palavra "porque", apesar de termos começado com a mesma idéia. Se eliminarmos a palavra conectiva, teremos: "Eu gosto de aprender. É fácil. Não me distraio com outras coisas. É bom. Consigo ser criativa". O que é diferente de: "Eu gosto de aprender. É divertido progredir. É bom ser mais capaz e confiante. É excitante fazer coisas novas. Eu gosto de ter novas experiências". As diferentes palavras conectivas conduzem a diferentes seqüências de idéias.

Observem como podemos eliminar a palavra conectiva e começar a obter uma seqüência de frases que formam um parágrafo, que pode receber acréscimos ou supressões. Naturalmente, vocês podem decidir se desejam manter a palavra facilitadora em algumas das frases, porque isso lhes daria mais sentido. Mas o bom a respeito dessas palavras conectivas é que, geralmente, não é necessário mantê-las na frase. O seu propósito é estimular o processo de raciocínio e direcionar os pensamentos.

Vamos tentar outra palavra conectiva. Comecemos com "Eu gosto de aprender" novamente.

Diane: Eu gosto de aprender.

RD: Eu gosto de aprender *depois...*

Diane: ...de saber quais são os meus objetivos para aprender.

RD: Eu sei quais são os meus objetivos ao aprender *depois...*

Diane: ...de entrar na disposição mental certa.

RD: Eu entro na disposição mental certa *depois...*

Diane: ...de saber o que quero aprender.

RD: Eu sei o que quero aprender *depois...*

Diane: ...de ficar excitada com determinado assunto.

RD: Observem que, novamente, começamos com a mesma frase inicial, mas, ao utilizarmos uma palavra-chave diferente, Diane criou uma seqüência de idéias diferente. O seu novo parágrafo seria: "Eu gosto de aprender. Eu sei quais são os meus objetivos ao aprender. Eu entro na disposição mental certa. Eu sei o que quero aprender. Eu fico excitada com determinado assunto".

O conetivo "porque" está relacionado a motivos e justificativas. "Quando" trata de contextos. "Depois" tende a reunir coisas relacionadas ao tempo. Nesses três parágrafos, Diane começou a expressar os motivos por que ela gosta de ler, os contextos nos quais gosta de aprender e a seqüência de coisas que a fazem gostar de aprender.

Se vocês observarem diferentes tipos de escrita começarão a ver que elas se baseiam em diferentes formas dessas palavras conectivas. Por exemplo, vocês poderiam descobrir que os jornalistas tendem a escrever de maneira seqüencial, comentando as observações de eventos associados por ligações como "antes" e "depois". A escrita editorial, por outro lado, poderia tratar muito mais de razões e justificativas (idéias ligadas por conectivos como "porque"). A escrita científica pode enfatizar conectivos como "quando", que se relacionam aos contextos em torno de eventos.

A questão é que determinadas palavras-chave evocam pensamentos de determinada maneira e nos levam a pensar sobre determinado assunto de determinada maneira. Ter acesso a essas palavras conectivas é como ter dentro da mente uma pessoa que nos estimula a continuar, a fazer perguntas e a dizer mais. Quando podemos fazer isso, a escrita pode tornar-se tão fácil quanto a fala.

Preparando-se para escrever

RD: Anteriormente mencionamos que, em vez de registrar alguma coisa numa folha de papel, o propósito da escrita é comunicar nossas experiências para alguém. Como na leitura efetiva, é necessário haver um tema central. Esse tema central é a essência para a compreensão da matéria escrita. O tema central é apoiado pelo resto do texto escrito. Nos exemplos de Diane, o tema central seria "Eu gosto de aprender". O resto do texto apoiava esse tema central de maneiras diferentes.

A fim de nos prepararmos para escrever efetivamente precisamos estabelecer um tema ou idéia central. Antes de começarem a escrever, talvez vocês queiram identificar o sentimento, a idéia ou o quadro principal, que será o seu tema central. Como esse livro é sobre Aprendizagem Dinâmica, talvez queiram escolher a "aprendizagem" como tema central para praticarem durante essa seção.

A próxima questão é determinar se a sua composição versará principalmente sobre:

1. alguma coisa do passado que vocês estão lembrando; ou
2. alguma coisa que vocês estão criando.

Em outras palavras, se forem escrever sobre a aprendizagem, vocês olharão principalmente para o futuro e escreverão sobre aquilo que vão fazer com as estratégias que aprenderam nesse livro? Ou olharão para o passado e escreverão sobre experiências passadas de aprendizagem, como o que descobriram a respeito de suas próprias estratégias para a aprendizagem? Uma vez que estamos chegando ao final do livro, talvez vocês queiram começar a pensar em como as suas futuras experiências de aprendizagem poderão ser aperfeiçoadas com esse material. Como será a aprendizagem para vocês no futuro?

O próximo passo seria formar uma imagem em sua mente sobre o que vão escrever. No início, essa imagem pode não estar muito clara, no que não há problema. Vocês apenas querem começar com algum tipo de imagem daquilo que vão escrever.

TE: Porque mesmo se a imagem não estiver muito clara no início, as palavras conetivas irão ajudá-los a completá-la. Vocês descobrirão que a imagem fica mais focalizada e mais clara enquanto escrevem a seu respeito.

RD: Portanto, façam uma imagem em sua mente daquilo que vocês querem escrever. Olhem a experiência sobre a qual querem escrever, a partir de diferentes pontos de vista e pelos olhos de diferentes pessoas ou personagens, e visualizem o que elas poderiam estar vendo. Ao fazerem isso, incluam também os outros sistemas representacionais:

1. Escutem internamente qualquer som ou ruído associado àquilo que vocês desejam escrever.
2. Entrem em contato com quaisquer sentimentos relacionados àquilo que vocês querem escrever. Que ações e emoções vocês sentem? Ponham-se no lugar desses diferentes personagens e observem como os seus sentimentos mudam.
3. Prestem atenção às palavras que vêm à sua mente enquanto vocês pensam na experiência. Perguntem-se o que os diferentes personagens diriam sobre a experiência.

De certo modo, escrever é como dramatizar. Estudei as estratégias de diversos escritores e romancistas. Todos eles descrevem como é importante colocar-se nos personagens principais de suas histórias. Em outras palavras, eles adotam a postura mental e os sentimentos das pessoas que fazem parte da história. Por exemplo, o premiado romancista Toni Morrison afirma: "Tento entrar na mente de todos os personagens. O fato de aprová-los ou não, nada tem a ver com isso". Igualmente, Edward Albee (autor de *Quem tem medo de Virginia Woolf?* e ganhador de dois prêmios Pulitzer) afirma:

> *Quando me sento para escrever uma peça, conheço a natureza dos personagens e o seu destino. A realidade daquilo que estou fazendo é muito mais convincente para mim do que aquilo que é considerado realidade pelas outras pessoas. Os personagens são mais tridimensionais do que os meus amigos e as pessoas que amo. A realidade do ambiente sobre o qual estou escrevendo é mais real do que a minha própria casa... Devo ser o personagem e, ao mesmo tempo, ser capaz de observá-lo de maneira totalmente objetiva e do lado de fora de mim mesmo. Se você estiver apenas dentro dele, não pode exercer nenhum controle artístico. Se estiver apenas fora dele, você tem todo o controle, mas não há nada que valha a pena ser dito.*

Provavelmente, todos já leram alguma coisa e perceberam que o autor estava apenas observando do lado de fora, sem se envolver. Também podemos perceber quando o autor realmente sabe o que o personagem pensa e sente. Nessas situações, lemos o livro e o achamos maravilhoso, mas ficamos desapontados com a sua versão para o cinema. Isso acontece parcialmente porque é mais difícil um filme nos colocar dentro dos personagens para sentir o que eles estão sentindo ou pensar o que estão pensando. Num filme, sempre estamos observando do lado de fora.

Em nossos seminários de Aprendizagem Dinâmica gostamos de realizar essa fase de preparação de maneira interativa. Isso pode ser feito formando grupos e fazendo cada pessoa "dramatizar" a sua história. Por exemplo, digamos que Diane fosse dramatizar a sua história sobre como ela estará usando no futuro aquilo que aprendeu na sua experiência com a Aprendizagem Dinâmica. Talvez, primeiramente, ela quisesse deixar mais clara a parte da sua imagem relacionada ao lugar onde estará. Diane, em que lugar você provavelmente utilizará essa informação?

Diane: Numa sala de aula.

RD: A seguir, imagine os principais personagens nessa história relacionados à maneira como você utilizará o que aprendeu no futuro. Lá estarão você e algumas outras pessoas. Elas serão todas do mesmo tipo ou haverá pessoas diferentes?

Diane: Elas serão pessoas muito diferentes.

RD: Vamos imaginar que você está lá, no futuro. Eu gostaria que você pensasse: "Aqui estou eu, nesse lugar, no futuro, aplicando o que aprendi com esse grupo de pessoas". É como se você estivesse entrando num palco, vivendo essa experiência e *zoom*, você estará lá por um instante. Apenas fantasie como será. Imagine que lá estejam todas as características que você mencionou anteriormente, diversão, excitação, prazer e todas essas novas experiências.

Agora, enquanto Diane se coloca dentro da experiência, os outros membros do seu grupo vão perguntar: "O que você está vendo?", "O que você está fazendo?", "O que você está sentindo?", "Há outras pessoas dizendo coisas umas às outras?", "Você está dizendo coisas para elas?", "Que palavras vêm à sua mente e poderiam descrever essa experiência?", "Que ações e emoções você está vivenciando?".

Diane, eu também gostaria que você pensasse em alguns personagens-chave, "entrasse" no lugar deles e olhasse para si mesma.

TE: Escolha algumas dessas outras pessoas em seu ambiente futuro e sinta como seria ver, ouvir e sentir a situação a partir da posição delas.

RD: Comece com um desses indivíduos. Coloque-se na perspectiva dessa pessoa. Os membros do seu grupo perguntarão: "O que você está vendo?", "O que você está sentindo?", "O que você está ouvindo ou dizendo?", "Que tipo de voz tem esse personagem?", "Que tipo de ações e movimentos?". Então, escolha um outro personagem-chave e coloque-se na perspectiva dele. Sendo essa outra pessoa, o que você vê?, O que você ouve?, O que você diz para si mesma?, O que você sente?, O que você faz?.

Agora saia e seja você mesma outra vez. Aposto que vocês não acharam que escrever pudesse ser tão divertido.

Esse processo ajuda a dar vida a diferentes aspectos da sua história. Se vocês forem escrever sobre alguma coisa futura, com certeza, gostariam que ela estivesse viva dentro de vocês. Se quiserem escrever sobre alguma coisa rica e plena, que envolverá as outras pessoas, então desejarão que as suas experiências também sejam ricas, plenas e envolventes. Assim, quando forem transmitir essa experiência, terão uma base sólida de sentimentos, imagens e outras "estruturas profundas" aos quais recorrer.

A propósito, se vocês realmente entrarem na experiência, poderão descobrir que, em determinado momento, a história começa a "se escrever". Alguns escritores contam que depois de terem iniciado suas histórias dessa maneira, tudo o que precisam fazer é examiná-la periodicamente para descobrir o que os personagens estão fazendo. Depois que todos os personagens adquiriram vida, eles apenas verificam ocasionalmente o que têm feito desde a última vez em que foram examinados. Então, o autor passa o filme outra vez e escreve o que vê em sua mente. Como descreve Edward Albee:

> *Preciso usar uma analogia à gravidez. De tempos em tempos, eu descubro que estou "grávido" de uma peça. Em algum ponto do caminho, sem que eu tivesse consciência disso, fiquei criativamente "grávido", e há uma peça crescendo no útero da minha mente. Quando me torno consciente de uma peça, torna-se óbvio que eu já estivera pensando nela há algum tempo, porque os personagens e situações estão se formando e, finalmente, se amontoam em minha mente consciente... Eu a examino, levo-a de volta para o meu inconsciente, trago-a novamente para fora e vejo como ela está se desenvolvendo. E descubro que ela já avançou um pouco mais.*

O exercício pode ser feito em grupos de quatro pessoas. Um dos membros, o "autor", criará uma espécie de "palco" no qual representará a sua situação de aprendizagem do futuro. Essa pessoa deverá então assumir a sua própria perspectiva no futuro e vivenciar a situação. O "autor" deverá colocar-se no lugar de quaisquer outros personagens principais que possam estar envolvidos e vivenciará a situação a partir do ponto de vista deles. Cada uma das outras três pessoas do grupo será responsável por determinado sistema representacional. Uma delas cuidará dos aspectos visuais da situação. A segunda cuidará dos aspectos auditivos e a terceira será responsável pelos elementos cinestésicos. A tarefa dos outros membros do grupo será certificar-se de que o "autor" está pensando naquilo que ele estaria vendo, ouvindo e sentindo a partir das diversas perspectivas relevantes para a situação.

Escolhendo a sua platéia

RD: É importante lembrar que, quando escrevemos, estamos escrevendo para alguém. Esse é um importante fator a ser considerado para escrevermos de modo eficaz. Isso não apenas nos ajudará a filtrar e selecionar a linguagem adequada, como também a produzir idéias mais rapidamente. Quando estamos nos comunicando com alguém, as idéias geralmente tendem a fluir com mais facilidade e espontaneidade. Algumas pessoas têm facilidade para escrever em seus diários porque escrevem para si mesmas, mas sentem dificuldade para escrever para uma platéia mais "generalizada". Lembro-me de uma mulher que estava fazendo um curso de escrita e se queixou: "Posso escrever longas cartas para os meus amigos, mas não consigo escrever nada para a aula. Eu não entendo". Mas o seu problema realmente não era um mistério tão grande. Quando ela escrevia para os amigos, estava escrevendo para pessoas que conhecia. Ela sabia quais seriam as suas reações e o que selecionar numa experiência para agradar àquelas pessoas. Ela presumia que eles gostavam dela e aceitariam suas idéias. Mas quando escrevia para um professor, estava escrevendo para alguém que não conhecia e que julgaria o seu trabalho em vez de considerá-lo como uma comunicação pessoal.

Algumas pessoas são capazes de escrever fluentemente em determinada área e experimentam um tremendo bloqueio em outra, devido àquilo que estão alucinando a respeito da platéia que vai ler o seu trabalho — e das reações dessa platéia ao seu trabalho. É mais difícil escrever para alguém que vocês acham que irá criticar o seu trabalho; especialmente se vocês estiverem imaginando a crítica dos valores ou da identidade e não da capacidade. Se alguém ler alguma coisa que vocês escreveram e disser: "Isso é lixo. Você não é bom!", vocês receberão a crítica de maneira diferente do que se ela dissesse: "Bem, você poderia melhorar um pouco a ortografia e a gramática".

A questão é que escrever um livro para crianças é muito diferente de escrever para a União de Astrofísicos ou para um grupo de aficionados do motociclismo. Vocês podem estar mais familiarizados com um desses grupos do que com os outros. O propósito da escrita, como em qualquer outra forma de comunicação, é comunicar-se *com alguém.*

Portanto, antes de começarem a escrever, é útil visualizar para quem querem escrever ou quem poderia estar interessado na leitura do seu tema. Pensem nos tipos de reações que esperam da outra pessoa com relação à sua composição. Quando começarem a colocar a sua experiência em palavras, imaginem como essa pessoa poderia reagir ao que estão escrevendo. Que quadros ou imagens vocês poderiam formar com as suas palavras e evocariam os tipos de reações que desejam.

1. Pensem nos sons ou ruídos sobre os quais vocês poderiam escrever e poderiam evocar os tipos de reações que desejam.
2. Que sentimentos poderiam descrever ou evocar no leitor, e fariam com que ele se sentisse da maneira que vocês desejam que ele se sinta enquanto lê.
3. Pensem nos tipos de palavras que poderiam usar se estivessem contando a sua experiência ao leitor. Que palavras poderiam escolher para obter as reações que desejam do leitor?

Por exemplo, será diferente escrever sobre o que vocês aprenderam com a sua experiência na Aprendizagem Dinâmica para o corpo administrativo de uma escola do que para um amigo. Vocês escolheriam aspectos diferentes daquilo que aprenderam e os apresentariam de maneiras diferentes para essas duas platéias.

TE: Lembrem-se de que a sua platéia é diferente dos personagens na sua peça mental. A platéia não estará na peça que vocês criaram no último exercício, mas observando-a por meio das suas palavras. Para adotar a perspectiva da platéia, vocês precisam sair do palco, descer as escadas e entrar no auditório. É lá que está a platéia.

RD: Quando a sua platéia estiver lendo a sua história, estará tentando ver toda essa dramatização, mas só pode vê-la nas palavras do papel. Os leitores não podem realmente observar a peça; só podem olhar para o papel e tentar imaginar o que está acontecendo.

Portanto, o próximo passo em nosso exercício de Aprendizagem Dinâmica será escolher para quem vocês vão escrever sobre as suas experiências com a Aprendizagem Dinâmica. Para quem gostariam de falar sobre as suas experiências? Quem formará a sua platéia? Então, voltem ao seu grupo e façam uma rápida descrição da platéia pretendida e mostrem como seria essa pessoa. Alguém do seu grupo representará a pessoa que será a sua platéia. Escolham alguém do grupo que seja mais parecido com a pessoa para quem vocês estão escrevendo e deixem que ela seja a sua platéia.

TE: Escolham a pessoa no seu grupo que vocês acham que representaria melhor esse papel; talvez ela se pareça com a sua platéia ou soe como ela, ou possa, de algum modo, imitar a pessoa que será a sua platéia.

RD: Ajudem esse membro do grupo a compreender a sua platéia. Certifiquem-se de que ela pode ser um médico cético, um colega interessado, o patrão compreensivo, a sua parte crítica ou qualquer pessoa para quem vocês estiverem escrevendo.

TE: Como Robert disse, aqui a questão mais importante é que a folha de papel "está" realmente entre a sua platéia e a peça. Em outras palavras, a peça no seu palco mental é para você. A sua platéia nunca verá a peça, ela apenas lerá a peça ou ouvirá falar dela e não irá observá-la sendo representada. Ela vai estar lendo a descrição da representação. Enquanto vocês formam os seus grupos, lembrem-se de escolher a sua platéia e designar alguém para representar esse papel.

Criando facilitadores

RD: Agora que vocês terminaram a preparação revendo o que escreveram e para quem estão escrevendo, é hora de começar a parte divertida — que é realmente organizar as suas idéias e escrevê-las. Eu sei que muitos de vocês talvez não considerem isso "divertido" baseados em suas experiências anteriores com a escrita; mas lembrem-se: isso é Aprendizagem Dinâmica. A ênfase da estratégia de composição está na melhora da fluência e da criatividade na escrita. A essência da estratégia envolve o uso de determinadas palavras-chave que ajudam a estimular e ligar processos de raciocínio. O "autor" usa as palavras para ajudar a gerar frases e idéias enquanto escreve. As palavras-chave podem ser organizadas em seqüências específicas para evocar caminhos específicos de associações ou podem ser colocadas aleatoriamente para aumentar a espontaneidade.

A tabela a seguir mostra uma lista de possíveis palavras conectivas, perspectivas e dos sistemas representacionais que podem ser combinados para criar facilitadores para a escrita efetiva.

Coluna A	Coluna B	Coluna C	Coluna D
Conectivas	*Perspectivas*	*Sistema representacional e estrutura temporal*	
porque	Eu	ver – via – verei	que
portanto	Nós	ouvir – ouvia – ouvirá	igual
depois	Você	sentir – sentia – sentirá	como
enquanto	Ela	olhar – olhava – olhará	como se
quando	Ele	soar – soava – soará	
de modo que	Eles	tocar – tocava – tocará	
se		mostrar – mostrava – mostrará	
embora		dizer – dizia – dirá	
da mesma maneira que		agir – agia – agirá	

A Coluna A contém uma lista de conectivos. Como já mencionamos, o propósito das palavras **Conectivas** é nos auxiliar a associar nossos pensamentos e experiências de maneiras distintas. Diferentes conetivos tenderão a levar o nosso pensamento em direções diferentes. Palavras como "enquanto", "se" e "quando", por exemplo, nos levam a pensar em contextos e limitações relacionadas a um tema. Palavras como "antes" e "depois" provavelmente nos levarão a pensar em passado e futuro com respeito a relações lineares de causa e efeito. Uma frase como "de modo que" nos faria pensar em objetivos e propósitos; enquanto uma frase como "da mesma maneira que" nos levaria a pensar em metáforas e analogias.

O propósito das palavras *Perspectivas*, na Coluna B, é nos ajudar a explorar diferentes pontos de vista enquanto escrevemos. Agora, pensem numa experiência do seu passado, quando foram capazes de comunicar as suas idéias de maneira efetiva. Enquanto pensam nessa experiência, lembrem-se de diversas partes da experiência, começando cada lembrança com a palavra *Eu*. Então, lembrem-se de algumas outras partes da experiência passada, mas, dessa vez, comecem cada lembrança com a palavra *Nós*. Como isso muda a sua maneira de vivenciar a situação passada? A perspectiva sobre o que estava acontecendo mudou? Agora revejam a experiência passada começando cada lembrança com a palavra *Você*. Continuem esse processo de lembrança da experiência passada até percorrerem todas as palavras da Coluna B. Observem como as diferentes palavras os fazem pensar na experiência a partir de diferentes pontos de vista. Essas palavras farão com que criem novas perspectivas e novos pontos de vista em sua mente.

Também podemos direcionar as nossas associações para percepções que envolvem diferentes sistemas representacionais sensoriais e diferentes estruturas temporais acrescentando alguns facilitadores após as palavras conectivas e perspectivas. Por exemplo, acrescentando as palavras "porque eu vejo que" nos levará a focalizar a nossa própria perspectiva visual. Acrescentando as palavras "porque ele disse que" nos direcionará para uma outra perspectiva e modalidade representacional.

A Coluna C contém diversas palavras dos **Sistemas Representacionais**. Olhando as palavras dessa coluna vocês perceberão que elas estão relacionadas aos sentidos — ver, ouvir e sentir. Uma das crenças fundamentais da Aprendizagem Dinâmica é a de que tudo aquilo que lembramos, imaginamos ou experimentamos no presente é representado em nossa mente pelos nossos sentidos. Quando estamos escrevendo para comunicar nossas idéias aos outros, nosso objetivo é criar experiências sensoriais na mente deles com nossas palavras. Precisamos *"pintar um quadro mental"* para eles, colocá-los *"em contato"* com determinado sentimento ou *"dar voz"* a determinada idéia ou personagem. Outras vezes, precisamos associar certas imagens, transmitir o sentimento por trás de um grupo de palavras ou criar um filme mental de determinado incidente. O sucesso da nossa escrita depende da clareza e da consistência com que levamos os leitores a acessar os seus sentidos enquanto eles estão mentalmente representando nossas idéias. Se nossas palavras forem muito vagas, o leitor poderá dizer que a nossa escrita não é *"clara"* ou "*não faz sentido*".

O olfato e o paladar também são, naturalmente, sentidos importantes e deveriam ser incorporados às nossas idéias. Entretanto, descobrimos que a maioria das idéias é representada e comunicada pelos sentidos da *visão, audição e tato.*

O sentido particular usado para representar a sua experiência para um leitor também pode afetar bastante o impacto que ela terá sobre ele. Descrever como alguma coisa era deixará uma impressão diferente daquela de descrever como alguma coisa soava ou era sentida. Para perceber isso, voltem à situação que estávamos explorando, na qual vocês foram capazes de comunicar efetivamente as suas idéias. Enquanto lembram-se dessa cena do passado, leiam a palavra *ver.* O que vocês vêem em sua mente enquanto se lembram da experiência? Agora, mudem para a palavra "ouvir" e repitam a mesma experiência. O que vocês ouviam nessa experiência passada? Continuem repetindo a situação passada usando o modo perceptivo indicado em cada palavra na coluna. Observem como cada palavra ajuda a revelar um aspecto diferente do que aconteceu naquela lembrança, levando-os a perceber a mesma experiência pelos diferentes sentidos. De que maneira isso muda ou enriquece a experiência do seu tema? Foram acrescentadas algumas novas percepções a respeito da experiência, da qual vocês não tinham consciência?

Observem que a Coluna C também contém palavras de cada sistema representacional do passado e do futuro, assim como do presente. Cada um dos três tempos verbais, *passado-presente-futuro*, nos estimula a usar os sentidos de maneiras diferentes e mudará o foco e o impacto de nossa escrita.

TE: Experimentem todas elas e determinem qual expressa melhor aquilo que desejam transmitir em sua história.

RD: O propósito das palavras da Coluna D é ajudá-los a formar uma frase completa sem precisar usar nenhuma palavra das outras colunas para torná-la gramatical. Na verdade, o objetivo dos facilitadores da **Estratégia para a Composição** é ajudá-los a criar as suas frases sem precisar usar nenhuma das palavras das colunas. Assim, vocês poderão usar o máximo de sua criatividade. Por exemplo, as palavras: "**que**" ou "**como**" os levarão a formar uma frase completa quando estiverem depois de um facilitador.

Como exemplo, para completar a frase "*Eu gosto de escrever sobre minhas experiências porque eu vejo...*" vocês poderiam inserir as palavras "*porque eu vejo uma excitante aventura em minha mente*". Se eu escrever apenas as palavras "*uma excitante aventura em minha mente*", sem acrescentar também as palavras "*Eu vejo*", terei apenas um fragmento de frase que não é gramatical. Por outro lado, para completar a frase "*Eu gosto de escrever sobre minhas experiências porque eu vejo que...*" vocês poderiam inserir alguma coisa como "*porque eu vejo que você ficará muito interessado em minha excitante aventura*". Aqui, as palavras "*Você ficará muito interessado em minha excitante aventura*" formam uma frase completa sem necessidade de incluir nenhuma das palavras contidas na frase facilitadora.

Algumas vezes, a palavra "*como*", "*de que maneira*" ou "*como se*" combinam melhor com determinadas palavras dos sistemas representacionais. Por exemplo: "*porque eu soava como...*" combina melhor do que "*porque eu soava que...*". Ao escrever, sintam-se livres para encontrar a palavra que combina melhor.

Naturalmente, é possível criar frases que não fiquem completas mesmo quando acrescentarem a palavra "que" ou "como". Se ao lerem as palavras inseridas vocês ainda não tiverem formado uma frase completa, então, reformulem a resposta para formar uma frase completa ou incluam as palavras das Colunas B e C junto com as palavras que inseriram.

Nos próximos exercícios, vocês combinarão as palavras das Colunas A, B, C e D para escrever uma composição. Lembrem-se de que o propósito desses exercícios é simplesmente ajudá-los a familiarizar-se com os facilitadores e com a maneira de utilizá-los. O verdadeiro poder da Estratégia para a Composição Dinâmica ficará mais evidente quando a usarem sem a estrutura formal dos exercícios. Estes servem simplesmente para familiarizá-los com o processo de como usar as palavras facilitadoras.

Escrita interativa

RD: O exercício pode ser feito por escrito ou interativamente, em grupos. Para fazê-lo interativamente, vocês devem voltar ao grupo anterior, de quatro pessoas, com o qual trabalharam. Em seu grupo, cada "autor" escolheu uma pessoa para representar a sua "platéia". Os outros dois membros do grupo vão assumir duas outras funções necessárias para a escrita criativa; um "facilitador" e um "secretário". O "facilitador" estimulará o autor usando palavras conetivas, como as que demonstrei anteriormente com Diane. O "secretário" escreverá as respostas do autor para os facilitadores.

Digamos que Todd, eu, Joelle e Marsha somos membros de um grupo. Joelle será a "platéia", Marsha será o "secretário", sou o "facilitador" e Todd, o "autor". Todd criou a sua "peça" mental, que vai comunicar para Joelle. Eu vou estimular Todd a fazer diversas descrições da sua peça usando várias palavras-chave das colunas A, B, C e D, e Marsha anotará as respostas de Todd. Algumas vezes, gostamos de chamar esse método de "Cardápio chinês", porque vocês podem escolher uma coisa da coluna A, uma da coluna B, uma da coluna C, e assim por diante; ou podem apenas pedir o aperitivo da coluna A.

TE: Vocês podem escolher todas, mas só podem ter um pouco de cada coisa. (*Risos.*) No final, estarão sempre com fome. Então, talvez queiram escrever novamente porque ainda não estão satisfeitos.

RD: Para começar a "refeição", Todd precisa criar uma frase inicial.

TE: Quero escrever sobre a aprendizagem de um outro idioma.

RD: Portanto, Marsha anota: "Quero escrever sobre a aprendizagem de um outro idioma". Marsha pode escrever no livro de Todd ou ele pode lhe dar uma folha de papel com o seu nome, indicando que essa é a composição dele. Joelle será a platéia dele. Todd, que platéia você deseja que Joelle represente e qual o seu objetivo ao escrever para essa pessoa?

TE: A minha platéia é um oficial do governo. E o meu objetivo é convencê-lo a financiar o ensino de um segundo idioma.

RD: Agora, o meu trabalho é escolher um grupo de palavras facilitadoras e acrescentá-las no final da frase inicial de Todd. Eu apenas escolho uma de cada coluna. Por exemplo, eu poderia estimular Todd dizendo: "Quero escrever sobre a aprendizagem de um outro idioma *porque eu vejo que..*".

TE: É importante para a comunicação mundial.

RD: Como "secretária", Marsha escreveria: "É importante para a comunicação mundial".

Agora, como o tema central de Todd é a "aprendizagem de um segundo idioma", eu manteria a frase inicial e mudaria o grupo de palavras conectivas para extrair outro elemento desse tema para o seu parágrafo. Eu escolheria outra palavra de cada uma das colunas e estimularia Todd dizendo: "Quero escrever sobre a aprendizagem de outro idioma *porque vocês ouvirão como...*".

TE: É importante aprender sobre a cultura de outras pessoas.

RD: Como "secretária" Marsha escreveria: "É importante conhecer a cultura de outras pessoas".

Novamente, começamos com um tema central, "aprendizagem de outro idioma", e, apesar de termos usado dois tipos diferentes de facilitadores, as frases resultantes apóiam o tema central do parágrafo. Usando diferentes facilitadores, mas sempre começando cada frase com o tema central, poderemos evocar uma série de idéias de apoio.

Por exemplo, eu poderia estimular Todd a seguir em outra direção dizendo: "Quero escrever sobre a aprendizagem de outro idioma sempre *porque agiremos como se..*".

TE: Porque agiremos como se realmente nos importássemos uns com os outros.

RD: Marsha escreveria: "Porque agiremos como se realmente nos importássemos uns com os outros".

Continuaríamos esse processo com Todd: a) um número aleatório de vezes (como quatro ou cinco repetições); ou b) até se tornar difícil fazer outras associações. Então, podemos juntar esse grupo de associações e transformá-las num parágrafo, simplesmente eliminando as palavras facilitadoras e escrevendo a primeira palavra de cada frase em letra maiúscula. Nesse ponto, Todd talvez queira mudar, reorganizar ou corrigir um pouco as suas respostas.

Então, o grupo ajudaria Todd a fazer um segundo parágrafo sobre a aprendizagem de outro idioma. Para o segundo parágrafo, Todd pode: a) começar com uma nova frase inicial e nós repetiríamos o processo usando os mesmos facilitadores; ou b) usar a mesma frase inicial como primeiro parágrafo e nós usaríamos novos facilitadores. Quando Todd tivesse completado o segundo parágrafo, repetiríamos o processo mais uma vez. Assim, ele acabaria com três parágrafos relacionados ao seu tema central. Ele poderia corrigir os três parágrafos para criar a versão final da história, do artigo, do memorando etc., que ele vai submeter ao oficial do governo que escolheu como platéia.

O interessante a respeito dos facilitadores é que eles criam uma direção de raciocínio que nos força a pensar de maneira diferente. Às vezes, precisamos ser muito criativos para completar a frase. Entretanto, o mais surpreendente é que mesmo criando todas as frases de maneira independente, no final elas geralmente formam uma base coerente para um parágrafo razoável. Por exemplo, se considerarmos todas as frases de Todd, teremos:

"Quero escrever sobre a aprendizagem de outros idiomas. É importante para a comunicação mundial. Vocês ouvirão como é importante aprender sobre a cultura de outras pessoas. Nós agiremos como se realmente nos importássemos uns com os outros".

Na verdade, isso forma o começo de um parágrafo muito interessante. Há diferentes perspectivas apoiando um tema central. Naturalmente, vocês poderão sempre revê-lo e corrigi-lo posteriormente. O propósito dos facilitadores é nos fazer começar.

TE: Os facilitadores podem ser usados para forçar as pessoas a adotarem uma perspectiva que normalmente não usariam. Eu, particularmente, gosto do último conjunto de facilitadores — "nós agiremos como se". Gostei deles porque me fizeram pensar de maneira realmente diferente para completar a frase. Foi um esforço para mim, mas como o tema em minha mente era constante, pude trabalhar nele sem me perder. Foi apenas questão de descobrir o que havia na história, que combinava com o que os facilitadores me deram.

RD: Enquanto Todd pensa nas suas respostas, ele está evocando a imagem mental da sua peça para preencher esse 'vácuo" verbal que criamos com os facilitadores.

TE: Como o escritor, descobri que é muito útil olhar da minha platéia, Joelle, para a imagem da minha história. Eu estava filtrando o que Robert disse em minha imagem, para obter alguma coisa que pudesse ter sentido para a minha platéia. Inicialmente, não procurei palavras, olhei a imagem e pensei: "O que faz sentido?"

E se você é o facilitador, pode ser útil repetir a frase facilitadora. Isso proporciona ao cérebro do escritor uma oportunidade para começar a organizar a sua experiência na primeira vez, para que na segunda a resposta possa ocorrer espontaneamente.

RD: Por falar nisso, se vocês estiverem trabalhando com crianças, talvez queiram começar com facilitadores simples — usando apenas as palavras conectivas da Coluna A, por exemplo. Uma estratégia básica é continuar repetindo a frase inicial e percorrer todos os conectivos da Coluna A. Nesse caso, vocês poderiam obter uma seqüência mais ou menos assim, Quero escrever sobre a aprendizagem de outro idioma *porque* é importante para a comunicação mundial. Quero escrever sobre a aprendizagem de outro idioma, *portanto*, é importante eu ter mais estratégias efetivas para a aprendizagem. Quero escrever sobre a aprendizagem de outro idioma *quando* me sentir ligado ou próximo de outras pessoas.

Novamente, ao eliminar os diversos conectivos, vocês terão um interessante parágrafo que desenvolverá um tema central por meio de diferentes caminhos de associação. "Quero escrever sobre a aprendizagem de outro idioma. É importante para a comunicação mundial. É importante eu ter estratégias mais efetivas para a aprendizagem. Eu me sinto ligado e próximo de outras pessoas."

Lembrem-se que esse é um primeiro rascunho, não o produto final. A Estratégia para a Escrita Criativa da Aprendizagem Dinâmica não pretende ensinar o uso adequado da gramática e da pontuação, mas ajudar os alunos a organizar os pensamentos para que eles possam ser criativos e produtivos. Ela presume que o aluno esteja um pouco familiarizado com as regras básicas de gramática e pontuação. Um dos principais objetivos da Estratégia para a Escrita Criativa da Aprendizagem Dinâmica é estimular a auto-aprendizagem e o raciocínio independente. O seu propósito fundamental é ajudar as pessoas a escrever com mais facilidade, criatividade e velocidade. Ela também facilita a motivação para escrever porque está voltada para o sucesso e focaliza resultados imediatos.

TE: Ouvi dizer que Jack Kerouac escreveu o primeiro rascunho dos seus livros num rolo de papel e não em folhas separadas. Ele comprou um rolo de papel, prendeu uma das extremidades na máquina de escrever e apenas começou a datilografar. Ele acabou com um rolo de papel em que, num dos lados, estava a sua história. Acho que ele a levou para quinze ou vinte editoras e ninguém quis publicá-la. Vocês podem imaginar como seria se algum sujeito entrasse com um rolo de papel na sua sala e o desenrolasse sobre a sua mesa? A ortografia era ruim, a gramática era péssima, não havia nem mesmo parágrafos, mas a história era maravilhosa. Certa vez, durante uma entrevista alguém lhe perguntou: "Por que você não corrige a gramática, a ortografia etc.?". Ele respondeu: "Eu apenas escrevo a história.

Eles pagam pessoas para corrigir a ortografia e a gramática, eu não preciso fazer isso". Essa foi a sua atitude, que não considero absolutamente saudável. Mas ela mostra que a criatividade não precisa ser impedida pela ortografia, pela gramática ou por qualquer outra coisa. Sempre é possível voltar ao início e fazer isso depois.

RD: A propósito, vocês também podem usar variações dessa estratégia para ensinar matérias como história. Depois de uma aula de história, vocês podem pedir que os alunos contem uma história a respeito do que leram, juntando as informações por meio de facilitadores selecionados.

Uma das minhas crenças é a de que esses diferentes grupos de facilitadores realmente poderiam ser usados para ensinar os estilos de diferentes autores famosos. Por exemplo, se considerarmos pessoas como Hemingway, F. Scott Fitzgerald ou James Joyce, descobriremos que as diferenças em seus estilos podem ser atribuídas ao uso habitual, embora inconsciente, de determinados grupos de conectivos em sua estratégia de raciocínio. Se observarmos cuidadosamente o que escreveram, poderíamos quase dizer quais são os conectivos, perspectivas e sistemas representacionais que estão usando inconscientemente como facilitadores enquanto juntam as frases. Sempre pensei que seria interessante ter algo como um "gerador de Hemingway". Para criá-lo, leríamos as frases em seus romances e imaginaríamos os grupos de palavras conectivas que se encaixariam em cada frase. Depois de determinar o padrão, poderíamos realmente estimular as pessoas a escrever parágrafos usando os conectivos, perspectivas, sistemas representacionais e estruturas temporais que Hemingway usava para criar suas obras.

Pensem nisso por um instante. O que torna consistente um estilo de escrita é que há determinadas perspectivas, sistemas representacionais e uma certa orientação no tempo, que um escritor utiliza constantemente para desenvolver determinado tema central. Hemingway, por exemplo, não passava tanto tempo no futuro. Ele escrevia principalmente sobre o presente ou o passado. Com freqüência, falava sobre os próprios sentimentos, mas não descrevia muito o sentimento de outras pessoas.

Agora, tentem essa estratégia. As próximas páginas irão orientá-los na criação de uma composição, caso não consigam criá-la interativamente ou queiram tentar uma abordagem autodirigida.

Coluna A	Coluna B	Coluna C	Coluna D
Conectivas	*Perspectivas*	*Sistema representacional e estrutura temporal*	
porque	Eu	ver – via – verei	que
portanto	Nós	ouvir – ouvia – ouvirá	igual
depois	Você	sentir – sentia – sentirá	como
enquanto	Ela	olhar – olhava – olhará	como se
quando	Ele	soar – soava – soará	
de modo que	Eles	tocar – tocava – tocará	
se		mostrar – mostrava – mostrará	
embora		dizer – dizia – dirá	
da mesma maneira que		agir – agia – agirá	

1. No espaço abaixo, escrevam uma frase inicial para o seu parágrafo. Vocês podem começar simplesmente com algo assim: *"Quero escrever sobre... (o seu tema)"*, ou *"(O seu tema)... é divertido"*, ou *"Vocês ficarão interessados em... (o seu tema)"*.

____

2. Leiam a frase que escreveram. Então, leiam (silenciosamente) uma palavra de cada uma das colunas e, mentalmente, insiram as palavras que surgem com mais facilidade para completar a frase que começaram. Anotem-nas na linha abaixo. (Não escrevam nenhuma das palavras das colunas.)

____

3. Agora, leiam a frase que escreveram e, novamente, em silêncio, acrescentem quatro palavras das colunas A, B, C e D escolhidas ao acaso. Completem a nova frase que começaram e escrevam-na abaixo, eliminando as palavras das colunas.

4. Repitam o processo usando diferentes palavras de cada uma das colunas.

5. Leiam as frases que escreveram na linha acima, uma após a outra.

   a. Se aquilo que escreveram não representar adequadamente a experiência com a qual começaram ou se vocês acharem que ela não conseguirá o tipo de reação que vocês desejam da platéia pretendida, voltem ao passo nº 1 e repitam o processo com a mesma frase inicial. Tentem combinações diferentes de palavras de cada uma das colunas.
   b. Se estiverem satisfeitos com o fluxo de idéias, então podem aperfeiçoá-las ou aumentá-las para formar um parágrafo.
   c. Escrevam as frases completas nos espaços a seguir, para formar um parágrafo completo.

   d. Comecem um novo parágrafo escrevendo uma nova frase inicial no próximo espaço e sigam a estratégia a partir do passo nº 1.

Coluna A	Coluna B	Coluna C	Coluna D
Conectivas	*Perspectivas*	*Sistema representacional e estrutura temporal*	
porque	Eu	ver – via – verei	que
portanto	Nós	ouvir – ouvia – ouvirá	igual
depois	Você	sentir – sentia – sentirá	como
enquanto	Ela	olhar – olhava – olhará	como se
quando	Ele	soar – soava – soará	
de modo	Eles	tocar – tocava – tocará	
que		mostrar – mostrava – mostrará	
se			
embora		dizer – dizia – dirá	
da mesma maneira que		agir – agia – agirá	

1. No espaço a seguir, escrevam uma frase inicial para o seu parágrafo. Vocês podem começar simplesmente com algo assim: "*Quero escrever sobre... (o seu tema)*", ou "*(O seu tema)... é divertido*" ou "*Vocês ficarão interessados em... (o seu tema)*".

___

2. Leiam a frase que escreveram. Então, leiam (silenciosamente) uma palavra de cada uma das colunas e, mentalmente, insiram as palavras que surgem com mais facilidade para completar a frase que começaram. Anotem-nas na linha abaixo. (Não escrevam nenhuma das palavras das colunas.)

___

3. Agora, leiam a frase que escreveram e, novamente, em silêncio, acrescentem quatro palavras das colunas A, B, C e D escolhidas ao acaso. Completem a nova frase que começaram e escrevam-na abaixo, eliminando as palavras das colunas.

4. Repitam o processo usando diferentes palavras de cada uma das colunas.

5. Leiam as frases que escreveram na linha acima, uma após a outra.
   a. Se aquilo que escreveram não representar adequadamente a experiência com a qual começaram ou se acharem que ela não conseguirá o tipo de reação que vocês desejam da platéia pretendida, voltem ao passo nº 1 e repitam o processo com a mesma frase inicial. Tentem combinações diferentes de palavras de cada uma das colunas.
   b. Se estiverem satisfeitos com o fluxo de idéias, então podem aperfeiçoá-las ou aumentá-las para formar um parágrafo.
   c. Escrevam as frases completas nos espaços abaixo, para formar um parágrafo completo.

d. Comecem um novo parágrafo escrevendo uma nova frase inicial no próximo página e sigam a estratégia a partir do passo nº 1.

Coluna A	Coluna B	Coluna C	Coluna D
Conectivas	*Perspectivas*	*Sistema representacional e estrutura temporal*	
porque	Eu	ver – via – verei	que
portanto	Nós	ouvir – ouvia – ouvirá	igual
depois	Você	sentir – sentia – sentirá	como
enquanto	Ela	olhar – olhava – olhará	como se
quando	Ele	soar – soava – soará	
de modo que	Eles	tocar – tocava – tocará	
se		mostrar – mostrava – mostrará	
embora		dizer – dizia – dirá	
da mesma maneira que		agir – agia – agirá	

1. No espaço abaixo, escrevam uma frase inicial para o seu parágrafo. Vocês podem começar simplesmente com algo assim: "*Quero escrever sobre... (o seu tema)*", ou "*(O seu tema)... é divertido*", ou "*Vocês ficarão interessados em... (o seu tema)*".

____

2. Leiam a frase que escreveram. Então, leiam (silenciosamente) uma palavra de cada uma das colunas e, mentalmente, insiram as palavras que surgem com mais facilidade para completar a frase que começaram. Anotem-nas na linha abaixo. (Não escrevam nenhuma das palavras das colunas.)

____

3. Agora, leiam a frase que escreveram e, novamente, em silêncio, acrescentem quatro palavras escolhidas ao acaso das colunas A, B, C e D. Completem a nova frase que começaram e escrevam-na abaixo, eliminando as palavras das colunas.

4. Repitam o processo usando diferentes palavras de cada uma das colunas.

5. Leiam as frases que escreveram na linha acima, uma após a outra.
   a. Se aquilo que escreveram não representar adequadamente a experiência com a qual começaram ou se acharem que ela não conseguirá o tipo de reação que vocês desejam da platéia pretendida, voltem ao passo nº 1 e repitam o processo com a mesma frase inicial. Tentem combinações diferentes de palavras de cada uma das colunas.
   b. Se estiverem satisfeitos com o fluxo de idéias, então podem aperfeiçoá-las ou aumentá-las para formar um parágrafo.
   c. Escrevam as frases completas nos espaços abaixo, para formar um parágrafo completo.

6. A seguir, escrevam os três parágrafos que formaram nas páginas anteriores.

Enquanto vocês examinam os parágrafos anteriores, adaptem, corrijam ou modifiquem-nos da maneira que seria mais efetiva e atraente para a platéia para a qual vocês estão escrevendo.

Capítulo 5

Avaliação Dinâmica

Resumo do capítulo 5

- O processo de avaliação dinâmica
- Lidando com resistências e interferências à aprendizagem
- Conclusão

RD: Há dois tipos de avaliação que podemos fazer a respeito da aprendizagem: um relacionado aos *produtos* da aprendizagem e, outro, relacionado aos *processos* da aprendizagem. A avaliação dos "produtos" da aprendizagem geralmente é feita no final de uma atividade e serve para filtrar os alunos de acordo com padrões e limites de competência. A avaliação relacionada aos "processos" da aprendizagem é feita em base constante, durante toda a atividade de aprendizagem e serve para proporcionar *feedback* aos professores e alunos sobre as maneiras de alcançar mais efetivamente os seus objetivos de aprendizagem.

O propósito do *feedback* é oferecer as informações necessárias para adaptar operações a fim de atingir o objetivo desejado. Quando as operações do ensino são excessivamente padronizadas e rígidas, elas só combinam com as necessidades e estratégias de alguns alunos, criando uma curva de distribuição "em forma de sino" relacionada ao sucesso na obtenção do objetivo. Quando os procedimentos são constantes, espera-se que atinjam os alunos médios, que são em maior número, deixando de lado apenas os extremos — os alunos "talentosos" e os "incapazes" — que encontrarão dificuldades.

De acordo com o modelo TOTS, quando os objetivos da aprendizagem são constantes, as operações de ensino devem variar em resposta ao *feedback*, maximizando a probabilidade de sucesso na realização do objetivo. As operações devem ser variadas para abranger diferentes tipos de alunos, de contextos de aprendizagem etc.

Naturalmente, as escolas e as organizações padronizam os programas pensando que é mais fácil e mais barato manter operações constantes em vez de mudá-las. Porém, com o advento da aprendizagem cooperativa, dos computadores, da multimídia e de outras ferramentas de auto-aprendizagem, essa suposição tornou-se cada vez menos válida. Quando os alunos recebem *feedback*, podem se envolver nos próprios processos individuais para melhorar o desempenho.

Isso enfatiza a necessidade de processos efetivos de avaliação que possam oferecer um *feedback* constante e eficaz, bem como de mudança na atitude dos professores em relação ao papel e à importância da evidência e dos procedimentos de evidência relacionados à realização das metas da aprendizagem. Muitas pessoas ainda acham que o principal papel da avaliação é agir como um filtro com relação aos "produtos" da aprendizagem.

Um bom exemplo desse tipo de pressuposição está ilustrado no livro *O gerente minuto.* Os autores dão o exemplo de um gerente que vai conversar com o professor do seu filho porque a criança está com alguns problemas na escola. Em suas conversas com o professor, ele salienta que, como gerente, é importante para a empresa ter a certeza de que todos os membros da organização sejam bem-sucedidos em suas tarefas. E que ele descobriu que se for objetivo e claro com os seus colaboradores, o seu desempenho melhorará. Então, sugere ao professor que talvez fosse bom mostrar às crianças, no começo do curso, as perguntas do exame final, para que elas pudessem saber o que seria importante nas aulas, o que estudar e como avaliar o seu progresso.

O professor ficou espantado e horrorizado, exclamando: "Eu não posso fazer isso porque, então, todos teriam uma nota "A" (a melhor nota)!"

A resposta do professor indica que o problema com a sugestão do gerente é a de que, na verdade, todos se sairiam bem. Então, não haveria um filtro eficaz. Isso provavelmente reflete as nossas suposições a respeito de como determinados estilos de pensamento, aprendizagem e forças tendem a dar apoio a diferentes papéis. As pessoas com forças ou fraquezas em determinadas áreas devem desempenhar determinados papéis e não outros. O desempenho acadêmico é o que determina se alguém vai ser médico ou mecânico. Historicamente, a "inteligência" tem sido um importante fator de avaliação — intimamente associada a papéis e poder. Com freqüência, os testes são realizados para classificar ou filtrar pessoas. Em vez de sermos testados em nossa habilidade para pensar criativa ou produtivamente, somos testados para que possam verificar o quanto compreendemos e aceitamos os valores e as pressuposições do sistema.

Uma outra implicação da resposta do professor é a de que dar aos alunos a evidência final, no começo do curso, seria o equivalente a "colar", dando-lhes oportunidades "demais" para terem sucesso. O sucesso ficaria "muito fácil".

Essas pressuposições estão profundamente arraigadas em nossa cultura. Entretanto, acreditamos que para implementar uma aprendizagem verdadeiramente efetiva, elas deveriam ser reconsideradas.

O processo de avaliação dinâmica

À medida que adquirimos maior conhecimento sobre o processo de aprendizagem e criamos ferramentas melhores para aprender, a aprendizagem menos efetiva precisa depender da "inteligência" natural do aluno. Uma experiência educacional efetiva deve oferecer às pessoas o máximo de "oportunidades" para aprender e tornar a aprendizagem "fácil". Para isso, precisamos mudar a ênfase com relação à avaliação e ao *feedback.*

No final da década de 1980 e início da de 90, Todd e eu estivemos envolvidos num projeto chamado "Avaliação Dinâmica" realizado no sistema escolar da Califórnia, no qual aplicamos as ferramentas descritas nesse livro para ajudar crianças com dificuldades de aprendizagem. O programa de Avaliação Dinâmica foi originalmente desenvolvido para ajudar crianças de origem hispânica, cuja língua materna não era o inglês, e que apresentavam problemas de aprendizagem. Nosso propósito era oferecer uma alternativa às formas típicas de avaliação e tratamento dos problemas de aprendizagem.

A escola onde foi implementado tinha uma grande população hispânica, principalmente de trabalhadores imigrantes. Os problemas de aprendizagem tornaram-se tão graves que a escola corria o risco de perder sua licença oficial de ensino. Como muitos sistemas de ensino, aquela escola não estava preparada para ensinar as pessoas a pensar. Em geral, raramente vemos alguém receber uma nota boa pela sua maneira de pensar um problema. A nota não é dada pela maneira de pensar o problema, mas pela resposta. Se a resposta combinar com o padrão, então você deve ser inteligente. Em vez de serem avaliados pela habilidade para pensar criativa ou produtivamente, os alunos são avaliados pela adequação de suas estratégias de aprendizagem aos métodos padronizados de ensino.

Um dos motivos que os levou a iniciar o programa de Avaliação Dinâmica foi a descoberta de que muitos dos testes típicos de aprendizagem e de inteligência continham tantas pressuposições culturais que, em vez de avaliar a inteligência, na realidade, estavam avaliando as diferenças de valores culturais. Há muitos valores pressupostos em nossa abordagem à educação. Infelizmente, a maioria deles não trata de como pensar, mas do que pensar e como se comportar.

O programa de Avaliação Dinâmica visava avaliar a inteligência das crianças, não as suas respostas às perguntas dos testes, como geralmente é feito, mas de forma diferente. Elas eram avaliadas pela habilidade para aprender como aprender — isto é, pelo progresso que poderiam fazer no processo de aprendizagem. O foco estava nos aspectos do processo "dinâmico" da aprendizagem e não simplesmente nos "produtos" da aprendizagem.

TE: Na escola, as pessoas geralmente são avaliadas com relação aos "produtos" comportamentais da aprendizagem. Mas, como disse Albert Einstein, as soluções dos nossos problemas não podem vir do mesmo nível em que eles se encontram. As soluções devem vir de um nível diferente. Se o problema comportamental é o de que o aluno não consegue soletrar a palavra "geografia", fazê-lo praticar de forma contínua, necessariamente não o transformará num bom soletrador. Quantas vezes já ouvimos comentários do tipo: "Você não está estudando o suficiente. Você não praticou o suficiente. Repita novamente". Conheço pessoas com 50 anos de idade que ainda estão tentando descobrir como soletrar a palavra "geografia". E elas a repetem todos os dias. Não é a quantidade de tempo que determina o sucesso na aprendizagem; nem mesmo o quanto nos esforçamos, mas, sim, se temos ou não as estratégias de que precisamos para sermos bem-sucedidos na realização das tarefas apresentadas.

Se considerarmos a estratégia para soletrar palavras, veremos que ela envolve muitas visualizações. Quando ensinamos uma criança a visualizar enquanto ela soletra uma palavra, não estamos apenas ensinando-a a soletrar, mas a manipular imagens visualmente. Essa é a base daquilo que chamamos de inteligência nos Estados Unidos e na maioria dos países ocidentais.

A habilidade para manipular imagens determina se iremos ou não obter uma pontuação elevada num teste de QI; porque as perguntas são todas voltadas para determinado sistema representacional. A maior parte da aprendizagem na escola está voltada para o sistema representacional visual. Portanto, quando ensinamos uma habilidade para uma criança, como a estratégia para soletrar, em essência, abrimos uma parte do seu cérebro que ela talvez nunca tenha utilizado muito antes. Nós as estamos ensinando a usar imagens visuais e isso vai muito além de soletrar palavras. Eu vi pessoas que aprenderam a soletrar e, de repente, suas notas em história melhoraram. Isso não tem nada a ver com o fato de elas estarem soletrando melhor as palavras do livro de história.

Vi pessoas aprenderem a estratégia para resolver problemas de matemática (no Apêndice D) e, subitamente, suas notas em geografia chegaram ao máximo. Porque é muito mais fácil generalizar as capacidades do que os comportamentos.

RD: Numa Avaliação Dinâmica, em vez de fazer um teste com o aluno, categorizando a sua incapacidade e entregando-lhe uma sentença de "prisão perpétua", o professor de educação especial ou o psicólogo devem interagir com o aluno, supervisionando-o o máximo possível e tentando ver quanto progresso ele seria capaz de fazer numa única sessão. Ensinamos os professores e os psicólogos a evocar as estratégias para a aprendizagem dos alunos com problemas e, então, simplesmente tentar ampliar ou enriquecer essa estratégia. A idéia era levar os professores e os psicólogos a pensar criativamente junto com os alunos, para descobrir e aperfeiçoar o processo de pensamento que o aluno estava usando na área problemática.

TE: Se você é um professor de ciência e a biologia é divertida e fácil para você, isso provavelmente acontece porque: 1) você tem um estado positivo associado à biologia, o que a torna divertida e fácil; e 2) você tem uma estratégia para organizar as informações, que também facilita a sua utilização. Se quer que os seus alunos gostem de biologia como você, é necessário equipá-los com as duas partes. Você precisa lhes dar uma parte daquilo que a torna tão excitante para você — criar neles aquele estado. Em segundo lugar, precisa ensiná-los a sua maneira de pensar em biologia. O que a torna fácil para você? Como você a organiza?

Se você é um professor de matemática e está ensinando geometria e a geometria é fácil para você, como faz isso em sua mente? Porque aquilo que você faz em sua mente para torná-la fácil, a maneira como a organiza e segmenta para si mesmo, é a primeira coisa que os seus alunos de geometria precisam aprender — não a área de um quadrado ou de um triângulo. O que a torna fácil é aquela estratégia; essa é a primeira coisa a ensinar — depois você ensina o conteúdo. Porque depois de levá-los àquele estado e dar-lhes a estratégia, o resto do curso será o conteúdo.

RD: Por outro lado, se você é um aluno e vai conversar com o seu professor de química e ele diz: "Bem, a única maneira de aprender química é estudar muito e isso será difícil, mas você deve persistir, continuar trabalhando e, finalmente, conseguirá", cara, você não vai querer a estratégia desse sujeito. A pessoa cuja estratégia você vai querer é a do sujeito que fica acordado a noite inteira numa festa, até de madrugada e, então, faz o exame, acerta tudo e não estudou nada. Essa é a pessoa cuja estratégia eu quero conhecer, porque ela faz naturalmente. Com o mínimo de informações e esforço, consegue uma nota "A". Essa é a estratégia que você quer; não necessariamente o estilo de vida, mas a estratégia.

TE: Um dos objetivos da Avaliação Dinâmica era ensinar a mesma linguagem aos professores, especialistas em recursos, patologistas da linguagem, psicólogos, todas as pessoas envolvidas com esses alunos. Ensinamos PNL a todos eles, em diversos graus. Assim, um professor saberia o suficiente a respeito de movimentos oculares para observar uma criança e perceber o que acontece quando ela tem dificuldades. Quando o professor fosse procurar o psicólogo da escola, eles conversariam na mesma linguagem.

RD: Antes disso, os professores, psicólogos e o pessoal da educação especial não falavam a mesma linguagem. Uma criança tinha um problema na aula e o professor a encaminhava para o psicólogo, principalmente para tirá-la da sala. Em vez de interagir com o professor a respeito do que estava acontecendo com o aluno, o psicólogo apenas aplicava uma série de testes, obtinha algum tipo de diagnóstico como "*déficit* de processamento auditivo central" e encaminhando o aluno para o especialista daquela área. Essa pessoa olhava no diagnóstico, encolhia os ombros e começava a tentar o que fosse possível para ajudar o aluno a aprender. Se ele tivesse sucesso no acompanhamento do seu estilo de aprendizagem, para que ele pudesse melhorar, o aluno era levado de volta à mesma sala de aula, ao mesmo professor e o ciclo recomeçava.

O problema com os rótulos como "*déficit* de processamento auditivo central" é que ele não abrange a complexa dinâmica envolvida com o ser humano real e com o sistema no qual esse ser humano se encontra. Se olharmos um problema com olhos míopes, sob um microscópio, podemos descobrir todos os tipos de coisas para rotular, mas isso talvez não seja útil para ajudar o aluno a melhorar. Sempre que avaliamos uma parte do sistema, podemos encontrar todos os tipos de deficiências, mas, a não ser que olhemos para o sistema como um todo, não conseguiremos encontrar a solução para esses problemas. Como analogia, digamos que você tem um problema numa das partes do seu carro, que pode estar ocorrendo por interferência de outra parte, mas se você nunca olhar para ele como um todo, não saberá disso. Imagine que o seu carro não quer pegar porque o tanque está sem gasolina, mas como o seu mecânico é especialista em filtro de ar, a única coisa que ele vai olhar será o filtro de ar. "Eu não consigo entender — vamos trocar o filtro de ar".

TE: Esse carro não está pronto para andar. É um carro resistente.

RD: Infelizmente, não há nada no rótulo "*déficit* de processamento auditivo central" que nos diga o que fazer para mudar isso. Na Avaliação Dinâmica, a nossa maneira de avaliar se alguém está com problemas para soletrar automaticamente nos diz o que fazer para ela melhorar. Com muitos outros métodos de avaliação não há nenhuma maneira de passar do diagnóstico para qualquer tipo de intervenção. O diagnóstico é apenas o diagnóstico. "Nós temos esse diagnóstico, o que devemos fazer?"

TE: Dê-lhes Ritalin.

RD: A questão é que a minha maneira de saber que a criança tem um problema e a de tratar o problema devem estar relacionadas. A avaliação e a intervenção precisam caminhar juntas, de tal modo que se eu avaliar que a criança está com problemas para soletrar porque os seus olhos estão se movendo para baixo e para a esquerda, eu possa dizer: "Olhe para cima e para a esquerda e você soletrará melhor" — e ela o fará. Numa Avaliação Dinâmica, se eu disser ao aluno: "Mude o que você acabou de fazer", haverá um importante impacto nos resultados que estão sendo avaliados.

Muitas avaliações padronizadas envolvem uma série de perguntas feitas ao aluno. Com base nas respostas é feito o diagnóstico. Mas você não pode dizer ao aluno: "Bem, modifique as suas respostas a essas perguntas e você se sairá melhor. Não funciona assim".

TE: Mudar as respostas às perguntas apenas muda o que está no papel. Não muda absolutamente nada na criança. Com a Avaliação Dinâmica, quando mudamos o que a criança estava fazendo e que indicou o problema, com certeza, haverá uma mudança imediata nos resultados.

RD: É uma via de mão-dupla. A Avaliação Dinâmica baseia-se nas diferenças que criarão a mudança, não somente naquelas cujo propósito é rotular e categorizar.

TE: Uma Avaliação Dinâmica começa com a pergunta: "Que capacidade essa criança precisa para ser capaz de atingir o seu objetivo na aprendizagem?". Por exemplo, se o objetivo é ensinar o aluno a soletrar a palavra "geografia", a pergunta será: "Que capacidade esse aluno precisa para ser capaz de soletrar essa palavra?".

Algumas vezes, eu desenho a figura "Δ" na lousa e pergunto às pessoas: "O que é isso?". Noventa e nove por cento delas imediatamente responde: "É um triângulo, é isso que é". Mas, gosto de ressaltar que não é realmente "um triângulo". É uma intersecção de três linhas em três determinados ângulos — o que chamamos de "um triângulo". A pergunta que vocês precisam fazer a si mesmos é: "O que precisa estar lá para chamá-lo de triângulo?". Igualmente, no processo de aprendizagem, precisamos perguntar a nós mesmos: "O que precisa estar lá para chamar um processo de "soletração"?. Qual a capacidade na qual ela se baseia? Observem que isso é muito diferente de perguntar: "Quais os comportamentos que nos mostrariam que uma criança está soletrando corretamente uma palavra?". O processo de avaliação dinâmica focaliza as capacidades necessárias para a aprendizagem, independentemente do conteúdo daquilo que você deseja expressar por meio dessas capacidades.

Portanto, ao pensarem na avaliação de um aluno, a pergunta que vocês precisam fazer para si mesmos, independentemente da matéria que estiverem ensinando, é "Que habilidade a criança precisa para ser capaz de aprendê-la?". Não: "Qual é o conteúdo?". Não: "O que diz o planejamento da aula?". Para soletrar, por exemplo, o aluno precisa ser capaz de ter habilidade visual suficiente para formar uma imagem daquela palavra em sua mente.

A próxima pergunta é: "Como posso testar a criança para descobrir se ela pode desenvolver essa capacidade?". Numa Avaliação Dinâmica, o que faço é interagir com essa criança e descobrir se existe um lugar na sua vida em que ela possa realmente visualizar para ser capaz de soletrar. Se essa criança pode me descrever detalhadamente como furtou a loja de bebidas e, enquanto ela me conta isso os seus olhos se moverem para cima e para a esquerda, fazendo todas as coisas que me mostram que ela tem habilidade para visualizar, então já tenho a minha resposta. A minha avaliação dinâmica me diz que essa criança pode aprender a soletrar. Eu não preciso de nenhum teste de QI, ou qualquer outro, para saber que essa criança tem aquilo de que precisa. Se atualmente a criança não tiver nenhuma habilidade para visualizar, isso mostra de onde preciso começar com ela. No que diz respeito à sua capacidade para aprender a soletrar, é irrelevante o fato de ela já poder ou não soletrar "geografia". Se julgarmos a capacidade de uma criança baseados no seu atual comportamento, nunca saberemos o que realmente precisamos olhar e perguntar.

RD: O propósito da Avaliação Dinâmica é abranger diferentes níveis de processos de aprendizagem. A avaliação do nível do processo permite que os alunos: a) utilizem as suas estratégias preferidas para a aprendizagem; ou b) tenham consciência de suas estratégias de tal maneira que possam ser enriquecidas ou modificadas.

O *feedback* do nível do processo envolve a existência de um objetivo constante e de procedimentos de evidência que permitam uma avaliação constante, para que as operações, tanto do professor quanto do aluno, possam ser mais rápida e efetivamente adaptadas para alcançar o objetivo sob uma maior variedade de condições.

TE: A Avaliação Dinâmica baseia-se no princípio da PNL de "acompanhar e conduzir". Como exemplo, digamos que uma criança esteja com dificuldades na sala de aula, mas adora trabalhar com motores. Para acompanhar a criança, a primeira coisa que eu poderia perguntar é: "Que tipo de motor é esse?". Digamos que ela responda: "É um Ford". Para começar a conduzir um pouco, eu poderia perguntar: "Como você sabe que é um Ford? Há alguma coisa escrita nele, em algum lugar?". Talvez ela diga: "Sim, está escrito na tampa das válvulas; F-O-R-D". Eu poderia dizer: "Muito bem. Digamos que estivesse escrito: XYLP, ela teria uma aparência diferente?". Em outras palavras, estou usando o motor como um recurso, não como uma distração. Finalmente, é possível chegar a um ponto em que será possível colocar no motor quaisquer letras que vocês queiram que a criança lembre.

Um outro exemplo poderia ser o da criança que afirma: "Eu não posso soletrar", mas consegue descrever a sua bicicleta nos mínimos detalhes. Vocês também podem acompanhar e conduzir essa criança. Por exemplo, algumas bicicletas têm a placa na parte detrás dos assentos. Vocês podem perguntar: "O que está escrito na placa da sua bicicleta?". Talvez a criança responda: "O meu nome, 'Bobby'". Vocês poderiam dizer: "Bom, suponhamos que estivesse escrito 'Gato". Você já viu alguma placa onde estivesse escrito 'Gato"?. Quantas placas você viu?"

Em outras palavras, vocês acompanham, começando com alguma coisa de que a criança pode lembrar-se com facilidade. Não precisa ser nada relacionado à escola, porque o que eu quero, em primeiro lugar, é associar o que estamos fazendo com alguma coisa familiar. Se a bicicleta da criança for essa coisa, então quero associar a tarefa de visualizar à sua bicicleta, porque andar de bicicleta é familiar e divertido.

RD: Um bom exemplo desse tipo de abordagem é o caso de uma criança na escola do distrito de Pajaro Valley, que estava três ou quatro níveis atrasada em matemática. O jovem psicólogo que estava trabalhando com ela realizou uma intervenção brilhante que, para mim, caracteriza o que é a Avaliação Dinâmica.

No início do processo de avaliação, o psicólogo percebeu que o garoto estava usando a estratégia típica de contar nos dedos para tentar resolver problemas de matemática, o que atrasava e limitava imensamente o seu desempenho.

Na sala de aula, uma resposta típica a essa situação seria reprimir a criança, dizendo-lhe para não contar nos dedos (nos velhos tempos batia-se nas mãos com uma régua), mas sem apresentar nenhuma alternativa concreta ou eficaz.

Ao contrário, o psicólogo fez o garoto descobrir sozinho os limites da sua estratégia e, então, enriquecê-la, ultrapassando os seus limites pressupostos.

"Quanto é três mais dois?", ele perguntou.

— "Um, dois... três, quatro, Cinco!"

"Muito bem!", disse o psicólogo. "E treze mais quatro?"

— Um, dois, trêêêês... Eu não sei!"

Em vez de dizer que a sua estratégia estava errada ou era ineficiente, o psicólogo tentou ajudar a criança a pensar numa maneira para ampliar a sua estratégia, e ser capaz de somar treze com quatro.

O psicólogo sugeriu. "Eu tenho uma idéia! Quaisquer que sejam os dois números, *você* sempre será o número maior e contará o número menor nos dedos. Se for treze mais quatro, então você é o treze. Agora, levante os dedos e conte".

— "Catorze, quinze, dezesseis... dezessete!"

"E treze mais dez? Lembre que você é o número maior". A criança conseguiu somar os dois números.

"OK. E 125 mais sete?" Inicialmente a criança hesitou. Os números pareciam muito 'grandes'".

O psicólogo lembrou-o: "Você é o 125. Agora levante sete dedos e conte".

— "Cento e trinta e dois!", veio a resposta encantada.

De repente, essa criança fizera um enorme progresso em relação à quantidade de números que conseguia somar, apenas acrescentando um único passo à sua estratégia. Eles continuaram daí, percebendo que mesmo quando estamos somando colunas de números com múltiplos algarismos, se aprendermos a transportar, nunca precisaremos somar mais do que dois números de cada vez. Portanto, essa criança que jamais conseguira somar números cujo total fosse superior a dez, estava fazendo somas de números com múltiplos algarismos. A sua excitação e auto-estima eram enormes.

Talvez mais importante do que a melhora na sua habilidade com a matemática, tenha sido a resposta da criança para a mãe, quando ela lhe perguntou se estava feliz por ter aprendido a contar.

O menino respondeu: "Eu aprendi uma coisa muito mais importante do que isso. Eu aprendi que posso aprender como aprender! Eu posso aprender de maneiras diferentes!".

O surpreendente é que as notas dessa criança em todas as outras matérias também começaram a melhorar. E ela passou a se interessar por outras estratégias, não apenas com relação à matemática, mas em outras matérias.

Essa é uma abordagem completamente diferente do processo de ensino. Ela ajuda o aluno a criar confiança em suas habilidades para aprender e para valorizar as suas estratégias de aprendizagem. E, num outro nível, estabelece a crença de que há mais do que uma maneira para aprender. Não apenas a maneira do professor ou aquela que alguém determinou num livro, há muitas maneiras para fazer isso.

Naturalmente, houve uma objeção inicial por parte dos professores, que afirmavam que esse método exigia muita atenção individual e que eles estavam muito sobrecarregados com a carga diária de trabalho para proporcionar esse tipo de *feedback* aos alunos. Contudo, a sua suposição era a de que eles precisavam oferecer o *feedback*. Introduzimos a idéia da aprendizagem em equipe na sala de aula e mostramos que, em muitos casos, com a tecnologia certa do "como", os alunos poderiam ensinar uns aos outros com mais eficiência do que os professores. Eles começaram a implementar programas de aprendizagem cooperativa, em que partilhavam suas estratégias de aprendizagem com os outros. Na verdade, a professora mais eficiente em toda a escola era uma garota de onze anos. Ela podia ensinar qualquer um a soletrar!

Lidando com resistências e interferências à aprendizagem

RD: Algumas vezes surgem resistências ou interferências na aprendizagem que não podem ser resolvidas apenas acompanhando e conduzindo a estratégia de uma pessoa.

TE: Uma senhora com a qual trabalhei era ótima em matemática. Ela adorava computadores e não tinha nenhum problema com números. Mas quando se tratava de soletrar palavras, era melhor esquecer. Ela estava convencida de que não podia soletrar. Sempre que tentava soletrar alguma palavra, ou mesmo se mencionassem a palavra soletrar, ela se sentia mal. O interessante é que a sua estratégia para matemática e programação de computador era exatamente a mesma, que ela deveria estar usando para soletrar. Elas eram exatamente as mesmas. Sabem o que a estava atrapalhando? A palavra "soletrar". Não era a atividade de soletrar; era a palavra e o que significava para ela.

Geralmente, as pessoas que soletram bem e aquelas que soletram mal, operam a partir de um estado inicial totalmente diferente. Quando um professor diz: "É hora de aprendermos a soletrar novas palavras", vocês podem apenas olhar ao redor e observar as crianças que dizem "Ugh!", e as que dizem "Tudo bem, soletrar", e pegam o livro. Desde o começo, há um estado inicial e uma crença relacionada à possibilidade de realizar a tarefa. Se vocês começarem dizendo: "Oh,, nós vamos soletrar. Isso é algo que eu não consigo fazer. Eu sei que vou fracassar antes mesmo de começar". Esse estado inicial não vai deixá-los passar por aquela porta, mesmo que vocês tenham a estratégia. Porque o estado inicial determina para onde vocês vão.

RD: A abordagem básica da Aprendizagem Dinâmica para lidar com as resistências é encontrar a intenção positiva ou o propósito por trás da resistência e depois identificar outras escolhas mais adequadas para satisfazer aquela intenção positiva. Na Aprendizagem Dinâmica presumimos que todos respondem com as melhores escolhas que têm à sua disposição em determinado momento. Se olharmos atentamente, descobriremos que a intenção por trás de qualquer resposta é, de algum modo, positiva. Os problemas surgem quando as pessoas não têm uma escolha mais adequada para determinada situação.

Por exemplo, quando elas estão tentando soletrar visualmente, com freqüência, ouvem uma voz em sua mente que continua tentando pronunciar as palavras. Geralmente, as pessoas tentam lidar com essa voz interna, pedindo que ela "feche a boca". O resultado é que ela apenas fala mais alto. Em vez de tentarmos nos livrar da voz, nós lhe perguntaríamos: "O que você está tentando fazer por mim?". Eu tive esse problema e descobri que essa voz estava tentando me ajudar a "fazer da maneira certa"; e, naturalmente, "certa" significava fazer da maneira como me ensinaram. Portanto, perguntei à minha voz interior: "O que conseguirei de positivo 'fazendo da maneira certa'"?. A resposta foi: "Soletrar corretamente". A próxima pergunta para essa voz foi: "O que você está fazendo está realmente conseguindo atingir o resultado que você deseja? Se você pronunciar a palavra, vou soletrar corretamente?". Sei que parece estranho, mas expliquei e demonstrei para a minha voz interior que eu podia soletrar melhor quando não pronunciava as palavras. E, como a voz queria me ajudar a "fazer da maneira certa", eu lhe pedi para me lembrar de visualizar a palavra.

TE: Vocês podem utilizar o fato de existir uma voz, não precisam livrar-se dela. Se quiserem formar imagens em sua mente e tiverem uma voz que os impede de formar essas imagens, por que não lhe pedem para falar sobre o que está nessas imagens?

Um amigo meu, que tocava tambor, estava estudando para ser farmacêutico porque tinha três filhos e esposa, mas o que ele queria era tocar tambor, porque era divertido. Para ser farmacêutico precisava ler muito, memorizar fórmulas e todos os tipos de informações médicas. Ele me procurou porque sempre que se sentava para ler o material técnico, lia três páginas e não tinha nenhuma idéia do que estava acontecendo. O problema era que, como muitos músicos, ele sentava-se para ler e começava a cantar uma música. Antes de perceber, já havia passado vinte minutos e ele ainda estava na mesma frase. Ele entrava no "ritmo" e aquele ritmo combinava com outro, que combinava com uma batida de tambor e logo ele tinha uma música e o que estava no livro "saia voando pela janela". Assim, ele disse que queria que eu tirasse as músicas da sua cabeça.

Em vez disso, perguntei-lhe: "Essas músicas têm palavras?". Ele respondeu: "Claro, eu canto as palavras". Então, pedi-lhe para escolher as suas músicas preferidas, tirar as palavras das canções e tocar a música enquanto lia. Em vez de ouvir as palavras da canção, ele deveria cantar as palavras da página. Fiz com que ele escolhesse canções diferentes para assuntos diferentes, para que quando precisasse lembrar-se da matéria para o exame, tivesse apenas de lembrar da canção que a acompanhava. Ele poderia apertar os botões do seu "CD" mental e começar a tocá-la. Se ele precisasse consultar uma parte no meio do capítulo, poderia apertar o botão *fast forward* até o lugar certo e, então, diminuir a velocidade novamente, pegar a resposta e anotá-la. O bom é que funcionou.

RD: Essa é a essência de acompanhar e conduzir. Você pega o que está criando um problema e faz de outro jeito.

TE: Você utiliza o que está acontecendo, em vez de tentar lutar contra.

RD: Você começa com o lugar para onde a pessoa está indo de qualquer modo e, então, gentilmente, conduz ao próximo lugar. Comece de onde a pessoa quer começar; de onde elas começarão naturalmente. Então conduza. Em PNL o termo "ressignificar" refere-se ao processo de pegar alguma coisa que parece um bloqueio e transformá-la num recurso. Em vez de lutar contra os próprios processos, você os acompanha e os conduz.

Quando estávamos soletrando, por exemplo, Patty experimentou uma resistência para soletrar, baseada em sua história pessoal. Disseram-lhe, quando criança, que ela não tinha ouvido para música e isso tornou-a uma má soletradora. Em vez de tentar ignorar o passado de Patty, fizemos uma intervenção conhecida como "mudança de história pessoal" em PNL. "Acompanhamos" até onde Patty estava indo naturalmente, convidando-a a voltar em sua mente para aquela menininha que não sabia que podia acreditar em algo diferente. Para "conduzir", a Patty adulta atuou como "irmã mais velha" da jovem Patty e disse que ela agora poderia acreditar em alguma coisa diferente com relação à sua habilidade para soletrar.

O conjunto de passos a seguir representam uma abordagem típica da PNL para lidar com resistências à aprendizagem relacionadas a situações passadas.

1. Identificar o sentimento específico de resistência.
2. Identificar a experiência anterior da resistência.

3. Dissociar da experiência — isto é, ver a experiência como se estivesse assistindo a um filme de si mesmo.
4. Encontrar a intenção positiva da resistência no contexto da experiência passada.
5. Identificar os recursos ou escolhas de que você precisava e não tinha naquela ocasião, mas agora estão disponíveis.
6. Passar o filme novamente, vendo a si mesmo com os recursos de que precisava e, então, voltar novamente para aquela experiência.

TE: Nem todas as resistências à aprendizagem surgem como resposta a experiências passadas. Algumas estão relacionadas a situações atuais na vida da pessoa. Por exemplo, trouxeram-me uma menininha que estava com problemas em matemática. Ela veio com a mãe, que insistiu em dizer que a filha tinha um grave problema com a matemática e iria repetir de ano. A mãe disse que a menina estivera com um conselheiro e um especialista em matemática na escola e que eles não conseguiram resolver a situação. Trouxe os relatórios dos resultados dos testes, conclusões e intervenções que haviam sido tentados até aquele momento.

Em vez de me concentrar no papel, passei a primeira parte da entrevista observando a sua maneira de resolver problemas de matemática. Eu lhe dei algumas somas, subtrações, multiplicações e divisões simples, adequadas ao seu nível escolar. Ela conseguiu resolver os problemas que lhe dei. Contudo, percebi que quando lhe dei problemas de divisão, ela primeiro olhou para baixo e para a direita e fez uma pausa por alguns segundos antes de completá-los. Para verificar a minha observação, dei-lhe mais alguns problemas. Novamente, quando chegava à divisão, ela olhava para baixo e para a direita, fazia uma pausa e resolvia os problemas com sucesso. Para mim, estava óbvio que essa menina era capaz de resolver bem todos os problemas de matemática e não demonstrava nenhuma dificuldade real durante o processo. Na verdade, observei que sua estratégia visual era bem desenvolvida para solucionar os problemas. Entretanto, havia evidências, proporcionadas pelos testes de matemática, de que ela estava sentindo algum tipo de dificuldade.

Parecia óbvio que, o que quer que estivesse acontecendo com ela, não tinha nada a ver com estratégias para solucionar problemas de matemática ou com habilidades de visualização. Portanto, decidi perguntar se ela entendera por que a mãe a levara para me ver. Timidamente, ela respondeu que *achava* que tinha algo a ver com um problema que estava tendo com a matemática. Nesse ponto, perguntei se ela realmente estava sentindo alguma dificuldade com os problemas de divisão. Ela disse que podia resolvê-los bem, mas que se "sentia mal *com relação* à divisão". Observem que ela não disse que tinha qualquer dificuldade relacionada à matemática. Disse que se "sentia mal *com relação* à divisão". Ela não disse que não sabia como resolver determinado problema de divisão, que não conhecia o processo ou a estratégia para dividir, nem que tinha dificuldade para aprender. Ao contrário, fez uma afirmação a respeito de si mesma, relacionada à "divisão". Eu comecei a imaginar: "Como é possível que uma menina de dez anos possa sentir-se mal com relação à 'divisão'?". Quantos significados existem para a palavra "divisão?".

Nesse ponto, saí da sala e fui conversar com a sua mãe. Perguntei-lhe se ela e o marido haviam-se separado ou se divorciado recentemente. Ela disse que eles estavam separados há mais ou menos dez meses. Como vim a descobrir, esse era aproximadamente o tempo que a menina estava passando pela pretensa "dificuldade com a matemática". A mãe continuou, mencionando as circunstâncias da separação e a subseqüente disposição dos filhos.

Depois disso, conversei algum tempo com a menina sobre a sua família, seus amigos e seus relacionamentos. Curiosamente, descobri que sempre que ela pensava em divisão, isso a fazia lembrar-se de como as crianças da família haviam sido separadas e como a família ficou dividida. Para ela "divisão" significava separar as coisas em unidades menores, o que era uma metáfora para o divórcio dos pais e a subseqüente separação dos filhos. Os dois irmãos moravam com o pai e ela morava com a mãe. Só em *pensar* em coisas sendo divididas ela se sentia desconfortável. Ela me descreveu como era impossível imaginar coisas sendo divididas mais do que já estavam.

Eu a ajudei a encontrar a intenção positiva da sensação ruim relacionada à divisão e encontrar recursos para lidar com ela. No final de nossa conversa, ela já estava se sentindo muito melhor. Ela disse que conversar comigo a respeito da situação da sua família a ajudara a reconhecer e separar seus sentimentos pela família daqueles relacionados à matemática. Como resultado dessa sessão, as suas notas logo voltaram ao normal.

A questão é que se eu tivesse tentado ajudá-la abordando a situação como um problema relacionado à aprendizagem ou à matemática (como haviam feito o conselheiro e o especialista em matemática), não teria lidado com a verdadeira natureza do problema, que estava no nível das crenças a respeito do significado da palavra "divisão". O problema foi resolvido pela inclusão das questões relacionadas ao seu universo familiar e pela organização de suas crenças referentes ao significado da palavra "divisão".

Homem: Que tipo de estratégias você usaria para ajudar crianças que não têm suficiente acuidade auditiva para prestar atenção e seguir instruções?

RD: Acho que, em primeiro lugar, deve-se verificar quaisquer questões que possam criar uma resistência à atenção. Primeiro, descubra se é uma questão relacionada ao "como" ou ao "quero".

TE: "Prestar atenção" pode ter pouco ou nada a ver com a entrada de informações de maneira auditiva. Como analogia, digamos que um aluno tenha capacidade para formar imagens e você esteja tentando lhe ensinar a estratégia para soletrar. Cada vez que você lhe diz para olhar para cima ou para a esquerda, ele começa a resistir e ficar agitado. Provavelmente, essa não é uma questão de capacidade para visualizar uma palavra. Isso ocorre porque a criança não quer olhar para o que está lá em cima, seja o que for. Talvez ela tenha imagens de alguma espécie de trauma e as palavras se misturem com essas imagens perturbadoras. Não é porque ela não queira visualizar a palavra, é porque ela fez a generalização de que "olhar para imagens" significa "sentir-se mal". Talvez não tenha nada a ver com o fato de soletrar. Portanto, talvez seja necessário perguntar: "O que mais está acontecendo na vida dessa criança?".

RD: Eu estava conversando com um professor a respeito de uma menina em sua classe, que tinha dificuldade para prestar atenção à aula porque ouvia uma espécie de som "sibilante" constante em sua mente. O professor imaginou se eu poderia usar a PNL para diminuir aquele som e tirar aquele "sshhh" da mente da menina, para que ela pudesse prestar mais atenção à aula. Entretanto, depois de fazer algumas perguntas para o professor, descobri que aquela criança vinha de uma família abusiva. A mãe era prostituta e apanhava o tempo todo dos diversos homens com quem saía. De repente, aquele "sshhh" assumiu outras implicações potencialmente importantes. Para a criança, não prestar atenção poderia ser uma questão de sobrevivência. Tudo o que fosse feito para que aquela criança prestasse atenção à aula, potencialmente, teria um impacto nos outros aspectos de sua vida.

Na Avaliação Dinâmica é importante considerar o espaço mais amplo que rodeia a criança como um todo. Porque, quando consideramos os problemas que as crianças têm na escola, devemos nos lembrar de que elas não vêm para a escola saídas do nada. O seu universo é mais amplo do que a sala de aula.

Homem: Poderíamos fazê-las abandonar o problema na escola e talvez voltar para ele quando fossem para casa?

RD: Sim, você pode fazer isso, mas observe que para isso precisa compreender aquela criança. Você precisa ter uma relação de confiança com ela. Ecologicamente falando, estamos nos referindo a dar segurança à criança, não apenas ligar e desligar os seus ouvidos.

Homem: Estou falando sobre fazê-la entender, até certo ponto, o processo por meio do qual isso acontece para que ela possa ligá-lo quando for útil e desligá-lo quando não for.

TE: Seria realmente simples ensiná-la a ligá-lo e desligá-lo. A questão é saber se seria ou não seguro ou ecológico.

RD: Imaginem, todo o conhecimento necessário seria saber *quando* ligá-lo ou desligá-lo.

TE: Acredito que nesse caso é importante diferenciar o que é esperado do professor e quando há necessidade de chamar um psicólogo. Necessariamente, não espero que um professor lide com determinados tipos de problema. Um professor talvez não tenha as habilidades ou o tempo para fazer psicoterapia. Acho que professores e psicólogos precisam compreender qual é a sua posição no sistema mais amplo e formar uma aliança.

RD: Há outros livros (como Changing Belief Systems with NLP) que abrangem técnicas terapêuticas da PNL. O nosso objetivo, com esse livro e com a Avaliação Dinâmica, é focalizar as questões e os elementos relacionados ao processo da aprendizagem. Contudo, nós os estimulamos a usar as suas novas habilidades de aprendizagem para aumentar tanto quanto possível a sua compreensão da PNL.

RD: Os métodos de avaliação deveriam concentrar-se tanto no processo de aprendizagem quanto em seus produtos. A ênfase no processo de aprendizagem exige diferentes níveis de avaliação. Além de avaliar comportamentos específicos, também é importante avaliar processos cognitivos como estratégias de aprendizagem, crenças, valores e motivação. Esses aspectos do "processo" de aprendizagem exigem uma avaliação mais contínua, mais voltada ao *feedback* do que à "filtragem" e ao "fracasso". Todos devem ter "oportunidades" para alcançar o sucesso e "receber um A". Quando isso acontece, mesmo os indivíduos considerados "incapazes" podem se destacar.

O programa de Avaliação Dinâmica na Escola do distrito de Pajaro Valley foi um sucesso. Anteriormente, mencionei que o programa foi originalmente implementado para ajudar crianças de origem hispânica, cuja língua materna não era o inglês, e tinham algum tipo de dificuldade de aprendizagem. Como resultado do sucesso dessa abordagem, os princípios da Aprendizagem Dinâmica se difundiram em toda a escola como o paradigma fundamental para a aprendizagem. Os professores adotaram o lema "Criando uma escola à qual as crianças querem pertencer". O desempenho global da escola passou do mais baixo na Califórnia para o segundo mais elevado do estado. Christine Amato, a mulher que liderou o projeto naquela escola, foi posteriormente indicada para rever a legislação educacional daquele estado.

Capítulo 6

Conclusão

Conclusão

RD: Esperamos que, com esse livro, vocês tenham conseguido captar a visão, a missão e a diversão que tivemos ao praticar a Aprendizagem Dinâmica. Como a Aprendizagem Dinâmica trata da aprendizagem pela experiência, e esse é apenas um livro, nós o estimulamos a praticar essas estratégias comportamental, experiencial e interativamente com outras pessoas.

Todd gostava de dizer que a PNL não foi "composta como um solo", mas como um "dueto". A PNL surgiu da interação dinâmica entre Richard Bandler e John Grinder. Acredito que a Aprendizagem Dinâmica também funciona melhor como um dueto.

Na conclusão dos nossos seminários, Todd gostava de ler uma citação do livro *A river runs through It*, de Norman Maclean. Dois irmãos conversavam a respeito do tipo de estratégias necessárias para ser um bom pescador. Um deles está falando ao outro sobre a importância de pensar em ser capaz de pescar. O outro irmão pergunta o que ele quer dizer com "pensar". O primeiro responde:

> *Pensar — ele disse — é ver alguma coisa que pode ser observada e que o faz ver alguma coisa que você não tinha notado e que o faz ver alguma coisa, que nem mesmo é visível...*

Essa talvez seja a metáfora mais profunda para a Aprendizagem Dinâmica.

Para mim, esse livro simboliza algumas conclusões — mais significativamente, a morte de Todd Epstein. Parece adequado terminá-lo com algumas palavras finais a seu respeito.

Talvez apenas uma vez na vida (se tiver sorte) uma pessoa seja abençoada com um verdadeiro amigo. Na minha vida, esse amigo foi Todd Epstein. Nos últimos quinze anos ele foi uma importante parte de mim; pessoal, profissional e espiritualmente. John Grinder disse, certa vez, que a amizade podia ser avaliada pelo número de diferentes partes nossas que podemos expressar livremente quando estamos com alguém. De acordo com essa avaliação, Todd foi, de longe, o meu melhor amigo.

Sendo simplesmente ele mesmo, foi capaz de tirar o melhor de mim e acrescentar mais coisas; seja ensinando, criando, escrevendo ou apenas "encestando" na quadra de basquetebol. O seu estilo prático ajudou-me a crescer como professor; sua curiosidade e seu senso prático ajudaram-me a crescer como criador e escritor; e a sua humanidade e força me ajudaram a crescer como homem.

A sua inteligência, intensidade, curiosidade e criatividade irrompiam em tudo o que ele fazia: na sua música, nas suas perguntas, no seu senso de humor e em suas contribuições para as muitas coisas que criamos juntos. Esteja onde estiver, eu sei que Todd estará tocando música, ensinando e fazendo muitas perguntas.

Em nossos seminários, quando discutíamos a sua visão da vida e a percepção sobre a sua missão, Todd geralmente referia-se à Terra como "uma pequena bola azul flutuando no espaço", e sempre trazia consigo uma fotografia do planeta tirada do espaço, como um lembrete e uma inspiração. Conforta-me saber que agora ele sempre poderá ver a Terra e as pessoas que ele ama a partir dessa perspectiva.

Algumas vezes, Todd expressou alegremente a sua percepção de "Deus" e da espiritualidade referindo-se a ela como "a cola que une todas as coisas". Sinto uma profunda paz ao saber que ele e eu, e todos os que ele amou, estaremos eternamente unidos como partes daquela "cola cósmica".

Para o meu parceiro, meu amigo, meu irmão, adeus.

Posfácio

Espero que vocês tenham gostado dessa exploração da *Aprendizagem Dinâmica.* Como mostramos no decorrer do livro, há muitas ferramentas e recursos para desenvolver e aplicar os modelos, estratégias e habilidades descritos nestas páginas.

A *The Dynamic Learning Center/NLP University* é uma organização cujo compromisso é realizar treinamentos da mais alta qualidade nas habilidades básicas e avançadas da PNL, assim como incentivar o desenvolvimento de novos modelos e aplicações da PNL nas áreas de saúde, negócios e organização, criatividade e aprendizagem. No verão, a *The Dynamic Learning Center* e a *NLP University* realizam programas residenciais na Universidade da Califórnia, em Santa Cruz.

A *The Dynamic Learning Publications* publica artigos e monografias que descrevem os principais avanços do campo da PNL sistêmica, em constante mudança e desenvolvimento.

Se quiserem receber mais informações sobre essas publicações e programas ou quaisquer futuros desenvolvimentos relacionados à Aprendizagem Dinâmica, entrem em contato com:

The Dynamic Learning Center
NLP University
P.O. Box 1112
Ben Lomond, California 95005
Tel.: (408) 336-3457
Fax: (408) 336-5854

Apêndice A
O modelo TOTS

Em PNL, os ciclos fundamentais de *feedback* que formam nossas estratégias mentais são descritos de acordo com uma estrutura chamada TOTS. (Miller, *et al.*, 1960). As letras TOTS significam *Teste-Operação-Teste-Saída.* O conceito do TOTS afirma que todos os programas mentais e comportamentais giram em torno da existência de um *objetivo fixo* e de *um método variável para atingir esse objetivo.* Esse modelo indica que, enquanto pensamos, estabelecemos objetivos em nossa mente (consciente ou inconscientemente) e desenvolvemos um TESTE para ser utilizado quando esse objetivo for alcançado. Se o objetivo não for alcançado, OPERAMOS para mudar alguma coisa ou fazemos alguma coisa para nos aproximar do nosso objetivo. Quando os critérios do nosso TESTE tiverem sido preenchidos, SAÍMOS para dar o próximo passo. Assim, a função de qualquer parte de um programa comportamental poderia ser (T)estar a informação dos sentidos para verificar o progresso em direção ao objetivo ou (O)perar para mudar alguma parte da experiência permitindo que ela satisfaça o (T)este e (S)aímos para a parte seguinte do programa.

Para explorar um exemplo do TOTS a partir de suas experiências, reservem alguns minutos para responder às seguintes perguntas, o mais completamente possível.

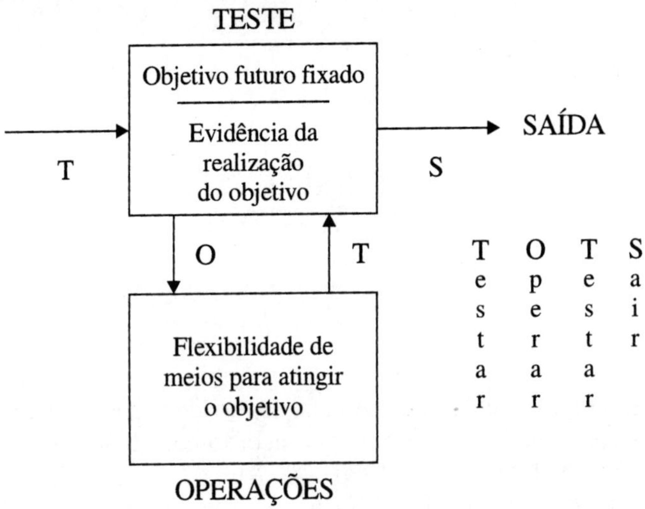

Diagrama do TOTS

Apêndice B
Jogo da estratégia do "telefone sem fio"

O exercício a seguir é uma versão múltipla do sistema representacional do jogo infantil do "telefone sem fio", que demonstra algumas importantes características da aprendizagem cooperativa e das estratégias cognitivas.

Formem grupos de quatro pessoas (**A**, **B**, **C** e **D**).

1. A pessoa **A** executa determinada ação ou postura para a pessoa **B**.
2. A pessoa **B** desenha uma figura da postura ou comportamento da pessoa **A**. As pessoas **C** e **D** não vêem a postura original da pessoa **A**.
3. A pessoa **B** mostra o seu desenho para a pessoa **C** e esta descreve verbalmente a figura para a pessoa **D**. A pessoa **C** só pode usar palavras; não pode mostrar o desenho para a pessoa **D** nem demonstrar nada com o seu corpo.
4. A pessoa **D** representa com o corpo a descrição da pessoa **C**.
5. Então, a pessoa **A** mostra novamente a sua postura inicial, comparando-a com a postura da pessoa **D**.

Há muitas variações desse exercício. Uma estrutura típica é a da entrada e saída pelo mesmo sistema representacional, ou seja: visual para dentro/visual para fora; auditivo para dentro/auditivo para fora; físico para dentro/físico para fora; ou movimento para dentro/movimento para fora. Entre a entrada e a saída, vocês passam a informação por um ou dois dos outros sistemas representacionais. Por exemplo, vocês poderiam criar uma variação desse jogo, na qual a pessoa B poderia desenhar uma figura da postura da Pessoa A e a pessoa C também teria de fazer um desenho olhando a figura da pessoa B. Portanto, vocês teriam uma figura sendo transformada numa segunda figura. Em vez de descrevê-la, a pessoa C daria o seu desenho para a pessoa D, que precisaria descobrir como representá-lo.

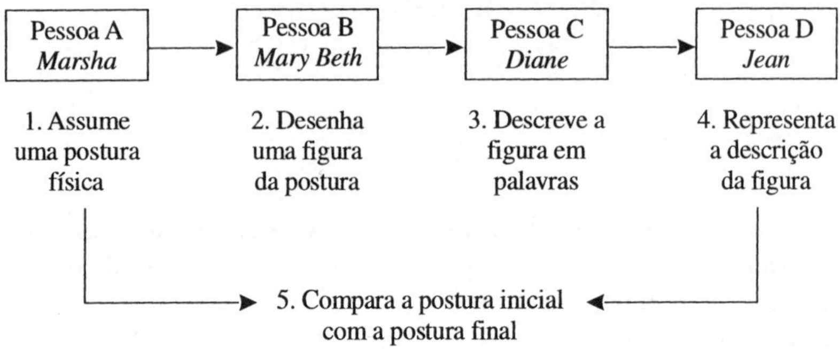

Diagrama do jogo da estratégia do "telefone sem fio"

Vocês também poderiam fazer a pessoa A começar com uma descrição verbal, a pessoa B representaria aquelas palavras em figuras, a pessoa C representaria o que viu na figura e a pessoa D colocaria em palavras aquela ação. Nesse caso, teriam palavras entrando e palavras saindo. Ou, também, poderiam mudar os relacionamentos entre os passos, mudando a sua ordem. Por exemplo, a pessoa B poderia descrever a postura da pessoa A para a pessoa C, que então desenharia uma figura a partir da descrição da pessoa B e a mostraria para a D.

Para tornar o jogo mais desafiador, vocês podem permitir que a pessoa A se movimente. A entrada seria muito mais multifacetada. Também é desafiador começar com algo puramente tonal, como um grasnido e transformá-lo em representações visuais, cinestésicas ou verbais.

Esse exercício é uma metáfora básica para uma estratégia e pode ajudá-los a desenvolver intuições a respeito do que compõe uma boa estratégia. Se o grupo de pessoas representasse um cérebro, a seqüência de transformações poderia ser uma estratégia de aprendizagem. Cada pessoa no grupo é como uma etapa na estratégia de alguém para aprender alguma coisa.

Para criar uma seqüência mais efetiva, vocês podem permitir ciclos de *feedback* em diversos lugares. Por exemplo, poderiam deixar a pessoa A olhar para a figura da pessoa B e perguntar: "O que você acha dessa parte da minha postura? Talvez você queira fazê-la assim". Geralmente, isso produz uma representação mais precisa da informação original.

Vocês podem usar esse tipo de exercício para tentar externalizar e "modelar" determinada estratégia mental com o propósito de estudá-la. Por exemplo, que tipo de jogo do "telefone sem fio" fariam se estivessem tentando reproduzir os processos mentais por trás da soletração?

Uma outra maneira interessante de usar o processo do "telefone sem fio" é tentar criar um grupo "incapaz de aprender".

Explorando a estrutura de uma estratégia de aprendizagem

Para explorar a estrutura de uma das suas estratégias de aprendizagem, reservem alguns minutos para responder às seguintes perguntas, o mais completamente possível.

1. Que matéria você está tentando aprender?

2. Que objetivos ou metas de aprendizagem está tentando atingir com relação a essa matéria?

3. O que usa como evidência para saber que está atingindo esses objetivos de aprendizagem?

4. O que faz para alcançar os objetivos — quais os passos e atividades específicos que usa para atingir os seus objetivos de aprendizagem com relação a essa matéria?

5. Quando você encontra problemas inesperados ou dificuldades para atingir os seus objetivos de aprendizagem com relação a essa matéria, qual é a sua resposta a eles? Quais as atividades ou passos específicos que você realiza para corrigi-los?

Examine as suas respostas às perguntas do TOTS e veja que elementos do Modelo ROLE você pode identificar.

1. Contexto:

Quais os aspectos perceptivos do contexto ou da matéria estavam mais envolvidos para estimulá-lo a aprender efetivamente?

Alguma coisa que você viu?
Alguma coisa que você ouviu?
Alguma coisa que você sentiu?
Alguma coisa que alguém disse?
Alguma coisa que você disse para si mesmo?

2. Objetivos:

Como você representou cognitivamente os seus objetivos nesse contexto?

Visualizando-os na imaginação?
Lembrando deles visualmente?
Desenhando-os?

Verbalizando-os para alguém?
Verbalizando-os para si mesmo?
Lembrando-se verbalmente de alguma coisa?
Sentindo-os?

3. Evidência

Que processos cognitivos ou sensoriais você usou para avaliar o seu progresso em direção aos seus objetivos?

Alguma coisa que você viu?
Alguma coisa que você ouviu?
Alguma coisa que você imaginou?
Como você sentiu?
Alguma coisa que alguém disse?
Alguma coisa que você disse para si mesmo?

4. Operações:

Que processos cognitivos ou perceptivos você usou com relação a atingir os seus objetivos?

Fantasiando? Diálogo interno?
Sentimentos intuitivos? Memória visual? Emoções?
Desenhando? Discutindo? Tocando?
Observando? Escutando? Movendo/fazendo?
Relembrando palavras ou instruções?

5. Resposta aos problemas:

Que processos cognitivos ou perceptivos você ativou em resposta aos problemas?

Imaginando opções? Diálogo interno?
Sentimentos intuitivos? Lembrando-se visualmente das opções?
Relembrando palavras ou instruções? Emoções?
Desenhando? Discutindo? Tocando?
Observando? Escutando? Mudando ações?

Exercício de aprendizagem cooperativa

As estratégias efetivas podem ser transferidas entre duas pessoas. Por exemplo: dois professores ou dois músicos podem ter diferentes estratégias para realizar o mesmo tipo de tarefa no mesmo contexto. Evocar e compartilhar objetivos, procedimentos de evidência e operações podem ajudar a ampliar e enriquecer a esfera das nossas habilidades criativas.

Encontrem um parceiro e escolham uma tarefa ou situação comum que exija aprendizagem. Cada um de vocês deve anotar as informações do TOTS no mapa a seguir e comparar suas respostas para encontrar semelhanças e diferenças. Imaginem como seria acrescentar as operações, os procedimentos de evidência, os objetivos ou as respostas aos problemas dos seus parceiros, à sua estratégia. Como isso poderia mudar ou enriquecer a sua maneira de lidar com a tarefa ou com a situação.

Contexto: ______________

	Pessoa nº 1	Pessoa nº 2
Quais são os seus objetivos?		
Como você sabe que está alcançando os seus objetivos?		
O que você faz para atingir os seus objetivos? **O que você faz quando não está alcançando os seus objetivos satisfatoriamente?**		

Estratégia para soletrar

I. Crenças

A. Soletrar é uma habilidade de reconhecimento visual que pode ser facilmente aprendida. Essa habilidade é resultado de uma estratégia mental, não um talento inato determinado pelo desenvolvimento de um "gene de soletração".

B. A fonética, apesar de ser um útil sistema de apoio, é um método menos preciso e mais lento para soletrar do que a visualização.

II. Preparação

A. Pense em alguma coisa tão familiar que você têm certeza de que jamais a esquecerá (por exemplo, o seu nome do meio, o número do seu telefone, a frente da sua casa etc.). Preste muita atenção aos sentimentos de familiaridade e de confiança obtidos com essa lembrança, e que o deixa saber que jamais a esquecerá. **(C^{I}_{1})**

B. Pense em alguma coisa que você já aprendeu ou realizou com sucesso e que foi um agradável desafio (por exemplo, o seu esporte favorito, um quebra-cabeças ou um novo jogo etc.) Lembre-se dos sentimentos de curiosidade e de desafio que o motivaram a continuar aprendendo ou buscando aquele objetivo. **(C^{I}_{2})**

III. Passos

1. Olhe para a palavra que você quer aprender a soletrar. Afaste-se o suficiente para poder ver facilmente todas as letras ao mesmo tempo. **(V^{e}_{1})**
2. Olhe para cima e para a esquerda e visualize as letras como você acabou de vê-las. Veja se consegue imaginá-las na sua cor predileta. Continue olhando para a palavra escrita ou impressa e colocando os olhos para cima e para a esquerda até conseguir ver as letras claramente em sua mente. **(V^{I}_{1})**
3. Se encontrar dificuldade para visualizar as letras, você pode:
   a. Primeiro, imaginar alguma coisa familiar (como a cena de um filme, uma pintura, um brinquedo, uma pessoa etc.

Depois que essa imagem estiver clara em sua mente, coloque as letras da palavra que quer soletrar sobre essa imagem que você já consegue ver com facilidade. **($V^l{}_2 \rightarrow V^l{}_1$)**

b. Divida a palavra que você quer soletrar em segmentos com três letras cada um. Visualize as três primeiras letras até que elas estejam suficientemente claras, permitindo que as veja facilmente. Então, acrescente as próximas três e concentre-se nelas até poder ver as primeiras seis letras. Continue acrescentando os segmentos (de três letras) às letras que você já consegue ver, até chegar ao final da palavra. **($V^l{}_2 \rightarrow V^l{}_1$)**

4. Compare — enquanto olha para a palavra em sua mente — os seus sentimentos de familiaridade e de confiança ao lembrar-se de algo que jamais esquecerá. Se os sentimentos não combinarem com o sentimento de curiosidade e de desafio que você sentiu na experiência de aprendizagem anterior bem-sucedida, volte ao **passo nº 1** e repita o processo. **($V^l{}_1 \rightarrow V^e{}_2/V^e{}_1 \rightarrow C^l{}_2$)**
5. Oculte a palavra que você está aprendendo. Copie ou leia as letras que está vendo em sua mente e compare o resultado com a grafia correta. Se elas não combinarem, lembre-se novamente do sentimento de curiosidade e de desafio presente no seu sucesso passado, volte ao **passo nº 1** e repita o processo. **($V^l{}_1 \rightarrow V^e{}_2/V^e{}_1 \rightarrow C^l{}_2$)**
6. Olhe para a palavra em sua mente e, novamente, compare — ao olhar para ela — com os sentimentos de familiaridade e de confiança experimentados com alguma coisa que você jamais esquecerá. Se os sentimentos não combinarem, fortaleça a imagem e torne-a mais clara em sua mente. **($V^l{}_1 \rightarrow C^i/C^l{}_1$)**
7. Oculte a palavra que você está aprendendo. Soletre a palavra de trás para a frente, escrevendo-a ou lendo as letras que você vê em sua mente na ordem inversa — isto é, começando com a última letra da direita e indo para a esquerda. Se você estiver escrevendo as letras, coloque-as no papel, também a partir da direita para que, ao terminar, a palavra pareça correta. **($V^l{}_1 \rightarrow V^e{}_2$)**

8. Compare as letras que você escreveu com a grafia correta. Se elas não combinarem, volte para o **passo nº 7** e repita o processo. **(V^e_2 / V^e_1)**

IV. Notação

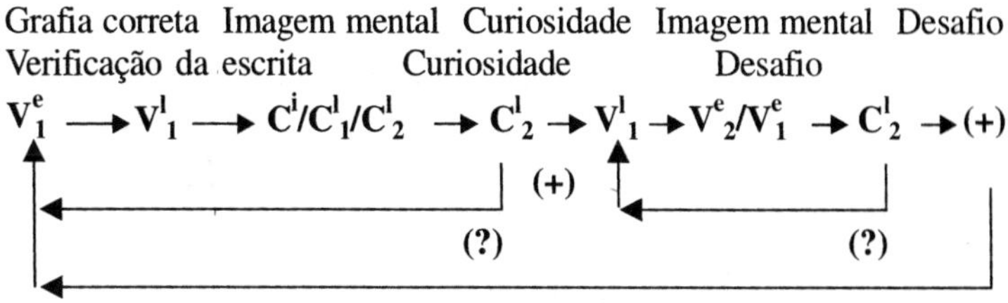

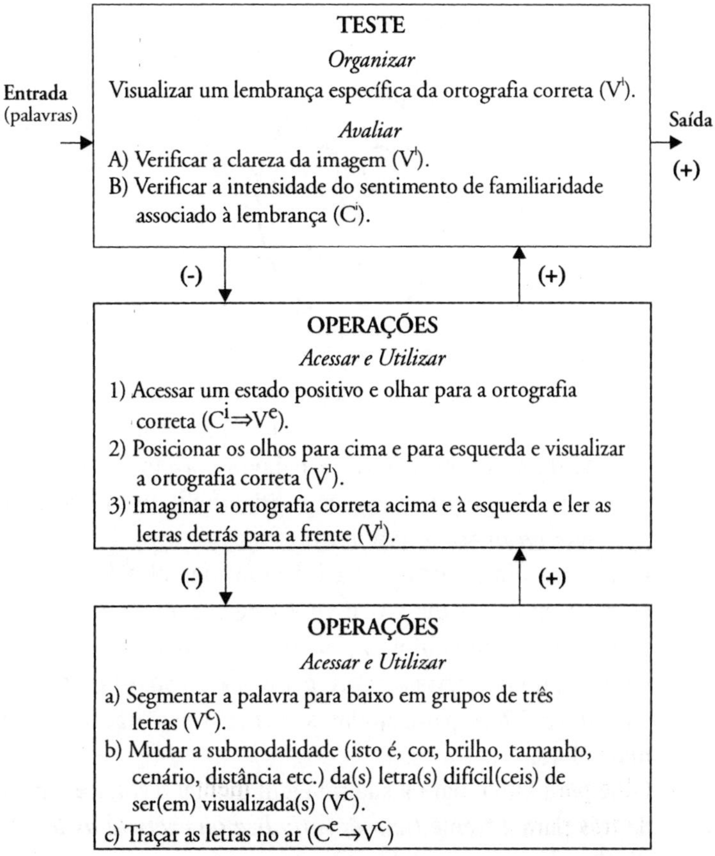

Estratégia básica para soletrar (versão resumida)

1) Coloque a palavra correta a ser aprendida:
   a) diretamente à sua frente, mais ou menos no nível dos olhos; ou
   b) acima do nível dos olhos e, acima, à sua esquerda (ou à direita, se você for canhoto)
2. Feche os olhos e pense em alguma coisa que lhe proporcione o sentimento de *confiança, familiaridade* e *relaxamento.* Quando o sentimento estiver forte, abra os olhos e olhe para a grafia correta da palavra.
   a) Se você colocou a palavra correta à sua frente, mova os olhos para cima e para a esquerda (ou para a direita) e veja a palavra correta em sua mente.

   b) Se você colocou a palavra correta acima e à esquerda, retire-a, mas mantenha os olhos para cima e para a esquerda e continue a ver a palavra correta em sua mente. *(Se você encontrar alguma dificuldade use as* Sugestões Úteis *na próxima página.)*
3) Olhe para cima, para a sua imagem mental e verbalize (ou escreva) as letras que você vê. Compare o que você verbalizou ou escreveu com a grafia correta da palavra. Se faltarem letras ou houver letras incorretas, volte ao ***passo nº 1*** e use as *Sugestões Úteis* para ajudar a tornar a sua imagem mental mais clara.
4) Olhe para cima, para a sua imagem mental e soletre a palavra de trás para a frente (*isto é, verbalize ou escreva as letras da direita para a esquerda*). Compare aquilo que você verbali-

zou ou escreveu com a ortografia correta. Se sentir dificuldade ou houver letras erradas ou faltando, volte ao **passo nº 2** e use as *Sugestões Úteis* para ajudá-lo a esclarecer a sua imagem mental.

Sugestões Úteis

A. Imagine a palavra na sua *cor predileta.*
B. *Faça as letras pouco claras sobressaírem* tornando-as diferentes das outras — por exemplo, *maiores, mais brilhantes, mais próximas, de cor diferente.*
C. Divida a palavra em *grupos de três letras* e crie a sua imagem usando três letras de cada vez.
D. Coloque as letras num *cenário familiar.* Imagine alguma coisa, como um objeto familiar ou a cena de um filme e, então, coloque neles as letras que você deseja lembrar.
E. Se for uma palavra longa, diminua as letras o suficiente para que você possa *ver facilmente a palavra inteira.*
F. Trace as letras no ar, com o dedo, e veja em sua mente as letras que você está escrevendo.

Estratégias básicas para aprendizagem da linguagem

A. Modelando na "Segunda posição"

1. Encontre uma pessoa que fale outro idioma, que você ainda não conhece. Essa pessoa dirá uma frase, fará uma pergunta ou um cumprimento envolvendo qualquer comunicação cultural não-verbal, que acompanhe naturalmente aquela frase.
2. Uma segunda pessoa no grupo irá "colocar-se no lugar dela" e imitar a comunicação verbal e não-verbal.
3. Uma terceira pessoa estará observando para ter a certeza de que a imitação é boa.
4. Depois de a segunda pessoa ter feito esse tipo de "modelagem na segunda posição", algumas vezes, ela deverá adivinhar o que a primeira pessoa disse.

5. A primeira pessoa dirá à pessoa número dois se ela foi ou não precisa. A precisão não deve ser julgada pelo conteúdo da afirmação, mas, também, por sua "metamensagem".

B. Vocabulário simples

1. Encontre uma pessoa que fale ou conheça bem um idioma, que você quer aprender, para ser usada como modelo. A mesma estratégia funcionará tanto com outro idioma quanto com aquele que você fala.
2. Peça ao modelo para fazer uma lista de seis objetos específicos *(por exemplo, porta, cadeira, livro, parede etc.)* e de seis ações ou atividades *(por exemplo, correr, pular, tocar, segurar etc.)* que estejam presentes no ambiente ou possam ser facilmente representadas.

   Nota: Incluam artigos, se eles forem uma parte necessária do nome.
3. Façam o modelo mostrar e pronunciar a palavra e, então, desenhá-la ou apontar para ela (se for um objeto) ou representá-la (se for uma ação). Repitam três vezes.
4. Façam o modelo dizer e/ou mostrar o nome de um objeto e de uma ação (ou vice-versa, dependendo da sintaxe do idioma).
   a. Se a palavra for falada, o aluno deve fingir que ele é o modelo e imitar a pronúncia e a expressão (incluindo gestos) do modelo. (Nota: Isso é diferente de tentar pronunciar a palavra "corretamente".)
   b. Se a palavra for mostrada, o aluno deve copiar os caracteres que formam a palavra. Inicialmente, vocês podem permitir que o aluno olhe para os caracteres enquanto está copiando. Mais tarde, peçam que isso seja feito de memória.
   c. Depois que os alunos estiverem familiarizados com as palavras vocês podem: 1) mostrar as palavras e pedir que eles as pronunciem; ou 2) dizer as palavras e pedir que eles as escrevam.
5. O aluno deve representar a ação indicada para ou com o objeto indicado. Se ele cometer um erro, o modelo mostra novamente as palavras e demonstra o comportamento adequado.

6. Depois de o aluno dominar todas as combinações criadas pela união de um objeto com uma ação, o modelo pode juntar combinações de pares de objeto-ação (acrescentando artigos e conjunções, conforme o necessário).
7. Para continuar desenvolvendo o vocabulário básico, repitam o processo acrescentando outros conjuntos de objetos e ações.

C. Adjetivos *(por exemplo, verde, redondo, alto etc.)*

1. Mostrem três objetos diferentes, que o aluno já tenha aprendido e tenham a mesma qualidade mencionada. Por exemplo, se o adjetivo que vocês estiverem ensinando for "verde", mostrem um lápis "verde", uma cadeira "verde" e uma bola "verde".
2. Mostrem dois objetos exatamente iguais a não ser na qualidade mencionada (por exemplo, um lápis "verde" e um lápis "vermelho").
3. Usem a estrutura básica aplicada aos "objetos e ações' para mostrar as palavras ao aluno.
4. Testem a compreensão fazendo o aluno identificar: a) um objeto diferente com a mesma qualidade mencionada (por exemplo, uma camisa "verde"); e b) um objeto semelhante com uma qualidade diferente (por exemplo, um lápis "azul").

D. Advérbios e preposições *(por exemplo: rápido, para cima, à esquerda, sobre, entre etc.)*

1. Façam três tipos de ações diferentes, que o aluno já tenha aprendido, mantendo a mesma qualidade mencionada. Por exemplo, se o advérbio for "rápido", vocês poderiam andar rápido, engatinhar rápido e dançar rápido.
2. Demonstrem dois exemplos da mesma ação, variando apenas a qualidade mencionada (por exemplo, andar rápido e andar devagar).
3. Apresentem as novas palavras ao aluno usando o procedimento aplicado nos "objetos e ações'.
4. Testem a compreensão fazendo o aluno demonstrar: a) uma ação diferente que tenha a mesma qualidade mencionada; e b) as diferenças de qualidade mudando essa qualidade numa ação, pronunciando-a ao mesmo tempo.

E. Percurso com obstáculos

1. Façam um percurso simples com obstáculos, como: cadeiras, livros, caixas etc.
2. Apresentem aos membros do grupo sinais básicos de direção no outro idioma. Por exemplo: *rápido, devagar, pare, vá, para a frente, para trás, esquerda, direita* etc. Demonstrem as ações associadas a cada palavra de direção.
3. Cada aluno escolhe um parceiro. Um deles fecha os olhos ou coloca uma venda neles. O outro será uma espécie de guia ou "anjo da guarda" que só pode falar no idioma que vocês estão aprendendo.
4. O "anjo da guarda" deve guiar o "explorador" pelo percurso de obstáculos usando apenas as palavras de direção no outro idioma.

F. Nominalizações, abstrações *(por exemplo, comunicação, amor, relacionamento etc.) e verbos inespecíficos (por exemplo, ajudar, encontrar, magoar, ir etc.)*

Esses tipos de palavras indicam: a) classes ou conjuntos dos objetos e ações mais simples; b) processos envolvendo grupos de objetos ou ações; ou c) relações entre objetos ou ações.

1. Dêem pelo menos três exemplos que se encaixem na categoria, conjunto, processo ou relacionamento mencionado.
2. Dêem dois exemplos que sejam semelhantes, a não ser pelo tipo de categoria, processo, conjunto ou relacionamento.
3. Repitam o processo de modelagem descrito anteriormente para apresentar as palavras.
4. Testem a compreensão fazendo o aluno dar exemplos que se encaixem e exemplos que não se encaixem na categoria, conjunto, processo ou relacionamento mencionado.

G. Expressões idiomáticas

1. Escolham uma ou duas expressões idiomáticas que vocês tenham ouvido somente no idioma a ser aprendido.

2. Criem um contexto no qual essa expressão idiomática adquira um significado, isto é, ilustrem o significado por meio de uma situação criada ou de metamensagens. O objetivo inicial é transmitir o sentido global da expressão idiomática. Provavelmente, isso fica mais fácil usando o método de modelagem na segunda posição descrito no primeiro exercício de linguagem.
3. Traduza a expressão idiomática, use descrições ou explicações para que os alunos percebam com mais precisão.

H. Sintaxe simples

1. De início, introduzam a sintaxe em seqüências de três partes (isto é: sujeito, predicado, verbo, objeto ou qualquer que seja a ordem básica apropriada para aquele idioma em particular). Demonstrem as mudanças que ocorrem no significado enquanto vocês mudam a ordem.
   (Por exemplo: "O garoto corre para a cadeira", "A cadeira corre para o garoto".)
2. Façam uma distinção entre erros gramaticais e semânticos.
   a. Gramaticalmente, é correto dizer ou escrever *"A cadeira correu para a porta"*, mas incorreto dizer ou escrever *"O garoto a correu cadeira para"*.
   b. Semanticamente, é errado dizer ou escrever: *"A pedra bebeu a cadeira"*, embora gramaticalmente esteja correto.
3. Demonstrem por que isso é considerado errado comparando seqüências corretas e incorretas e fazendo o aluno tentar representá-las.
4. Testem, fazendo o aluno dizer (ou escrever) e, então, representar as seqüências corretas e incorretas.

I. *Role playing*

Criem diversos papéis, contextualizando interações verbais em situações comuns que o aluno poderia encontrar enquanto fala o outro idioma. Por exemplo, fingindo ser um garçom ou garçonete num restaurante. O aluno senta-se num "reservado" no restaurante enquanto lhe são mostrados e descritos diversos pratos. O aluno tenta pedir uma refeição.

Uma outra possibilidade seria dar ao aluno instruções para chegar a algum lugar, no idioma a ser aprendido. O aluno tentaria encontrar esse lugar baseado nessas instruções.

Estratégia para a leitura acelerada

I. Calibre a sua velocidade natural de leitura

1. Leia alguns parágrafos na velocidade que pareça mais natural e confortável para você. Faça o seu parceiro olhar para um relógio e anotar a hora em que você começou.
2. Quando tiver terminado, faça um sinal ao seu parceiro para que ele verifique o tempo. Anote o número de segundos que você levou para ler o material. Conte o número de palavras que você leu. (Se precisar, faça uma estimativa, contando o número de palavras numa linha, o número de linhas e multiplicando as linhas pelo número de palavras por linha.)
3. Determine sua velocidade de leitura dividindo o número de palavras que você leu pelo número de segundos necessários para lê-las e, então, multiplique por 60: *Velocidade de leitura = (nº de palavras /nº de segundos)* x 60.

   Uma outra estratégia é ler durante trinta segundos, calcular quantas palavras você leu durante esse tempo e duplicá-las. Assim, você terá uma idéia de quantas palavras está lendo por minuto. (A velocidade média de leitura de um adulto é de cerca de 275 palavras por minuto.)
4. Verifique a sua compreensão pedindo ao seu parceiro para lhe fazer cinco perguntas sobre o assunto. Anote a precisão das suas respostas.

II. Crenças a respeito da leitura

A. É possível reconhecer palavras e perceber o seu significado sem necessidade de pronunciá-las verbalmente para si mesmo.
B. A visão é instantânea.
C. O sistema nervoso é capaz de registrar muito mais do que aquilo que está na percepção consciente.

III. Amplie a sua visão periférica para ver grupo de palavras

Fixe os olhos em determinado ponto e verifique quantas palavras consegue ver dos dois lados desse ponto, sem mover os olhos. Por exemplo, veja as palavras abaixo. Fixe os olhos no "X" do meio e observe se você pode ver as palavras dos dois lados dele à medida que elas se afastam progressivamente.

azul **X** bola

vermelho **X** carro

verde **X** mar

marrom **X** cavalo

Algo semelhante também pode ser feito com cartões. As palavras podem ser escritas em pequenos cartões, que podem ser afastados cada vez mais. Por exemplo, você faz o seu parceiro focalizar o seu nariz. Então, segura um cartão em cada mão, mantendo-os ao lado do seu rosto. Você pode ajudar o seu parceiro a desenvolver mais a visão periférica, afastando progressivamente os cartões.

Outras variações incluem o uso de cartões com números ou cores impressos. Em vez de ler palavras, seu parceiro deve dizer o resultado da combinação das duas palavras (isto é, a soma dos números ou o resultado das duas cores).

IV. Escolha um padrão adequado de varredura ocular

1. Segurando um livro, encontre a posição na qual você possa ver facilmente o maior número de palavras — isto é, onde pode ver os grupos de palavras, em vez de palavras individuais. (Você talvez queira apoiar o livro na cadeira ou em alguma outra coisa.)
2. Peça ao seu parceiro para observar os seus olhos enquanto você lê. O objetivo é encontrar o seu padrão de varredura ocular

habitual. O padrão mais comum é mover os olhos ou os olhos e a cabeça, da esquerda para a direita, examinando cada linha da página. Um leitor mais veloz pode mover os olhos de maneira menos linear, permitindo que eles percorram um parágrafo ou lendo diagonalmente em vez de olhar linha por linha. Talvez você não tenha nenhum padrão de movimento ocular estabelecido.

3. Aplique o princípio de "acompanhar e conduzir" para mudar um pouco o seu padrão de varredura ocular. Modifique um pouco o seu atual padrão de varredura ocular para ler apenas um pouco mais rápido, de maneira natural. Por exemplo, em vez de olhar cada palavra ou linha, você poderia tentar olhar para diversas palavras ou diversas linhas ao mesmo tempo. Em vez de ler cada linha, você poderia tentar olhar diretamente para o final da página ou, talvez, tentar fazer uma varredura diretamente até o final da página, olhando de um lado para o outro entre dois pontos paralelos ligeiramente mais recuados do que as margens esquerda e direita do parágrafo. Você pode até mesmo mover os olhos num padrão diagonal, da direita para a esquerda, evitando qualquer tentativa de pronunciar as palavras.

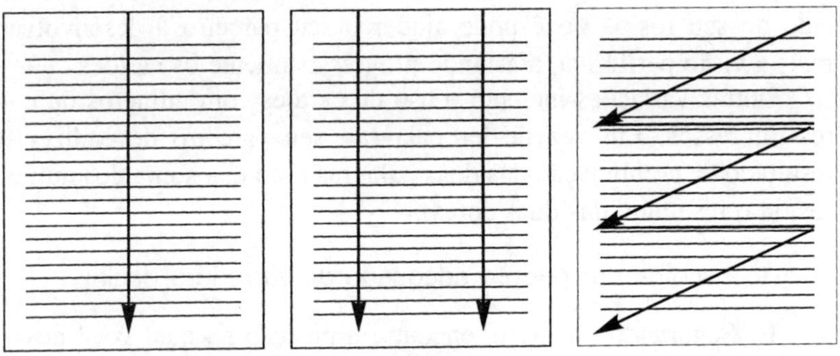

Varredura diretamente para baixo pelo centro da página | Varredura entre dois pontos paralelos | Ziguezagueando da direita para a esquerda

Alguns posssíveis padrões de varredura ocular

V. Reduza a subvocalização e a pronúncia interna

Tente ouvir ou vocalizar apenas palavras escolhidas. Por exemplo, leia somente palavras escolhidas. Procure verbos, adjetivos, advérbios e substantivos, não há necessidade de ler cada palavra. Você pode pular os artigos, conjunções, preposições etc., ou segurar uma caneta ou um lápis entre os dentes para ajudá-lo a não ler em voz alta.

VI. Desenvolva uma estratégia para a compreensão visual

A. A compreensão do material escrito está baseada no mapa mental extraído do texto e não das palavras.

B. Todos os assuntos escritos estão organizados ao redor de um tema central. Esse tema central é a essência para a compreensão do material escrito. O tema central é apoiado pelo resto do texto.

C. Para obter maior velocidade na leitura do material escrito, a visualização é o método mais eficaz, criando um mapa mental do tema central e apoiando informações secundárias, porque ele permite que você compreenda rapidamente e contribui para a formação da "grande imagem".

Para desenvolver essa estratégia, faça o seu próprio mapa visual daquilo que você leu. Numa folha de papel, faça um desenho ou um diagrama que represente o tema central e as informações mais importantes. Essa imagem não precisa ser compreensível para os outros. Ela só precisa representar a informação para você. Pegue algumas das palavras-chave daquilo que você leu e desenhe uma imagem. Por exemplo, se leu a respeito de pessoas, poderia desenhar duas figuras. Se leu sobre o cérebro, poderia desenhar um cérebro.

VII. Estratégia de pré-organização

A. Enquanto você pensa no assunto relacionado ao seu material de leitura, faça a si mesmo as seguintes perguntas:

1. *Qual é o meu objetivo ao ler esse material? O que desejo fazer com aquilo que aprender?*
2. *O que é interessante e importante para mim e o que posso aprender mais lendo esse material?*

3. *O que já sei sobre esse assunto?*
4. *O que quero aprender sobre o assunto? O que quero procurar no texto? (Quem? O quê? Quando? Onde? Por quê? Como?)*

B. Enquanto você se faz essas perguntas, comece a criar uma imagem ou um filme em sua mente, que represente e resuma aquilo que já sabe sobre o assunto.

VIII. Encontre o seu estado fisiológico de excelência para a leitura

A. Pense em experiências nas quais você estava:

1. tão excitado e ansioso para aprender alguma coisa que parecia que nunca conseguiria aprender o suficiente — uma ocasião em que todos os seus processos mentais estivessem trabalhando em alta velocidade;
2. capaz de estar completamente relaxado e aberto a qualquer informação externa (isto é, assistindo a um filme ou a um programa de televisão); e
3. num estado de percepção tão elevado que o mundo à sua volta parecia estar se movendo em "câmera lenta" (como numa ocasião em que você evitou um acidente de carro).

Coloque-se de volta plenamente nessas experiências e preste atenção aos seus sentimentos, particularmente, à sua postura, ritmo respiratório e outras características físicas. Antes de começar a ler o seu material, coloque-se naquela postura corporal o mais completamente possível.

B. Usando as estratégias e princípios já descritos, tente ler usando cada um dos diferentes estados descritos. Leia uma página tão rápido quanto puder. Peça a um parceiro para anotar quando você começou e quando terminou e determine a sua velocidade de leitura. Verifique a compreensão pedindo ao seu parceiro para lhe fazer cinco perguntas sobre o assunto que você acabou de ler. Determine quais são os estados excelentes para diferentes tipos de resultados (conforto, velocidade, compreensão etc.).

IX. Recalibre a sua nova velocidade natural de leitura

Verifique os efeitos das estratégias e princípios que você esteve desenvolvendo sobre a sua velocidade natural de leitura, percorrendo os seguintes passos com o seu parceiro.

1. Encontre o estado que irá apoiar natural e facilmente aquilo que você deseja aprender e a maneira como deseja aprender. Antes de começar a ler, coloque-se na fisiologia que representa esse estado.
2. Leia uma outra página do material, numa velocidade que lhe pareça natural e confortável. Peça ao seu parceiro para anotar o tempo para que você possa determinar a sua velocidade de leitura. (Você também pode escolher ler confortavelmente durante trinta segundos.)
3. Teste a sua compreensão pedindo ao seu parceiro para lhe fazer cinco perguntas sobre o material que acabou de ler.

Estratégia de varredura rápida

Identifique um tema sobre o qual você precisa reunir informações (por exemplo: "liderança", "câncer", "leitura", "deficiências de aprendizagem" etc.) Reveja o que já sabe sobre esse tema e crie uma imagem ou um filme em sua mente que represente e resuma o que já sabe sobre ele. **(V^l)**

Reúna alguns livros ou artigos importantes sobre o assunto que está pesquisando.

Passos

1. Olhe o título do livro ou artigo a ser lido. **(V^e)**
2. Encontre o tema central, construa uma imagem baseada nas experiências que são desencadeadas pelas palavras do título. **($V^c{}_1/V^l$)**
3. Compare a imagem construída com a imagem que você já formou com relação ao assunto. **($V^c{}_i/V^l$)**
4. Ponto de decisão. **(C^i/A_d)**
   a. Se você não tem nenhuma imagem construída ou se ela tiver apenas uma leve semelhança com a imagem lem-

brada do seu tema, sinta que você deseja esclarecer a relação e diga: "*Eu estou curioso*", e continue com o **passo nº 5**.

   b. Se já houver uma combinação completa, diga: "*Eu já sei isso*" e examine o seu outro material de leitura.

5. Olhe novamente para as palavras no próximo subtítulo do material de leitura. (V^e)
6. Compare a imagem que você construiu — a partir das associações com essas palavras impressas — com a imagem que construiu inicialmente, quando olhou para o título. (V^c_2/V^c_1)
7. Ponto de decisão (C^i)
   a. Se as imagens combinarem, sinta que você está lendo um material relevante e vá para o **passo nº 8**.
   b. Se as imagens não combinarem, sinta que o que você está lendo não é relevante e procure outra palavra no título ou vá para o próximo título e volte ao **passo nº 5**.
8. Mova o dedo indicador da mão direita, pelo centro da página que você está lendo. Paralelamente, e na mesma velocidade, mova para baixo a sua mão esquerda, pela margem esquerda. Esse movimento ajudará a manter um ritmo rápido de leitura. (C^e)
9. Olhe para as palavras e grupos de palavras no texto. (V^e)
10. Complete e acrescente coisas à imagem construída, que você começou quando olhou o subtítulo, com quaisquer novas imagens associadas às palavras que está vendo no texto. (Vc2)
11. Compare a imagem completa com a imagem inicialmente formada do assunto relevante. (V^c_2/V^l)
12. Ponto de decisão. (C^i)
   a. Se houver semelhança ou coordenação das duas imagens, então sinta que está aprendendo e marque a nova imagem com um sentimento positivo, para que seja fácil lembrar-se dela mais tarde. Continue o processo de varredura a partir do **passo nº 8**, até chegar ao próximo subtítulo. Quando chegar a ele, vá para o **passo nº 5**.
   b. Se houver diferença ou incerteza em relação às imagens, sinta que as novas imagens não se encaixam, clareie a sua tela mental e vá para o **passo nº 5**; pule o resto do material sob o atual subtítulo ou examine novamente o texto repetindo o **passo nº 8**.

Se você examinou novamente o material uma vez, e ele ainda não se encaixa na imagem construída representando o tema central, vá para o **passo nº 5** e pule o resto do texto sob o atual subtítulo.

Notação

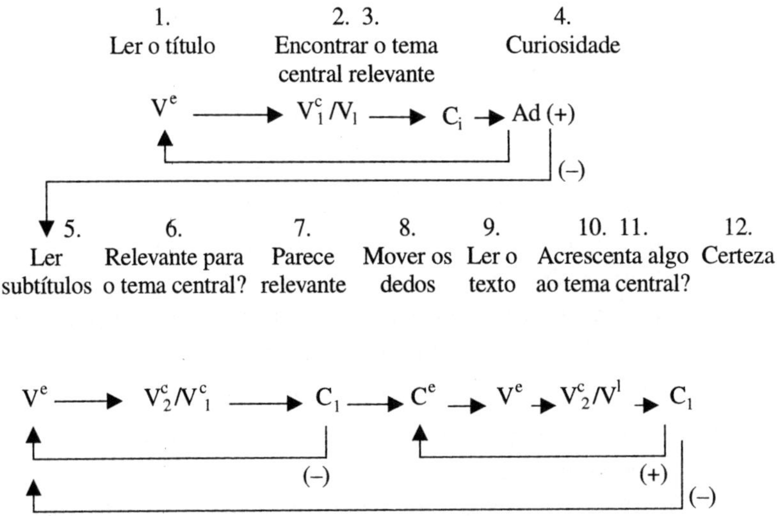

Estratégia da escrita criativa

I. Crenças

A. Todas as pessoas têm o conteúdo (experiências) de que precisam para escrever efetivamente. Essas experiências formam a "estrutura profunda" da escrita criativa.

B. O processo da escrita trata da transformação ou da transferência dessa "estrutura profunda" experimental em "estruturas superficiais" verbais (palavras e frases) representando essas experiências. É uma questão de representar experiências por meio da linguagem e, então, reuni-las numa espécie de modelo seqüencial.

C. Determinadas palavras podem servir de "*facilitadores*" para ajudar a evocar e associar de maneira organizada as representações das nossas experiências.
D. Envolver os outros sentidos, como o tato e a visão, facilita o processo da escrita criativa.
E. Escrever é tão fácil quanto falar. Se você estiver comunicando as suas idéias para alguém, elas fluem mais facilmente.

II. Preparação

A. Escreva o nome daquilo que você vai escrever.
B. Pense se a composição será principalmente sobre:

1. alguma coisa do passado que você está lembrando; ou
2. alguma coisa que você está criando.

C. *Faça uma **imagem em sua mente** daquilo que você deseja escrever.* Olhe para a experiência sobre a qual você quer escrever a partir de *diferentes pontos de vista* e por intermédio dos olhos de diferentes pessoas ou personagens e visualize aquilo que elas podem estar vendo.

1. Ouça internamente quaisquer ***sons ou ruídos*** associados ao assunto sobre o qual você deseja escrever.
2. Entre em contato com quaisquer ***sentimentos*** relacionados ao assunto sobre o qual você quer escrever. Que ***ações e emoções*** você sente? Ponha-se no lugar desses diferentes personagens e observe como os seus sentimentos mudam.
3. Escute as ***palavras*** que vêm à sua mente enquanto você pensa na experiência. Pergunte-se o que os diferentes personagens diriam sobre a experiência.

D. *Visualize a pessoa para quem você deseja escrever* ou aquela que poderia interessar-se pela leitura desse assunto. Pense nos tipos de reação que você gostaria que elas tivessem com relação à sua composição. Ao começar a colocar em palavras essa experiência, *imagine como essa pessoa poderia reagir àquilo que você está escrevendo.* Que ***quadros ou imagens*** você poderia pintar com as suas palavras que provocariam os tipos de reações que deseja?

1. Pense nos ***sons ou ruídos*** sobre os quais você poderia escrever e que poderiam despertar os tipos de reações que deseja.
2. Que ***sentimentos*** você poderia descrever ou despertar no leitor que os faria sentir da maneira como deseja que eles sintam-se enquanto lêem a sua composição?
3. Pense nos tipos de ***palavras*** que você usaria se estivesse falando ao leitor a respeito da sua experiência. Que palavras você poderia escolher para obter as reações que deseja do seu leitor?

Coluna A	Coluna B	Coluna C	Coluna D
Conectivas	*Perspectivas*	*Sistema* representacional e estrutura temporal	
porque	Eu	ver – via – verei	que
portanto	Nós	ouvir – ouvia – ouvirá	igual
depois	Você	sentir – sentia – sentirá	como
enquanto	Ela	olhar – olhava – olhará	como se
quando	Ele	soar – soava – soará	
de modo que	Eles	tocar – tocava – tocará	
se		mostrar – mostrava – mostrará	
embora			
da mesma maneira que		dizer – dizia – dirá agir – agia – agirá	

1. No espaço abaixo, escreva uma frase inicial para o seu parágrafo. Você pode começar simplesmente com algo assim: *"Eu quero escrever sobre... (o seu tema)"*, "(*O seu tema*)*... é divertido"* ou *"Vocês ficarão interessados em... (o seu tema)."*

____

2. Leia a frase que você escreveu. Então, leia (silenciosamente) uma palavra de cada uma das colunas apresentadas e mentalmente insira as palavras que lhe vêm mais facilmente para

completar a frase que começou. Anote-as na linha abaixo. (Não escreva nenhuma das palavras das colunas.)

____

3. Agora, leia a frase que você escreveu e, novamente, em silêncio, acrescente quatro palavras escolhidas ao acaso das colunas A, B, C e D. Complete a nova frase que você começou e escreva-a abaixo, eliminando as palavras das colunas.

____

4. Repita o processo usando diferentes palavras de cada uma das colunas.

____

5. Leia as frases que você escreveu na linha acima, uma após a outra.
   a. Se aquilo que você escreveu não representar adequadamente a experiência com a qual começou, ou se achar que ela não conseguirá o tipo de reação que deseja da platéia volte ao **passo nº 1** e repita o processo com a mesma frase inicial. Tente combinações diferentes de palavras de cada uma das colunas.
   b. Se você estiver satisfeito com o fluxo de idéias, então poderá aperfeiçoá-las ou aumentá-las para formar um parágrafo.
   c. Escreva as frases completas nos espaços abaixo para formar um parágrafo completo.

____

____

____

---

d. Comece um novo parágrafo escrevendo uma nova frase inicial no próximo espaço e siga a estratégia a partir do **passo nº 1**.

Coluna A	Coluna B	Coluna C	Coluna D
Conectivas	*Perspectivas*	*Sistema representacional e estrutura temporal*	
porque	Eu	ver – via – verei	que
portanto	Nós	ouvir – ouvia – ouvirá	igual
depois	Você	sentir – sentia – sentirá	como
enquanto	Ela	olhar – olhava – olhará	como se
quando	Ele	soar – soava – soará	
de modo que	Eles	tocar – tocava – tocará	
se		mostrar – mostrava – mostrará	
embora		dizer – dizia – dirá	
da mesma maneira que		agir – agia – agirá	

1. No espaço a seguir, escreva uma frase inicial para o seu parágrafo. Você pode começar simplesmente com algo assim: "*Eu quero escrever sobre... (o seu tema)*", "*(O seu tema)... é divertido*" ou "*Vocês ficarão interessados em... (o seu tema).*"

---

2. Leia a frase que você escreveu. Então, leia (silenciosamente) uma palavra de cada uma das colunas relacionadas no alto da página e mentalmente insira as que lhe vêm mais facilmente

para completar a frase que começou. Anote-as na linha. (Não escreva nenhuma das palavras das colunas.)

____

3. Agora, leia a frase que você escreveu e, novamente, em silêncio, acrescente quatro palavras escolhidas ao acaso das colunas A, B, C e D. Complete a nova frase que você começou e escreva-a abaixo, eliminando as palavras das colunas.

____

4. Repita o processo usando diferentes palavras de cada uma das colunas.

____

5. Leia as frases que você escreveu na linha acima, uma após a outra.
   a. Se aquilo que você escreveu não representar adequadamente a experiência com a qual começou ou se achar que ela não conseguirá o tipo de reação que deseja da platéia volte ao **passo nº 1** e repita o processo com a mesma frase inicial. Tente combinações diferentes de palavras de cada uma das colunas.
   b. Se você estiver satisfeito com o fluxo de idéias, então poderá aperfeiçoá-las ou aumentá-las para formar um parágrafo.
   c. Escreva as frases completas nos espaços abaixo para formar um parágrafo completo.

____

____

____

d. Comece um novo parágrafo escrevendo uma nova frase inicial no espaço da próxima página e siga a estratégia a partir do **passo nº 1**.

Coluna A	Coluna B	Coluna C	Coluna D
Conectivas	*Perspectivas*	*Sistema representacional e estrutura temporal*	
porque	Eu	ver – via – verei	que
portanto	Nós	ouvir – ouvia – ouvirá	igual
depois	Você	sentir – sentia – sentirá	como
enquanto	Ela	olhar – olhava – olhará	como se
quando	Ele	soar – soava – soará	
de modo que	Eles	tocar – tocava – tocará	
se		mostrar – mostrava – mostrará	
embora		dizer – dizia – dirá	
da mesma maneira que		agir – agia – agirá	

1. No espaço abaixo, escreva uma frase inicial para o seu parágrafo. Você pode começar simplesmente com algo assim: "*Eu quero escrever sobre... (o seu tema)*", "*(O seu tema)... é divertido*" ou "*Vocês ficarão interessados em... (o seu tema).*"

2. Leia a frase que você escreveu. Então, leia (silenciosamente) uma palavra de cada uma das colunas relacionadas no alto da página e mentalmente insira as que lhe vêm mais facilmente

para completar a frase que começou. Anote-as na linha abaixo. (Não escreva nenhuma das palavras das colunas.)

____

3. Agora, leia a frase que você escreveu e, novamente, em silêncio, acrescente quatro palavras escolhidas ao acaso das colunas A, B, C e D. Complete a nova frase que você começou e escreva-a abaixo, eliminando as palavras das colunas.

____

4. Repita o processo usando diferentes palavras de cada uma das colunas.

____

5. Leia as frases que você escreveu na linha acima, uma após a outra.
   a. Se aquilo que você escreveu não representar adequadamente a experiência com a qual começou ou se achar que ela não conseguirá o tipo de reação que deseja da platéia volte ao **passo nº 1** e repita o processo com a mesma frase inicial. Tente combinações diferentes de palavras de cada uma das colunas.
   b. Se você estiver satisfeito com o fluxo de idéias, então poderá aperfeiçoá-las ou aumentá-las para formar um parágrafo.
   c. Escreva as frases completas nos espaços abaixo para formar um parágrafo completo.

____

____

____

6. Na próxima página, escreva os três parágrafos que você compôs nas páginas anteriores.

Enquanto você olha os parágrafos anteriores, adapte, corrija ou modifique-os da maneira que seria mais efetiva e atraente para a platéia para a qual está escrevendo.

Apêndice C
Pesquisas da PNL sobre a estratégia para soletrar

De muitas formas, a orientação da PNL voltada para a "programação mental" facilita uma adaptação eficaz das estratégias de aprendizagem à educação computadorizada. Na verdade, eu (Dilts) elaborei a estratégia básica para soletrar num programa de computador. Esse programa segue o formato básico descrito no Capítulo 1 e mostra a grafia correta de uma palavra na cor escolhida pelo aluno. Então, o aluno recebe instruções para olhar para cima e para a esquerda e visualizar a palavra em sua mente. Depois de digitar a palavra da esquerda para a direita, o aluno deve começar a digitar da direita para a esquerda. O programa é muito simples, mas apresentou resultados significativos.

De fato, esse programa foi pesquisado na Universidade de Moncton, em New Brunswick, Canadá (ver Resumo) para testar os princípios básicos da estratégia — e o modelo da PNL. A pesquisa começou com a seleção de 44 soletradores médios, de acordo com suas pontuações num PRÉ-TESTE composto de palavras inventadas, sem sentido. Todos esses alunos apresentaram mais ou menos o mesmo resultado no teste.

O método da pesquisa consistia na utilização de quatro variações da estratégia computadorizada para soletrar (para evitar diferenças na influência dos pesquisadores ao darem as instruções). A primeira versão mostrava as diversas palavras a serem soletradas e dava instruções para a visualização delas, olhando para cima e para a esquerda (VCE). A segunda tinha instruções para visualizar as palavras e olhar para baixo e para a direita (VBD) — uma posição que o modelo da PNL associa aos sentimentos, não às imagens mentais. A terceira instruía os alunos a simplesmente visualizarem as palavras sem assumir qualquer posição ocular (VIS). A versão final simplesmente instruía os alunos a estudarem a palavra para aprendê-la (EST), usando qualquer estratégia que já estivessem usando. Os alunos foram divididos em quatro grupos de onze pessoas, escolhidas ao acaso. Cada grupo usava um dos diferentes programas de computador para aprender as palavras inventadas e sem sentido (para não haver nenhuma chance de eles já conhecerem a palavra). Então, eram testados com as palavras que haviam aprendido (PÓS-TESTE).

Os resultados mostraram um aumento de **20** a **25%** de palavras soletradas corretamente nos alunos que haviam olhado para cima e para a esquerda e visualizado (VCE), um **aumento de 10%** naqueles que haviam sido instruídos a apenas visualizar (VIS). Os alunos que haviam sido instruídos a estudar as palavras (EST) — dessa forma usando a sua estratégia de aprendizagem anterior — continuaram quase com o mesmo resultado, como era de se esperar, mas as pontuações dos alunos que foram instruídos a olhar para baixo e para a direita (VBD) enquanto visualizavam (isto é, para uma pista de acesso inadequada) **pioraram em cerca de 15%**. *(Ver o diagrama.)*

O efeito da posição dos olhos na memorização ortográfica

François Loiselle
Faculdade de Ciências Sociais da Universidade de Moncton

Resumo — Após rever pesquisas sobre imagens mentais e movimentos oculares, F. Loiselle (1985) apresenta o modelo da Programação Neurolingüística (Grinder, Bandler, Dilts) e uma de suas aplicações na educação, uma estratégia para soletrar desenvolvida pela Behavioral Engineering (Dilts), que utiliza a posição dos olhos para facilitar a visualização. Usando variações dessa estratégia e um grupo de controle, Loiselle estuda a relação entre a posição dos olhos, instruções para formar imagens visuais e capacidade para memorização ortográfica de palavras sem sentido.

Quarenta e quatro sujeitos foram divididos em quatro grupos, identificados pela principal instrução recebida: visualizar olhando para cima e para a esquerda (VCE), visualizar olhando para baixo e para a direita (VBD), visualizar (VIS), estudar (EST). O grupo VCE recebeu instruções para olhar para cima e para a esquerda e formar uma imagem visual da seqüência de letras nas palavras usadas como estímulo. O grupo VBD recebeu a mesma instrução, à exceção de ter sido instruído a olhar para baixo e para a direita. O grupo VIS foi instruído a formar uma imagem visual da seqüência de letras nas palavras, sem nenhuma sugestão de posição ocular. Finalmente, o grupo EST recebeu instruções para estudar as palavras.

Os resultados indicam interações significativas e uma análise para efeitos simples (Kirk), mostra que o grupo VCE foi o único a aumentar significativamente o número de palavras soletradas corretamente com relação à retenção imediata (pós-teste) e de curto prazo (teste final). O grupo VCE também executou mais movimentos oculares em direção às posições 1, 7 e 8 (para cima à esquerda, para cima à direita, para cima pelo centro) com relação aos outros grupos. Finalmente, o grupo VCE não utilizou mais tempo de treinamento do que outros grupos que foram submetidos a treinamento.

Concluindo, os resultados parecem indicar que a posição dos olhos para cima, particularmente para cima e para a esquerda, facilita a memorização ortográfica.

Média do número das palavras corretas

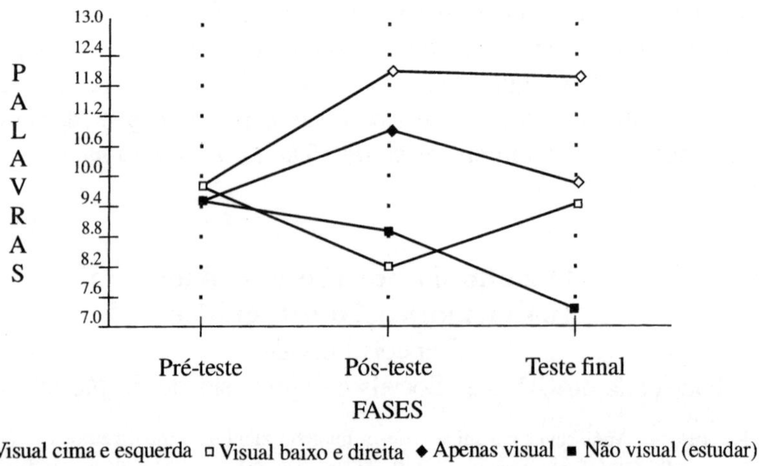

Preparado por L. Y. Bourque (1987) com a autorização de F. Loiselle

Uma outra indicação do impacto dos princípios da PNL surgiu quando a retenção (TESTE FINAL) foi testada. Esse teste foi aplicado para verificar como os alunos haviam retido as palavras do PÓS-TESTE. As palavras foram novamente testadas e não se exigiu dos alunos nenhum processo particular para lembrarem delas. Os resultados desse teste mostraram quase **100% de retenção** das palavras memorizadas pelo grupo que foi instruído a visualizar e olhar para cima e para a esquerda (**VCE**). Esse grupo também mostrou movimentos oculares mais espontâneos, voltados para a posição dos olhos para cima, na qual haviam sido treinados. O grupo que recebeu instruções para apenas visualizar (**VIS**) teve uma *queda em suas pontuações de cerca de 7%*. O grupo de controle (**EST**), que não havia sido instruído a usar nenhuma estratégia em particular, mostrou um declínio em suas pontuações de cerca de **15%** (a queda padrão, de acordo com a curva normal de estatísticas de aprendizagem). Contudo, o grupo que recebeu instruções para visualizar, mas olhando para a posição inadequada (**VBD**), realmente mostrou uma melhora em suas pontuações de cerca de **10** a **15%!** De acordo com o modelo da PNL, isso fazia sentido, porque eles não precisavam mais colocar os olhos numa posição incompatível com o processo cognitivo que foram instruídos a realizar. A diferença final na retenção entre o grupo de controle e o grupo que utilizou a estratégia visual para soletrar foi de mais de **61%**. Esse resultado poderia facilmente fazer a diferença entre fracassar e passar num teste.

Há algumas implicações importantes nessa pesquisa. Além de demonstrar a importância da visualização como a estratégia cognitiva mais adequada para a soletração (todos os grupos que receberam instruções para visualizar acabaram com melhor retenção do que o grupo de controle), ela mostrou a importância da relação entre as pistas de acesso e os processos mentais subjacentes. Comportamentos fisiológicos sutis podem favorecer ou inibir determinadas etapas mentais. Na verdade, uma das importantes implicações dessa pesquisa é a de que o pior lugar para um aluno manter os olhos enquanto faz um teste, provavelmente, é no papel à sua frente (isto é, para baixo e não para cima), como geralmente são instruídos a fazer. De fato, tentando visualizar, com freqüência, os alunos são reprimidos ou ridicularizados com afirmações como: *"Você acha que a resposta está escrita no teto? Mantenha os olhos no papel à sua frente"*. A pesquisa indica que isso pode realmente inibir o acesso às informações que a pessoa realmente sabe. Obviamente, os princípios da PNL têm implicações importantes na maneira como o processo de educação ocorre em nossa sociedade.

Uma outra pesquisa realizada na Universidade de Utah (ver o Resumo) comparou uma versão mais completa da estratégia para soletrar da PNL, com um grupo de controle (que não recebeu nenhuma estratégia) e um grupo que utilizou uma regra auditiva da estratégia de aprendizagem baseada na fonética. Novamente, soletradores médios com pontuações semelhantes foram utilizados como sujeitos. Como no outro estudo, os alunos que utilizaram a estratégia visual para soletrar melhoraram suas pontuações em cerca de **20** a **25%** (alguns atingindo pontuações perfeitas) com quase **100% de retenção**. Essa melhora, facilmente levaria um aluno "**C**" a se tornar um aluno "**A**". O grupo que utilizou a regra auditiva da estratégia de aprendizagem (que, na verdade, é diferente de simplesmente "pronunciar') melhorou cerca de **15%**, mas mostrou uma **queda** na retenção de mais de **5%**. O grupo de controle, como esperado, não mostrou **nenhuma melhora**. (Ver o diagrama.)

Os grupos também foram testados com um novo grupo de palavras, mas não receberam instruções sobre como aprendê-las, com o objetivo de se verificar o quanto a estratégia generalizaria automaticamente sem nenhuma outra instrução. Novamente, a estratégia visual para soletrar mostrou uma generalização mais significativa a novas listas de palavras do que a regra auditiva da estratégia de aprendizagem. Esses resultados demonstram a superioridade do método para soletrar baseado nos princípios de modelagem da PNL.

Estratégias cognitivas e um método para ensinar a soletrar em sala de aula

Thomas E. Malloy
Departamento de Psicologia da Universidade de Utah

Resumo — Usando as técnicas da PNL, Robert Dilts desenvolveu uma estratégia para soletrar tendo a visualização como elemento principal. O dr. Malloy adaptou essa estratégia a um pacote cognitivo para soletrar em sala de aula. Num experimento, que avaliou a efetividade do pacote cognitivo para soletrar, um grupo foi ensinado a soletrar por meio desse pacote; um segundo grupo por regras comuns de soletração; e um terceiro grupo não foi treinado. Os dois grupos de treinamento mostraram uma melhora significativa na soletração dos pré-testes para os pós-testes, comparados ao grupo de controle sem nenhum treinamento. No geral, o grupo do pacote de soletração mostrou maior progresso do que o grupo do treinamento padrão. Somente o grupo do pacote de soletração mostrou uma generalização significativa com relação a novas listas de palavras. A utilidade da comparação de estratégias visuais e fonéticas para soletrar é discutida. O pacote para soletrar é usado como exemplo para discutir diversos princípios teóricos gerais no planejamento de métodos para o ensino de estratégias cognitivas.

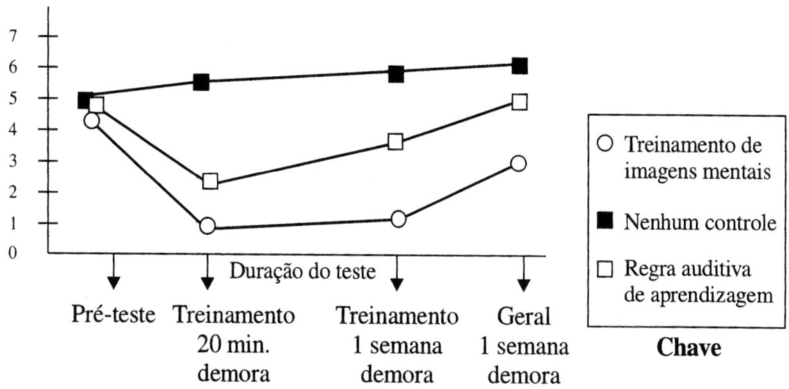

Com freqüência, as pessoas reclamam do fato de não haver pesquisas para apoiar os princípios básicos da PNL. Os estudos descritos anteriormente validaram não apenas a aplicação específica da PNL para melhorar a soletração, como também os princípios fundamentais das pistas de acesso, sistemas representacionais e estratégias.

Apêndice D
Movimentos oculares

Outro tipo de pista vem na forma de movimentos oculares. Com o objetivo de preparar o sistema nervoso para perceber ou recuperar informações, há determinados tipos de pistas que colocam a nossa neurologia num estado de prontidão. Por exemplo, a posição dos olhos desempenha um papel na organização neurofisiológica, que facilita a representação ou a recuperação de informações. Se quisermos ajudar alguém a tornar-se mais apto para visualizar alguma coisa — concebê-la em sua mente — poderíamos fazê-la mover a cabeça e os olhos para cima. Se desejamos preparar alguém para sentir alguma coisa profundamente, poderíamos fazê-la abaixar a cabeça e os olhos. No modelo da PNL, os olhos não são apenas "as janelas da alma", também são as janelas que nos mostram como alguém está pensando. Eles também ajudam a preparar as pessoas para usar a neurologia com o propósito de aprender. A PNL agrupou essas pistas no seguinte padrão:

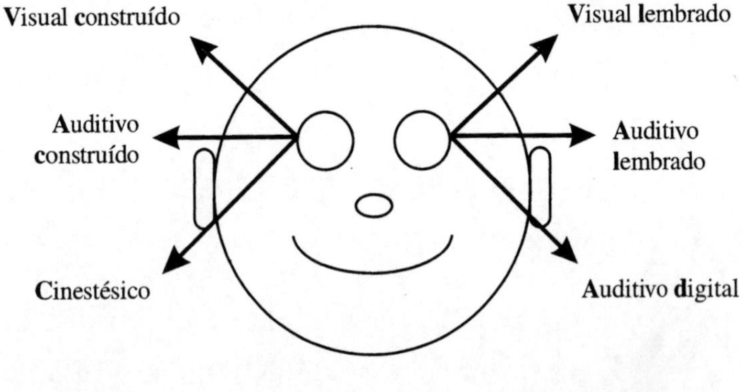

Movimentos Oculares e Sistemas Representacionais

Apêndice E
Estratégia da matemática

A estratégia da matemática utiliza a interação entre os movimentos oculares e a memória para ensinar uma estratégia efetiva para a memorização das tabelas básicas de adição, subtração, divisão e multiplicação. As pessoas que são boas em memorização e equações utilizam a mente para formar uma imagem mental clara dessas equações. A estratégia da matemática mostra como aprender equações por meio da formação de imagens mentais.

1. Coloque a equação correta à sua frente, de maneira que você possa vê-la facilmente.
2. Feche os olhos e pense em alguma coisa familiar e relaxante. Quando o sentimento estiver forte, abra os olhos e olhe para a equação correta.
3. Mova os olhos para cima e para a esquerda e imagine a equação correta em sua mente. (Se for difícil, utilize as **Sugestões Úteis** apresentadas na próxima página.)

4. Olhe para cima, para a sua imagem mental, e anote os números e símbolos que você está vendo. Compare o que você escreveu com a equação correta. Se estiver incorreto, volte ao **passo nº 1**.

5. Olhe para cima, para a sua imagem mental e leia os números e símbolos de trás para a frente *(escreva a equação da direita para a esquerda)*. Compare a equação. Se estiver incorreta, volte ao **passo nº 3**.

Sugestões Úteis

A. Imagine a equação em sua *cor predileta.*

B. *Divida a equação pela metade.* Quando você puder ver claramente as letras e símbolos de um dos lados do sinal de "=", acrescente os números do outro lado.

C. Destaque os números e símbolos que não estão claros, tornando-os de algum modo diferentes dos outros — por exemplo, *maiores, mais brilhantes, mais próximos etc.*

D. Coloque a equação num *cenário familiar.* Imagine alguma coisa como um objeto familiar ou a cena de um filme e, então, coloque neles a equação de que você deseja lembrar-se.

E. Se for uma equação longa, torne os números e símbolos suficientemente pequenos para que você consiga *ver facilmente toda a equação.*

F. *Desenhe a equação no ar, com o dedo, e* veja em sua mente os números e símbolos que você está escrevendo.

Apêndice F
O programa dos cubos de escrita

O *Programa dos Cubos de Escrita* é multissensorial e estimula a escrita criativa e produtiva. Projetado por Robert Dilts e Kolman Korentayer, baseia-se na estratégia da escrita criativa da Aprendizagem Dinâmica descrita nesse livro. A essência do programa envolve a utilização de palavras-chave colocadas nas laterais de cubos, especialmente desenhados, com o objetivo de ajudar as pessoas a concentrar a atenção, estimulando e ligando processos de pensamento por meio do movimento e da atividade sensorimotora. O aluno usa as palavras e os cubos como ajuda na criação de frases e de idéias durante a escrita. As palavras-chave nos cubos podem ser organizadas em seqüências específicas para evocar determinados caminhos de associações ou podem ser consultadas ao acaso para aumentar a espontaneidade.

O Programa dos Cubos de Escrita foi desenvolvido pela combinação dos princípios da Aprendizagem Dinâmica ao Processo de *Integração Funcional de Feldenkrais*, método desenvolvido por Moshe Feldenkrais, que explora o impacto do corpo e do movimento nos processos mentais de criatividade e de aprendizagem. Tanto o Método de Feldenkrais quanto a Aprendizagem Dinâmica reconhecem a importância da aprendizagem multissensorial, o desenvolvimento contínuo e a singularidade do indivíduo.

Associando o toque e o movimento aos outros sentidos, durante a aprendizagem, o Programa dos Cubos de Escrita contribui significativamente para a experiência educacional, permitindo que os alunos aprendam cinestésica, visual e auditivamente, ajudando-os a enriquecer a sua diversidade de expressão. Esse programa é "amigável" e simples. Ele estimula a auto-aprendizagem, o raciocínio independente e, ao mesmo tempo, encaixa-se bem nos currículos educacionais. Também pode ser usado para ajudar alunos com problemas de escrita ou de aprendizagem.

Isso foi confirmado por diversos projetos envolvendo o Programa dos Cubos de Escrita realizados em Santa Cruz County, Califórnia — um com o *California Writing Project e o outro com o UC Santa Cruz Disability Resource Center.*

O professor Don Rothman, da UC Santa Cruz, diretor do Central California Writing Project, comentou:

> *Esses blocos proporcionam uma maneira criativa para os professores trabalharem com os alunos na criação de frases e, portanto, na criação de novas idéias. O meu entusiasmo é estimulado pela resposta dos alunos da UCSC que trabalharam com [o Programa dos Cubos de Escrita] no departamento de Disabled Student Services, incluindo um estudante disléxico. Eles acharam [o Programa dos Cubos de Escrita] muito benéfico... [os Cubos de Escrita] oferecem uma alternativa muito positiva ao material padrão. Eles são uma forma divertida para estimular o desenvolvimento da linguagem.*

Um outro projeto foi focalizado no Disability Resource Center na Universidade da Califórnia, em Santa Cruz. Foram realizados diversos *workshops* por meio do Disability Resource Center para alunos universitários com deficiências de aprendizagem. Os alunos também foram acompanhados individualmente e admitidos no Programa dos Cubos de Escrita. De acordo com Sharyn Martin, coordenadora do programa no Disability Resource Center:

> *Todos [os alunos] demonstraram entusiasmo em sua resposta e estavam felizes com o progresso em suas habilidades de escrita. Houve concordância unânime de que esse método aumentou dramaticamente a habilidade para expressar suas idéias e organizar os pensamentos. Os blocos geradores de palavras foram continuamente mencionados como uma chave para "desbloquear" o processo de escrita. Os alunos comentaram que a parte mais valiosa da experiência foi a sensação de liberdade*

para se expressarem e desenvolverem um processo de pensamento fluente em que podiam "apenas escrever". Acredito que aqui há um potencial excitante, no nível da universidade, para alunos com deficiências de aprendizagem.

Para mais informações sobre o Programa, entre em contato com:

Text Blox c/o Strategies of Genius
P.O. Box 67448
Scotts Valley, CA 95067-7498

Apêndice G
Estratégia de digitação

Certa ocasião, eu (Dilts) me envolvi na modelagem de um pianista que conseguia ler e executar maravilhosamente qualquer composição musical colocada à sua frente, como se ele já a tivesse tocado muitas vezes. Ao explorar a sua estratégia interna, descobrimos que quando estava aprendendo a tocar piano, ele visualizava o teclado em sua mente. Enquanto aprendia, olhava para cada nota em sua forma escrita e imaginava a tecla no seu teclado mental que deveria ser pressionada para criar aquela nota. Ele olhava para determinada nota e imaginava a tecla que deveria ser pressionada. Depois de algum tempo, podia olhar para qualquer nota escrita e ver a tecla correspondente sendo automaticamente pressionada em seu teclado mental. Logo, podia olhar para duas ou três notas ao mesmo tempo e ver as teclas correspondentes sendo pressionadas. Finalmente, era capaz de ver a série de acordes completos e imaginar o grupo de teclas que, quando pressionadas, produziriam aquele acorde.

Pela justaposição da sua imagem mental do teclado do piano com as teclas reais, ele utilizava os dedos para pressionar as teclas que via, onde supunha que deveriam ser pressionadas. Ele explicou: "Agora, quando leio música é muito fácil — é como tocar uma pianola. Olho para as notas, vejo as teclas sendo pressionadas e apenas pressiono os dedos sobre elas".

Essa é uma estratégia baseada no desenvolvimento de associações entre um código representado externamente (a notação musical) e uma imagem pessoal interna (o teclado imaginário). Então, ocorre uma associação feita a partir da atividade no teclado mental (notas sendo pressionadas) com o ato cinestésico de pressionar a tecla correspondente no teclado físico real. Os passos específicos envolvem: 1) ver uma nota específica; 2) imaginar a tecla no teclado imaginário; 3) mover o dedo para a posição correspondente no teclado real; e 4) produzir som.

Utilizei essa estratégia como base para um programa de computador, que ensina a digitar sem olhar para o teclado. Nesse programa, a tela do computador mostra uma figura das mãos e do teclado do computador. Ele começa mostrando letras individuais e destaca a tecla que corresponde àquela letra e o dedo que deve ser usado para pressioná-la. Assim, é possível ver a letra, o seu lugar no teclado e o dedo a ser utilizado. Mantendo os olhos na tela do computador, deve-se pressionar a tecla em destaque com o dedo indicado. Quando se aperta a tecla errada, ela é destacada numa cor diferente da tecla visada, permitindo que se veja onde o dedo está colocado com relação ao lugar em que deveria estar, sem precisar olhar para o teclado.

Para estimular os processos de auto-organização necessários para a aquisição efetiva de qualquer habilidade psicomotora, como digitar ou tocar um instrumento musical, é preciso proporcionar *feedback*. O problema é que a maneira mais direta de obter *feedback*, à medida que estamos digitando ou aprendendo a tocar um instrumento musical, é olhar o que os dedos estão fazendo. Infelizmente, isso é ineficaz porque: 1) precisamos afastar os olhos do material escrito que estamos tentando digitar ou tocar; e 2) não facilita o desenvolvimento de uma representação interna do teclado ou do instrumento musical.

Esse programa de computador nos estimula a tatear cinestesicamente o teclado, continuando a pressionar as teclas com os dedos, até vermos que pressionamos a tecla certa. O relacionamento entre a tecla visada, o dedo a ser utilizado e a tecla que realmente estamos pressionando é continuamente mostrado. Como resultado, criamos naturalmente uma imagem do teclado e desenvolvemos a sinestesia entre os olhos e as mãos sem precisar olhar para o teclado. À medida que a habilidade aumenta, as letras individuais são ampliadas, formando palavras, frases e, finalmente, parágrafos inteiros.

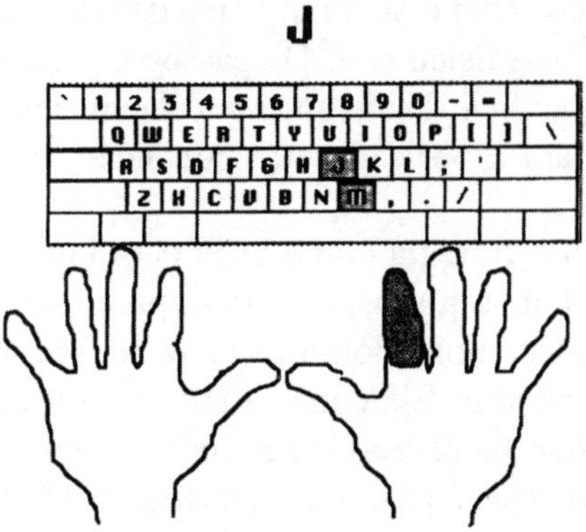

Exemplo da tela do Programa "Estratégia de Digitação"

Obviamente, um tipo semelhante de programa poderia ser desenvolvido para ajudar as pessoas a aprender a estratégia para tocar instrumentos musicais. As notas poderiam ser mostradas na tela do computador, juntamente com uma réplica do instrumento a ser tocado e um par de mãos. As notas individuais poderiam ser mostradas e a tecla, a corda ou o pistão necessários para produzir aquela nota poderiam ser destacados de alguma forma juntamente com o(s) dedo(s) a ser(em) utilizado(s). O instrumento real poderia ser conectado ao computador para haver uma confirmação da nota que realmente estivesse sendo pressionada, completando o ciclo do *feedback*.

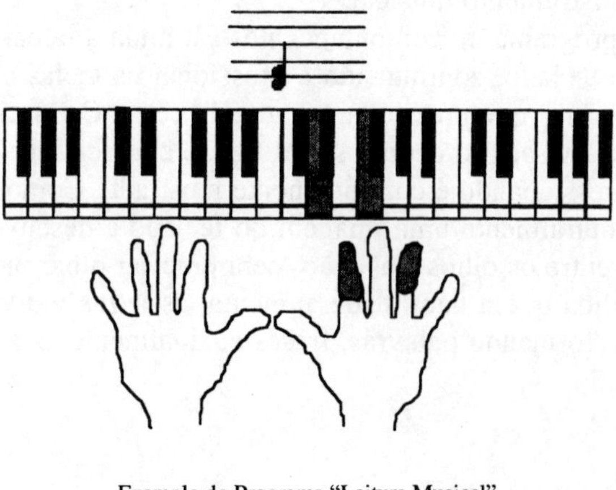

Exemplo do Programa "Leitura Musical"

Apêndice H
O *Neurolink*

O *Neurolink* é uma ferramenta desenvolvida por Robert Dilts, que pode ser utilizada para alcançar estados excelentes de aprendizagem e desempenho. O Neurolink é um dispositivo que detecta mudanças sutis no corpo de uma pessoa, causadas por alterações em seu estado interno. Ele mede algumas importantes respostas fisiológicas associadas ao sistema nervoso autônomo — o sistema interno regulador do corpo e, além disso, detecta a freqüência cardíaca, a temperatura da pele e aquilo que é chamado de "resposta galvânica cutânea" ou RGC — a atividade elétrica ou condutividade da pele. Essas medidas são usadas no *biofeedback* e no detector de mentira e são indicadores sensíveis dos estados internos de uma pessoa.

O *Neurolink* vem com um software que combina essas principais medições da atividade do sistema nervoso com a inteligência artificial e os métodos e princípios da PNL, com o objetivo de ajudar as pessoas a alcançar e manter estados desejados. O *software* inclui programas e jogos que podem nos ajudar a ficar mais conscientes de nosso estado interno e aprender como focalizá-lo e direcioná-lo. Os aplicativos incluem programas para melhorar a memória e desenvolver a concentração.

Os programas *Neurolink* são divertidos e informativos e têm sido empregados para ajudar crianças hiperativas ou com outros problemas de atenção.

O *Neurolink* e o *software* operam em Macintosh e computadores compatíveis. Para mais informações, entre em contato com:

Neurolink International
343 Soquel Ave. # 334
Santa Cruz, CA 95062
(408) 438-5679
Fax: (408) 438-5649

Bibliografia

ARISTÓTELES, *On the soul. Britannica Great Books*. Encyclopedia Britannica Inc., Chicago Ill., 1979.

BANDLER, R. *Usando sua mente*. São Paulo, Summus, 1987.

BANDLER, R. e GRINDER, J. *Sapos em príncipes*. São Paulo, Summus, 1982.

BATESON, G. *Steps to an ecology of mind.* Ballantine Books, Nova York, NY, 1972.

BATESON, G.; DUTTON, E. P. *Mind and nature.* Nova York, NY, 1979.

BLANCHARD & JOHNSON. *The one minute manager.* Berkeley Books, Nova York, 1983.

DILTS, R. *Strategies of Genius,* vol. I, II, III. Meta Publications, Capitola, CA, 1994-1995.

________. *"The parable of the Porpoise: A new paradigm for learning and management"*. Dynamic Learning Publications, Ben Lomond, CA, 1990.

________. Estratégia da genialidade, Vol. I, São Paulo, Summus, 1998.

________. *Applications of neuro-linguistic programming*. Capitola, CA, Meta Publications, 1983.

________. *Enfrentando a audiência*. São Paulo, Summus, 1997.

DILTS, R. B.; EPSTEIN, T.; DILTS, R. W. *Tools for dreamers.* Meta Publications, Capitola, CA, 1991.

DILTS, R., com BONISSONE, G. *Skills for the future.* Meta Publications, Capitola, CA, 1993.

DILTS, R.; EPSTEIN, T. *"NLP in training groups"*. Dynamic Learning Publications, Ben Lomond, CA, 1989.

DILTS, R.; GRINDER, J.; BANDLER, R.; DeLOZIER, J. *Neuro-linguistic programming: the study of the structure of subjective experience, volume I.* Meta Publications, Capitola, CA, 1980.

GRINDER, J. e BANDLER, R. *The structure of magic,* vol. I & II, Science and Behavior Books, Palo Alto, California, 1975, 1976.

GRINDER, M. *Righting the educational conveyor belt.* Metamorphous Press, Portland, OR, 1990.

JACOBSON, S. *Meta-cation vols. I, II, III.* Meta Publications, Capitola, CA, 1983, 1986, 1987.

MILLER, G.; GALANTER, E. e PRIBRAM, K. *Plans and the structure of behavior.* Henry Holt & Co., Inc., 1960.

O'CONNOR, J.; SEYMOUR, J. *Introdução à programação neurolingüística.* São Paulo, Summus, 1995.

SCHEELE, P. *FotoLeitura.* São Paulo, Summus, 1995.

VAN NAGEL, C.; REESE, E.; REESE, M.; SIUDZINSKI, R. *Megateaching and learning.* Southern Inst. Press, Indian Rocks Beach, FLA, 1985.

WILLIAM JAMES. *Principles of psychology, Britannica Great Books.* Encyclopedia Britannica Inc., Chicago Ill., 1979.

Robert Dilts

Criador, *trainer*, autor e consultor no campo da programação neurolingüística desde 1975. Suas contribuições pessoais nessa área incluem muito do trabalho embrionário sobre as técnicas de PNL, de estratégias e sistema de crenças e desenvolvimento do que se tornou conhecido como PNL Sistêmica.

Algumas de suas técnicas e modelos incluem *Reimprinting Integration*, Sistema de Crenças, Estratégia de Soletração, Ciclo da Mudança de Crenças, Padrões Generativos em PNL, Níveis Neuro-lógicos e Teoria do Campo Unificado para PNL.

É o principal autor de *Neuro-Linguistic Programming* — Vol. I, autor de numerosos outros livros de PNL, incluindo *Crenças — Caminho para a saúde e o bem-estar*, com Tim Hallborn e Suzy Smith; *Enfrentando a audiência — Recursos de programação neurolingüística para apresentações*; e *Estratégia da genialidade* — vols. I, II e III.

Todd Epstein (1949-1995)

Depois de vinte anos como compositor, arranjador e guitarrista, começou a envolver-se com a PNL em 1979. Deu muitas contribuições operacionais e conceituais, incluindo o trabalho fundamental na área de submodalidades.

Na última década foi responsável, ao lado de Robert Dilts, pelo desenvolvimento de alguns dos mais conhecidos modelos e técnicas de PNL. Também contribuiu com importantes aplicações nas áreas de educação especial, criatividade e música, incluindo prevenção e abuso de drogas por adolescentes e no tratamento sistêmico do alcoolismo e da drogadicção.

Seu trabalho como criador, *trainner* e autor teve como objetivo maior tornar a PNL mais global, humana e rigorosa e foi uma das primeiras forças que guiaram a PNL para uma abordagem mais sistêmica. Foi co-fundador de várias organizações que levaram ao desenvolvimento e evolução da PNL. Como *trainer* em PNL será lembrado por seu humor, sua paixão e seu compromisso cm a competência.

Grupo Summus
www.gruposummus.com.br
www.gruposummus.com.br
Acesse, conheça o nosso catálogo e cadastre-se para receber informações sobre os lançamentos.

www.gruposummus.com.br

IMPRESSO NA GRÁFICA sumago

sumago gráfica editorial ltda
rua itauna, 789 vila maria
02111-031 são paulo sp
tel e fax 11 **2955 5636**
sumago@sumago.com.br